普通高等院校"十三五"规划教材

公共关系学

GONGGONG

GUANXIXUE

陈 军 李 晓 陈有真 ◎ 主 编
王 伟 李 旭 任 屿 杨雪莲 ◎ 副主编
王 扬 ◎ 参 编

清华大学出版社
北京

内 容 简 介

本书根据高等院校的教学要求，系统论述了公共关系的基本理论，阐述了公共关系活动调研、策划、传播、危机管理等具体实务，并介绍了公共关系活动的礼仪、礼节。全书共分十章，分别为导论、公共关系的历史和发展、公共关系的主体、公共关系的客体、公共关系的传播、公共关系的主要职能、公共关系工作的程序、公共关系危机、公共关系专题活动，以及公共关系礼仪。

本书适合作为高等院校管理专业、市场营销专业及其他相关专业"公共关系学"课程的教材，也可作为公共关系从业人员的培训用书和参考书。

本书封面贴有清华大学出版社防伪标签，无标签者不得销售。
版权所有，侵权必究。举报：010-62782989，beiqinquan@tup.tsinghua.edu.cn。

图书在版编目(CIP)数据

公共关系学/陈军，李晓，陈有真主编．—北京：清华大学出版社，2018(2023.1重印)
（普通高等院校"十三五"规划教材）
ISBN 978-7-302-49393-8

Ⅰ.①公… Ⅱ.①陈… ②李… ③陈… Ⅲ.①公共关系学-高等学校-教材 Ⅳ.①C912.3

中国版本图书馆 CIP 数据核字(2018)第 012094 号

责任编辑：刘志彬
封面设计：汉风唐韵
责任校对：宋玉莲
责任印制：宋　林

出版发行：清华大学出版社
网　　址：http://www.tup.com.cn，http://www.wqbook.com
地　　址：北京清华大学学研大厦 A 座　　邮　编：100084
社 总 机：010-83470000　　邮　购：010-62786544
投稿与读者服务：010-62776969，c-service@tup.tsinghua.edu.cn
质量反馈：010-62772015，zhiliang@tup.tsinghua.edu.cn

印 装 者：三河市天利华印刷装订有限公司
经　　销：全国新华书店
开　　本：185mm×260mm　　印　张：15.25　　字　数：337 千字
版　　次：2018 年 1 月第 1 版　　印　次：2023 年 1 月第 9 次印刷
定　　价：46.00 元

产品编号：077903-01

前　言

公共关系学是一门综合性的应用学科，它涉及社会学、管理学、心理学、传播学、营销学、经济学等多门学科。公共关系学以建立社会组织与社会公众之间良好的沟通关系，在社会公众心目中树立社会组织的良好形象为主线贯穿始终。随着社会主义市场经济的发展，公共关系学在理论上对社会组织提出的指导原则和在实践上对这些组织提供的全方位服务已经被越来越多的社会组织所接纳。现代公共关系的发展已经超越了单纯为组织服务的范畴，对个人的形象塑造、人际交往等也发挥着巨大的作用，可以说公共关系学是一门研究蕴含事物生存发展哲理的学科。在现代社会中，没有公共关系意识的社会组织，不可能成为优秀的组织，没有公共关系能力的组织，不可能赢得社会公众的信赖而取得市场竞争的主动权。公共关系学在现代社会发展中承担着推动社会进步、完善各类社会组织、为两个文明建设服务的历史重任。

"公共关系学"是高等院校管理专业、市场营销专业的主干课程之一，也是其他专业学生应该掌握的基础知识之一。希望通过对本书的学习，帮助学生掌握公共关系学的基本理论和基本技能，加强现代公关意识，并通过所学的公共关系知识提升自己处理公共关系危机的能力，提高沟通能力、人际交往能力和社会适应能力。

本书以实用性为编写原则，立足于公共关系的核心目标——协调关系和塑造形象来设计教材内容，从理论和实务两个方面来阐述公共关系学知识，适合作为高等院校管理专业、市场营销专业及其他相关专业"公共关系学"课程的教材，也可作为公共关系从业人员的培训用书和参考书。

本书由潍坊医学院陈军、泰山医学院李晓、西南交通大学陈有真任主编，潍坊医学院王伟、山东服装职业学院李旭、广东医科大学任屿、河南工学院杨雪莲任副主编，泰山职业技术学院王扬参与编写。

本书在编写过程中参考和借鉴了许多专家、学者的研究成果，在此致以真挚的感谢。

鉴于编者的水平所限，本书如有不当之处，恳请广大读者和专家给予批评指正。

编　者

目 录

第一章 导论   1
    第一节 公共关系概述   1
    第二节 公共关系学的研究对象和任务   4
    第三节 公共关系学的特点、性质、原则和作用   5
    第四节 公共关系学与其他学科的关系   10
    思考题   13

第二章 公共关系的历史和发展   14
    第一节 早期的公共关系   14
    第二节 现代公共关系的产生、形成与发展   16
    第三节 中国公共关系的传入和发展   22
    思考题   24

第三章 公共关系的主体   25
    第一节 社会组织   25
    第二节 公共关系机构   35
    第三节 公共关系从业人员   43
    思考题   51

第四章 公共关系的客体   52
    第一节 公众   52
    第二节 内部公共关系   69
    第三节 外部公共关系   74
    思考题   81

第五章 公共关系的传播 　　82

- 第一节 公共关系传播概述 …… 82
- 第二节 公共关系的语言传播 …… 87
- 第三节 公共关系的非语言传播 …… 92
- 第四节 公共关系的书面传播 …… 94
- 第五节 公共关系的电子传播 …… 97
- 第六节 图像和标识 …… 102
- 第七节 传播的效果 …… 103
- 思考题 …… 105

第六章 公共关系的主要职能 　　106

- 第一节 收集信息，监测环境 …… 106
- 第二节 树立组织形象，建立社会信誉 …… 110
- 第三节 协调沟通，争取相互谅解 …… 115
- 第四节 咨询建议，参与组织决策 …… 122
- 第五节 教育引导，服务社会 …… 127
- 第六节 推动业务，全面增进效益 …… 130
- 思考题 …… 131

第七章 公共关系工作的程序 　　132

- 第一节 公共关系调查 …… 132
- 第二节 公共关系计划的制订 …… 141
- 第三节 公共关系计划的实施 …… 148
- 第四节 公共关系工作的效果评估 …… 154
- 思考题 …… 160

第八章 公共关系危机 　　161

- 第一节 公共关系危机概述 …… 161
- 第二节 公共关系危机的处理 …… 169
- 第三节 公共关系危机管理 …… 175
- 思考题 …… 184

第九章　公共关系专题活动　　185

　　第一节　公共关系专题活动概述　　185
　　第二节　赞助活动　　187
　　第三节　庆典活动　　190
　　第四节　新闻发布会　　193
　　第五节　组织开放日　　197
　　第六节　展览会　　198
　　思考题　　202

第十章　公共关系礼仪　　203

　　第一节　现代社交礼仪概述　　203
　　第二节　公共关系交往中的礼仪　　209
　　第三节　公共关系语言中的礼仪　　212
　　第四节　国际公共关系礼仪的基本规范　　219
　　第五节　大学生礼仪　　222
　　思考题　　230

参考文献　　231

第一章 导论

学习目标

1. 掌握公共关系的含义、公共关系学的研究对象和任务。
2. 熟悉公共关系的特点、性质、原则和作用。
3. 了解公共关系与其他学科的关系。

"公共关系"一词是英文"public relations"的中文译称,简称PR。公共关系是现代社会的产物,随着商品经济和传播技术的发展,其社会作用也越来越重要。随着社会的发展,公共关系越来越广泛地应用于社会生活的各个领域,成为市场经济发展的催化剂和企业参与市场竞争的强有力手段。因此,人们对它的研究也越来越深入。

第一节 公共关系概述

一、公共关系的含义

公共关系具有双重含义,一是公共关系的客观状态;二是公共关系的社会活动。

(一)公共关系的客观状态

公共关系的客观状态是从静态的角度来理解的。在人类的社会生活中,任何一种社会组织或群体都客观地存在于社会这个大环境中,都和一些组织或群体中的成员发生着一定性质的联系,它们之间互相影响、互相作用,这种既定状态不受人的意志的左右而客观存在着。这种与组织或组织的成员始终联络着的客观现象,就是公共关系的客观状态。进一步分析,如果社会组织不从事任何公共关系活动而表现出来的公共关系状态,称为原始公共关系状态；如果社会组织从事某种具体的公共关系活动，以改善现有的组织状态，称为良好的公共关系状态。一般来说，任何社会组织都不是一个静止的物体，一个社会组织一旦置身于复杂的社会机体中，就开始了各种形式的活动，不断追求着良好的公共关系状态。公共关系的客观状态具有以下特点。

（1）客观性。公共关系不以任何人的意志为转移，它是一种客观状态，具有客观性。

（2）既成性与发展性。公共关系是一种既有的现象，同时，又是一种正在发生和发展的现象。因此，它既具有既成性，又具有发展性。

（3）自发性和自觉性。公共关系既可以处于尚未被人们自觉意识的状态，从而具有自发性；又可以处于已被人们认识并加以有意识利用的状态中，从而具有自觉性。

（二）公共关系的社会活动

公共关系的社会活动是从动态的角度来分析的。一个组织或肩负着组织任务的群体中的成员，为了实现预定的目标，有计划、有组织地运用传播手段，通过信息交流、情感传送来改变公众态度、引发公众行为等有效活动，去改善公共关系状态，以便创造最佳环境，保证预定目标的实现，这种组织或个人的主观能动活动就是公共关系的社会活动。公共关系的活动可分为两类：日常的公共关系活动和专门的公共关系活动。前者指组织成员在平时生活和工作中经常遇到的各种关系，为协调这些关系而立即着手开展那些简易的活动，如微笑服务、礼貌待客、社交事务等；后者指公共关系部门及从业人员为达到一个组织的目的有计划地凭借一些技术措施或方法去开展专门性的活动。从以上分析可以看出，一个社会组织与相关组织、群体和个人的公共关系只有通过特殊的交往，经过一系列的公共关系活动才能真正形成。公共关系的社会活动具有以下特点。

（1）目的性。任何公共关系活动都具有自己明确的目标，都是想通过公共关系活动来改善本组织的客观状态。

（2）技术性。任何公共关系活动都要采取必要的技术和手段，通过特定的方式去开展活动以实现自己的目标。

（3）群体性。任何公共关系活动都是以社会组织为主体，以一定的组织机构为支点开展公共关系活动的。

公共关系的双重含义说明：一方面，公共关系作为一种社会关系的活动，它是以公共关系状态为基础而开展的，没有公共关系的客观状态，则不会发生公共关系的活动；另一方面，组织机构通过公关活动的有效开展，来改善自己的客观状态，以达到组织自身顺利发展的目的。由此可见，公共关系的客观状态是公共关系活动开展的基础，而公共关系的社会活动则是达到良好状态的手段。

二、公共关系的定义

公共关系的定义是公共关系理论研究所面临的首要问题，也是公共关系理论的核心内容之一，更是学术界争论不休的问题。

自从 20 世纪 20 年代公共关系兴起以来，许多研究公共关系的学者和从事公共关系工作的专家，一直在探究给公共关系做出较为科学、清晰、准确的定义。目前，国内外对公共关系的定义有几百种，其中具有代表性的有以下几种。

美国公共关系研究和教育基金会的哈罗博士认为："公共关系学是一种独特的管理职能，它帮助一个组织与它的公众之间建立交流、理解、认可和合作关系；它参与处理各种问题与事件；它帮助管理部门了解公众舆论，并对之做出反应；它明确并强调管理部门为公众利益服务的责任；它帮助管理部门掌握情况的变化，并监视这些变化，预测变化的趋势，以使组织与社会变化同步发展；它以良好、符合职业道德的传播技术和研究方法作为基本的工具。"

英国公共关系协会的定义："公共关系学是一个组织或个人与任何人群或组织之间，围绕一个组织或个人应该争取获得并保持良好声誉的目标，所进行的建立和改善相互了解的、有计划的、持续的努力。"

国际公共关系协会墨西哥声明中指出："公共关系学是分析动向、预测结果，为组织领导提供决策咨询，执行既有利于组织，又有利于公众的计划行动的艺术和科学。"

《韦伯斯特20世纪新词典》（1976年版）认为："公共关系学是通过宣传与一般公众建立的关系，是公司、组织或军事机构等向公众报告其活动、政策等情况，试图建立有利的公众舆论的职能。"

美国公共关系学会的定义："公共关系学是一个组织为最有效地实现其目标而与社会保持某些方面联系的职能。"

王乐夫等编著的《公共关系学》认为："公共关系学是一种内求团结、外求发展的经营管理艺术。它运用合理的原则和方法，通过有计划而持久的努力，协调和改善组织机构的对内外关系，使本组织机构的各项政策和活动符合广大公众的需求，在公众中树立起良好形象，以谋求公众对本组织的了解、信任、好感与合作，并获得共同利益。"

毛经权主编的《公共关系学》的定义："公共关系学是一个组织运用各种传播手段，在组织与社会公众之间建立相互了解和信赖的关系，并通过双向的信息交流，在社会公众中树立起良好的形象和信誉，以取得理解、支持和合作，从而有利于促进组织本身目标的实现。"

居延安的《公共关系学导论》认为："公共关系学是一个社会组织用传播的手段使自己与公众相互了解和相互适应的一种活动或职能。"

另外，还有一些更为直观的定义，例如，"公共关系就是努力干好，让人知晓"，"公共关系是创造同意的学问"，"公共关系是90%靠自己做得对，10%靠宣传"，"公共关系是通过良好的人际关系来辅助事业成功"。这些定义简单明了，生动形象，但它们都只揭示了公共关系的部分含义，从总体上来讲不够全面。

以上可见，关于公共关系的定义众说纷纭，这说明"公共关系"一词不是缺乏含义，而是囊括太多，不能用一句话或几句话来概括。同时也说明公共关系作为一门学科还不成熟，人们对它的认识还需要一个过程。

第二节 公共关系学的研究对象和任务

公共关系学是研究公共关系活动规律及其传播沟通方式的一门新兴的综合性的社会应用学科。所谓综合性学科，是指公共关系学是综合了传播学、新闻学、社会学、政治学、管理学、经济学、舆论学、心理学、信息论等多学科的理论知识而形成的交叉学科；所谓应用性学科，是指公共关系学具有很强的实践性，注重应用。

一、公共关系学的研究对象

任何一门学科都有自己特殊的研究对象，公共关系学的研究对象是社会组织所面临的各种公共的社会关系，包括上级主管部门、顾客、竞争对手、新闻媒介、组织内部成员，以及社会上的各种组织、群体及个人。

社会关系是客观存在的，任何社会组织要生存和发展，都必须科学、合理地建立和运用同自身密切相关的社会关系。在当今社会里，任何一个社会组织都处在主体化的社会关系网络之中，与社会的方方面面发生着联系。在这种环境下，任何一个社会组织要生存和发展，都必须科学地分析和恰当地处理各种社会关系，为组织目标的实现创造最佳的社会环境。俗话说："天时不如地利，地利不如人和。"在天时、地利、人和这三大因素中，"人和"是事业成功的关键因素。这里所说的"人和"，就是指社会组织或个人与社会各方面关系的和谐，也就是公共关系学所要研究的主要对象。

二、公共关系学的研究任务

公共关系学的研究任务包括了社会组织关系的各个方面，但是主要的研究任务可归纳为以下几个方面。

▶ 1. 树立良好形象

任何一个社会组织要得到发展，就必须处理好与社会各方面的关系，树立本组织在社会上的良好形象。追求卓越的组织形象是公共关系工作的研究任务，亦是公共关系的最终目的。现代社会里，尤其是在组织竞争日趋激烈的市场经济环境中，良好的组织形象或者说良好的组织声誉和"口碑"，已经成为组织决胜市场、长足发展的一项重要"资源"。组织的公共关系工作就是通过各方面工作的开展，不断维护、巩固、提升组织形象，赢得更多的公众对组织的关注、理解、支持与合作，以促进组织的发展。一个组织的形象包括内部形象和外部形象，组织形象的树立主要靠组织的影响力，而这种影响力不仅要靠双向的信息沟通去传播，更要靠组织本身的行为取信于社会公众，只有这样，树立起来的形象才是可靠的、持久的。

▶ 2. 建立信息网络

公共关系运行机制中的重要环节是主客体之间进行信息沟通。这种信息沟通必须有一定的信息网络，公共关系学既要建立组织内部畅通无阻的信息网络，又要建立同社会之间的信息网络，运用新闻传播理论和大众传播工具，使组织与社会实现双向沟通。这是公共关系学要研究的重要任务之一。

▶ 3. 处理公众关系

公共关系学要研究如何处理好与各种社会公众的关系，这种关系的处理，是建立在组织与公众双向信息沟通的基础上，开展正规的社会交往活动，只有这样，才能处理好与公众的关系，特别是与本组织的生存和发展有密切关系的公众的关系。公共关系学就是要研究处理好这类关系的理论和方法。

▶ 4. 监测社会环境

社会组织的每项活动的开展，必然会受到社会环境的制约和影响，公共关系必须监测社会环境的变化，包括政策方针、法令法规的变化，公众关心热点的变化，公众心理和经济承受能力的变化，自然环境的变化等。社会组织只有掌握了所处社会环境的变化及其对自身的影响因素，才能制定适应变化情况的方针政策和各项管理措施，以保证自身的生存和发展。

▶ 5. 分析发展趋势

公共关系的又一个任务是根据本组织所处环境的变化，以及与本组织相关的各种社会因素，预测组织近期或远期的发展趋势，预测社会组织目标实现过程中可能遇到的社会反应及问题。本组织可根据这些预测结果，制定相应的措施以应付可能发生的变化。

第三节 公共关系学的特点、性质、原则和作用

公共关系经过近一百年来的发展，已经成为一门日臻成熟的独立学科。了解和把握公共关系学学科的特点和性质是学习和了解公共关系学的基础。公共关系学是一门综合性的应用学科。它有自己特定的研究对象及理论体系，也具有其他学科所无法代替的社会功能。

一、公共关系学的特点

作为一门新兴的独立学科，公共关系学具有两个明显的特点。

（一）高度的综合性

公共关系学是多学科综合发展的产物，它的科学性建立在多种学科理论的高度渗透、高度综合的基础之上。公共关系学吸取了经营管理学科、传播学科、组织行为学科，以及应用技术学科等相关学科的理论成果，是一门基础广泛的综合性学科，或者说是一门交叉性的边缘学科。因此，学习公共关系学理论必须具有广博的知识基础，对公共关系必须进行多学科、多角度、多侧面的综合研究。

（二）强烈的应用性

公共关系学研究的对象是社会组织与其相关公众之间的传播沟通行为，离开了这种传播沟通行为，公共关系学便毫无存在的意义与价值。因此，公共关系学是一门实践性很强，理论与实践结合得很紧的应用学科。公共关系学是在实践活动的基础上产生，又反过来指导公共关系的实践活动。但它不是从一般的意义上去规定公共关系实务的操作技术与行为范围，而是予以具有方法论性质的指导，充分显示出鲜明的应用性特点。目前，公共关系学的应用性越来越为人们所重视。

二、公共关系学的性质

对于公共关系学学科性质的认识，目前尚无完全统一的看法，国内外较为流行的观点有几种。

（一）公共关系是一种专门职业

公共关系是现代企业和社会组织内必不可少的一种工作，是现代经营管理和行政管理的有机组成部分，它担负着信息分布、环境检测、趋势预报、组织协调、决策咨询、教育引导等多项职能。一般的组织都设有专门的公共关系职能部门，配备一些精明能干的公共关系人员。实践证明，一个组织的公关部门精干、人员得力，组织就如虎添翼，能极大地促进组织事业的发展；反之，则影响组织的生存和发展。

（二）公共关系是一门管理学科

公共关系是一门新兴的管理学科，是现代管理学的一个重要分支。它运用新闻学、传播学、心理学、管理学、统计学等学科的基本理论、方法和研究成果，研究社会组织在处理各种社会关系时，必须运用的理论、方法和技术，以及它所具有的特点、类型、模式和规律，反映了现代经营理论和管理理论的时代特征。因此，公共关系学属于管理学的范畴，公共关系学是现代管理学的一个构成部分。

（三）公共关系是一种社会关系

公共关系本质上是一种社会组织的行为，强调这种公众性、社会性行为的主体是组织，因此，公共关系学是社会学或组织行为学的分支学科。

（四）公共关系是一种传播活动和交往艺术

公共关系是运用信息传播的原理和方法，准确、及时、有效地搜集和传递内部和外部的信息，运用社会学、心理学的原理和方法，科学地分析和处理各种社会关系，巧妙地激发公众对本组织的了解、信任和支持。想要达到这个目的，必须要遵循传播规律，重点是研究如何运用现代传播学的理论和方法，在组织管理过程中与公众进行传播与沟通。在公共关系实践中，交往的艺术非常重要，从理论和方法上讲，只要正确地运用，必然会获得预期的效果。但是，从交往实践上来看，交往艺术水平的不同，会导致交往的效果有很大的差异。

（五）公共关系是一种指导思想

在传统的管理中，多数企业都将"以质量求生存"作为发展的信条。现代管理中，除了仍强调"质量第一"的思想外，还要适应社会化联系及激烈竞争的需要，把做好公共关系工作放在关系组织生存和发展的地位,当作一种指导思想来对待。现代管理理论和实践证明,公共关系是一种至关重要的现代管理思想,它是现代组织在目前的社会环境下,搞好经营管理、获得生存和发展、争取事业成功的一种指导思想。

三、公共关系工作的原则

公共关系作为一门现代管理的学科和一门新兴的职业,有它必须遵循的原则。公共关系的原则对公共关系工作具有重要的指导作用。按照这些原则来从事公共关系工作,才能保证公共关系沿着健康的道路发展,发挥公共关系特有的作用。

(一) 公共关系工作原则的含义

原则就是人们思想和行动的准则。公共关系工作的原则,简单来讲,就是组织在开展或实施公共关系工作过程中应当遵循的行为准则。具体来讲,公共关系工作的原则是公共关系性质、目的、职能、任务、方法、手段的综合表现和抽象概括,是组织正确地确定公关目标,处理与公众的关系,开展公关活动等应当恪守和奉行的指导思想、基本方针和行为规范。

(二) 公共关系工作原则的基本内容

▶ 1. 实事求是原则

实事求是原则就是要根据客观存在的事实说话,让公众知晓真实情况,这是公共关系工作的首要原则。实事求是是公共关系的核心。现代"公共关系之父"艾维·李的公关思想就是真实性和公开性,要敢于对公众说真话。因为客观事实是第一性的,人的认识是第二性的,有了客观事实,才会有公共关系。如果不尊重客观事实,说假话,提供假资料,出了问题遮遮掩掩,这就违背了人们的认识规律,也违背了公共关系的根本宗旨,这些行为根本不是公共关系活动,而是愚弄和欺骗公众的手段。因此,否定了实事求是的原则,也就否定了公共关系本身。

▶ 2. 全员公关原则

公共关系是面向社会各个方面和广大公众的活动,这就要求社会组织的全体成员都要树立公共关系观念,都要为公共关系工作的成功做出贡献。

所谓全员公关原则,是指在一个组织内增强全体员工的公关意识,促使全体员工共同关注公关工作,调动全体员工参与公关工作的自觉性和积极性,围绕组织整体的公关目标,使之相互协调、相互配合。公共关系的责任是通过踏实细致的工作影响公众舆论,进而提高组织的知名度和美誉度。这些不是仅靠公关人员就能完成的,特别是服务性公关,需要组织全体员工的协调配合,才能付诸实施。事实上,完整的公共关系活动是渗透在社会组织的各类活动中的。除了专职公共关系人员从事的专题公共关系活动外,社会组织的每一个成员都是组织与外部公众联系的重要触角。

组织的公共关系工作,不仅要依靠公共关系专门机构和专职人员的努力,还有赖于组织各部门的密切配合和全体员工的共同关心与参与。这就必须强调全员公关原则,要求组织的全体成员都要树立公共关系意识,共同关注并参与公共关系工作,共同推动组织公共关系目标的实现。

3. 互惠互利原则

公共关系的行为规范明确指出，公共关系是以社会效益为依据的，它既包括了社会组织自身的利益，也包括了社会公众的利益。

所谓互惠互利原则，就是公共关系不仅要维护本组织的利益，而且也要维护公众利益，同时又兼顾国家整体利益。实质上，互惠互利是要求摆正各方面的利益关系，决不能只顾自己而不考虑别人，或者只顾自身经济效益而损害社会效益和生态效益。公共关系就是"公众"关系，离开了公众，公共关系就成了无源之水。要建立和保持良好的公共关系，必须密切关注公众利益，以公众利益为出发点，把公众利益放在首位，这是以为公众服务为宗旨的必然要求。一个组织有无存在和发展的价值，取决于公众是否需要它，所以，组织必须为公众服务，千方百计地为公众谋取更大利益。必要时，要牺牲自身的、局部的、暂时的既得利益，而赢得长远的、整体的、更大的利益。

4. 时空意识原则

公共关系中的时空意识原则，是指公共关系要注重抓住有利时机、把握有效空间来开展公共关系活动，这直接关系到公共关系效能的问题。

公共关系的有利时机，是指能够最大限度地发挥公共关系工作效能的时间和机会。在公共关系工作中，有利时机虽然多种多样，但却瞬息万变、稍纵即逝，公共关系人员要善于抓住这些有利时机开展公共关系活动。

公共关系中的有效空间包括有效的工作空间、有效的视觉空间、有效的听觉空间和有效的感情空间。把握住这些方面的有效空间，将使公共关系具有秩序性、条理性，增强公共关系工作的效果。

5. 社会责任原则

对社会公众负责是公共关系中必须贯彻的原则，包括对组织负责和对公众负责。公共关系的对象是公众，在对待公众的问题上有两种不同的态度：一是愚弄公众、欺骗公众；二是尊重公众、服务公众。第一种态度是与公共关系宗旨背道而驰的。公众是由特定的人和群体组成的，对公众负责也就是对他人负责。建设高度的精神文明就必须把对公众负责作为公共关系工作的基本原则。另外，对公众负责是公共关系根本利益所在。公共关系的终极目标是赢得公众的理解、支持与合作，促进组织的事业获得成功。因此，公众的态度对组织具有举足轻重的作用。态度是由利益决定的，双方利益一致，自然容易合作。双方利益不完全一致，公共关系工作就要在对公众负责的基础上加以协调，把公众的利益作为基本出发点。只有最大限度地满足了公众的利益，才能取得公众支持，组织的根本利益才有可能实现。

对组织负责的准则是：公共关系的计划、方案中，以及在公共关系活动的过程中，都要本着对组织负责的精神，保证其活动能促进组织目标的实现。

6. 开拓创新的原则

公共关系工作就其本质来说是一种创造性的活动。所谓开拓创新的原则是指在公共关系工作中不能教条地去按固定的模式、现成的经验去处理公关事务，而是要随着社会的发展、环境的变化、工作的需要去不断地发展和创新，只有这样，公共关系才具有强大的生命力。

四、公共关系的作用

对一个社会组织来说，公共关系的作用非常重要，而且涉及各个方面。概括地说，公共关系对于一个社会组织的作用就是内求团结、外求发展，这既是公共关系的作用，也是公共关系工作的目的。

（一）组织内部公共关系的作用

组织内部的公共关系，是组织全部公共关系的基础，也是组织外部公共关系成功的保证，其具体作用有以下几点。

▶ 1. 促进内部的团结与合作

要使内部关系和谐统一，就必须协调组织的各种关系。一个社会组织就是一个系统，它由许多部门构成，有各级领导和广大职工。组织的员工关系、股东关系、部门关系、领导班子的关系都是组织内部的诸多关系，如何疏通这些关系，保持沟通渠道的畅通，是关系协调的基础。组织要发挥公关的协调功能，促进内部成员之间的团结，在工作中形成良好的合作关系，促使组织内部的信息交流上情下达、下情上达，增强组织决策的透明度，使员工保持思想上的一致和行动上的统一，形成团队精神，增强组织的向心力和凝聚力。组织内部成员之间若产生摩擦与不和谐的行为，领导及公关人员要及时协调好这些关系。为了促进内部的团结与合作，就要关心员工的利益，尽量满足员工的福利要求，创造舒适的工作环境与人际氛围，使他们对组织产生安全感和归属感，保持组织内部的团结，自觉地为实现组织目标尽心尽力。

▶ 2. 提高广大职工的主人翁意识

现代科学管理提倡广大职工参与管理，以激发其主人翁意识。公共关系工作可以促进职工参与民主管理，从而调动他们的积极性和主动性。

▶ 3. 从根本上改善组织的素质

一个组织的素质体现在领导层、全体成员的素质和整个组织结构等各个方面。公共关系工作可以利用其职能，促进组织领导和职工的素质不断提高，从而使组织整体素质得以提升。

▶ 4. 提高组织的工作效率和竞争能力

通过公共关系工作，加强了组织内部团结，形成了和谐的关系，增强了组织的凝聚力，提高了广大职工和整个组织的素质，从而提高了组织的工作效率和竞争力。

（二）组织外部公共关系的作用

组织外部公共关系的主要作用是加强与其他社会组织和广大公众的联系，以获得他们的支持与合作，为组织的发展创造良好的社会环境。其具体作用有以下几点。

▶ 1. 促进组织与公众之间的相互了解

现代社会是一个巨大的系统，各种社会组织之间都存在这样或那样的联系，任何一个社会组织的发展，都必须得到其他社会组织的支持与合作。

公共关系工作是为了使社会组织与公众保持双向沟通、联络感情、发展友谊，通过争取各类公众的好感和支持，为组织生存与发展奠定"人和"的基础，形成融洽、合作的人际环境。社会组织要根据公众环境的变化和公众需求的发展，及时调整组织目标和协调行为，主动与公众协商，妥善处理利益矛盾，消除抵触，化解冲突，借助互相合作的整体力量，发展自己，促进事业的成功。

在现代社会，关系本身就是一种财富、一种资源。公共关系的协调功能能使组织的关系资源得到开发，形成良好的组织形象，使组织的无形资产增值。使关系资源在一定条件下转变为现实的生产力，推动社会持续、高速的发展。关系协调，能使组织与公众的交往机会增多，优化组织互动的公众环境；能使组织与公众的心态稳定，精神得到满足，改善组织心理环境；能使公众的利益得到协调，组织的效益增强，发展组织的经济环境；能使员工的主人翁地位得到体现，外部公众的矛盾得到协调解决，有利于社会政治民主化的建设，推动社会的改革、稳定与发展。

▶ 2. 协调组织与公众之间的利害关系

组织一旦与公众发生矛盾、纠纷、争端，在弄清问题的真相后，要选择合理的解决方法，妥善处理矛盾关系。首先，要与发生矛盾的公众统一对问题真相的认识；其次，要设身处地为公众着想，为社会组织长远利益和发展考虑，尽心、尽力、尽快地改进和完善组织不尽如人意的地方；最后，要态度诚恳地向对方公众道歉，希望求得谅解。当然，与人为善、表示歉意不等于无原则让步，也不等于满足公众提出的一切不合理的要求。但是，一定程度的让步有利于改善公众关系，创造融洽和谐的公众氛围，树立和完善组织的形象。

▶ 3. 为组织的生存和发展创造良好的社会环境

现代社会的发展给各种社会组织的生存和发展都提供了机会和条件，但是，任何一个组织要能获得这样的机会和条件，还要通过自身的努力，特别是要通过公共关系工作去争取，创造一个能够使社会公众了解、各种社会组织协调配合、各个方面的利害冲突得到协调和消除的良好社会环境，这也是组织外部公共关系工作应当努力实现的奋斗目标。

第四节 公共关系学与其他学科的关系

公共关系学是一门边缘科学，而且是"聚合型"的边缘科学，因此，它与众多学科之间有着极为密切的相关性。认识和了解公共关系学与其他学科之间的相关性，既有助于对各门学科的了解，也有助于对公共关系学本身学科性质的更深层次的理解和认识，更有助于明确公关部门和人员应具备的知识素养和知识结构，下面就其关系最为密切的学科进行简要的阐述。

一、公共关系学与管理学

公共关系学实际上属于管理学的范畴，但是两者之间既有联系，又有区别。要搞清楚公共关系学与管理学的关系应该从两者的职能关系上进行分析，从实际的需求关系入手进行研究。

(一) 公共关系学与管理学的联系

从公共关系学与管理学的联系来看，公共关系学与管理学都是社会经济高度发展的产物，都属于新兴学科。两者在职能上也有共通之处，公共关系是管理学必须考虑并重视的一种新的职能，如果忽略这一职能，现代意义的管理学就会形成理论缺陷，从而导致依据管理学原理所进行的管理工作不科学、不完善。而管理学的基本原理又是公共关系实施过程中必须借鉴的，否则公共关系学就可能成为无本之木，失去其作用机制得以发挥的主体和客体，交际上也就失去了它的作用。公共关系学是近现代管理学的重要发展成果，从这个意义上讲，在现代社会，学管理就必须懂公共关系，而学公共关系，也必须要学管理。公共关系是现代组织经营管理的重要环节，尤其是对组织管理者来说，树立正确的公共关系思想是取得经营成功的基础。可见，公共关系学与管理学的关系是互为补充，而不是互相替代。

(二) 公共关系学与管理学的区别

尽管公共关系学与管理学有着密切联系，但两者的区别是显而易见的。

▶ 1. 两者的作用对象不同

管理学的作用对象是管理活动，管理活动的客体包括人、财、物等方面的可控制的因素；而公共关系学的作用对象是公共关系活动，公共关系活动的客体是公众，这里的公众，既有可控制的一面，又有不可控制的一面。对于组织内部的公众来说，其可控制的一面大于不可控制的一面，对于组织的外部公众来说，则是不可控制的一面大于可控制的一面。

▶ 2. 两者的研究方向不同

管理学着重探讨实现管理目标的普遍规律，立足于科学意义上整体管理机制的合理化、规范化和程序化；而公共关系学侧重于研究特定公众范围内主体目标的策划和实施过程，讲究方法和技巧的可行性、实用性和艺术性。

▶ 3. 两者的追求目标不同

管理学研究追求的目标是直接为组织的经济效益和社会效益服务；而公共关系学研究追求的目标是树立组织的良好形象，研究如何为组织创造一个和谐的内外环境和发展条件，间接地为组织的经济效益和社会效益服务。

▶ 4. 两者采用的主要手段不同

管理学主要研究如何运用规范化的程序与行政、经济、法律、数学等方法完成计划、组织、指挥、控制、监督、激励的职能，实现管理的目的；而公共关系学主要研究如何运用各种传播媒介进行双向沟通，实现公共关系目的。

▶ 5. 两者应用的范围不同

管理学的经营管理工作仅仅限制在组织内部；而公共关系学的公共关系工作所涉及的范围则广泛得多，既有组织内部的工作，又有组织外部的工作。公共关系工作对内努力提高本组织成员对组织的依赖程度，形成巨大的凝聚力，提高公共关系机构的工作效率。对外设法赢得社会公众的理解与支持，以辅助本组织事业的成功，即内求团结、外求发展。

二、公共关系学与市场营销学

由于公共关系学改变了市场营销的传统观念和传统手法，并为之提供了研究市场及消费者的技术与方法，这样就使得不少人常常把公共关系学和市场营销学混为一谈。而事实上，公共关系学与市场营销学既有各自独立的内涵和特性，又有密不可分、相辅相成的依赖关系。

（一）公共关系学与市场营销学的联系

市场营销学主要是研究市场，也就是顾客的实际需求，并根据这种需求去生产相适应的产品，制定出具有竞争优势的价格和销售策略及方法，同时还要及时反馈市场也就是用户的消费和使用信息，以进行不断地调整，进而不断地生产，不断地销售，不断地尽可能地创造最大的效益。公共关系学中的公共关系职能具有两重性：一方面，它有其独特的作用机制；另一方面，它也可以作为一种促销策略。

从组织的角度来讲，公共关系活动的最终目的，就是通过大众传播的手段，影响组织公众的态度，反馈公众的意见，在充分满足社会公众利益的前提下，实现组织的盈利目标。倘若不能实现这一目的，那么开展公共关系活动也就是徒劳无益的。这也恰恰证明，组织公共关系活动同组织市场营销活动存在着必然联系，它对促进组织市场营销活动的顺利实现，具有不可忽视的重要作用。通过组织公共关系活动，借助新闻媒介对组织的报道向社会传递有关组织的产品项目、服务项目的信息，利用各种场合开展各种公共关系专题活动，宣传组织形象，宣传组织产品，通过开展公共关系活动，同顾客保持密切联系，向他们提供产品宣传材料和产品消费指导，依赖良好的顾客关系去建立产品的良好声誉。通过公共关系活动同消费者的感情沟通，让消费者对组织和组织的产品有一个正确、全面的了解，使得促销工作更具有人情味，这就为促销工作顺利进行营造了一个良好的气氛和环境。

（二）公共关系学与市场营销学的区别

公共关系学与市场营销学有着各自的研究对象和范围，有许多不同之处。

▶ 1. 两者的活动对象有所不同

市场营销学中的对象是顾客，而公共关系学的对象除了顾客公众之外，还有职工公众、股东公众、社区公众、政府公众、社团公众、媒界公众、竞争者公众、经销商公众等。

▶ 2. 两者的工作范围有所不同

市场营销学的工作范围相对公共关系工作的范围要小；公共关系学的工作范围为各种类型的组织，如工商企业、政府、军队等。

▶ 3. 两者的主要作用有所不同

市场营销学的主要作用是带来一个组织（企业）与其特定的公众（消费者）之间的商品交换；而公共关系学的主要作用是使一个组织（企业）与其公众之间通过信息交流而达到精神上的满足。

4. 两者的任务有所不同

市场营销学的任务较为单纯,它作为一种商业行为,主要负责解决产品如何适应市场需要、满足顾客需求的问题,并且仅限于在组织与顾客的交往中发生,并不涉及组织的全部交往活动;而公共关系学的任务较为复杂,它面临的是一个组织的全部交往活动,在任何交往活动中,都有公共关系所要承担的任务和工作。

5. 两者利益的着眼点有所不同

市场营销学追求的首要目标是实现组织的经济效益和近期效益;公共关系学追求的是组织的长期行为,它的根本着眼点是组织的社会效益和长期效益。

公关作为一种推销手段越来越受到工商界的重视和运用,但公关与一般的商业推销也有着重要的区别:公关追求的是组织的社会效益和长远利益,而推销追求的是组织的经济效益和近期效益。提高组织的社会效益,考虑组织长远利益的行动,无疑有利于提高组织的经济效益和近期利益(虽然有时会有矛盾)。一般的推销术都带有明显的推销产品的味道,使消费者感到背后藏有企业的自私目的,因此,将公关实务与推销活动有机地结合起来可以在一定程度上解决这一问题。公关实务注重的是同消费者沟通感情,让消费者对组织和组织的产品有一个正确、全面的了解,在此基础上树立组织或商品的形象。公共关系取得进展后,推销人员在友善、信任的环境中再去推销商品,就可以收到良好的效果了。

思考题

1. 如何理解公共关系的双重含义?
2. 公共关系的主要研究对象和研究任务是什么?
3. 公共关系学的学科性质与特点是什么?
4. 公共关系学与其他学科的异同点是什么?

第二章 公共关系的历史和发展

学习目标

1. 掌握现代公共关系的产生与发展。
2. 熟悉中国公共关系的传入和发展。

任何一门学科的产生和发展，都可以从人类文明史中寻觅到它的历史轨迹。公共关系的由来、产生和发展也有它的历史沿革。英文"public relations"一词最早是1807年美国总统托马斯·杰弗逊在议会宣言中提出来的。1882年，美国律师多尔曼·伊顿在耶鲁大学法学院为毕业生班做的题为《公共关系与法律职业道德的责任》演讲中再次引用了这一概念。但在当时，该词所表示的并非现代意义上的公共关系，而是"大众利益"的意思。直到1897年，现代意义上的"公共关系"一词才第一次出现在美国铁路协会的《铁路年鉴》中。虽然公共关系作为一种专门的职业出现在人类历史上是20世纪的事情，但是，公共关系作为一种客观存在的社会现象与生活方式，古已有之。

第一节 早期的公共关系

早在远古时代，人类为了生存和发展，以各种群体为单位进行劳动和生活。群体之间、个人之间、个人同群体之间产生了分工、联系和交往，彼此结成各种形式的依存关系。这种原始的协作关系既是人类个体和社会关系赖以发展的社会基础，又是人类公共关系这种特殊的社会关系得以形成和进一步发展的必要社会条件。

一、古希腊、古罗马时期的公共关系思想与活动

在古希腊，社会对于沟通技术非常重视，并对从事这门技术的人给予很高的评价和奖

励，深谙沟通学问的第一流的演说家常常被推为首领。著名哲学家亚里士多德在《修辞学》一书中，论述了如何运用修辞艺术来影响公众的思想和行为，并强调传播者的可信性，认为政治家与公众之间进行沟通的桥梁是靠修辞艺术来架筑的。为此，亚里士多德的《修辞学》被西方的一些公共关系学者称为最早的公共关系理论专著。此外，古希腊最出众的宣传家还包括一批赞美诗人，他们善于利用公众熟悉的诗歌形式来评述社会政治，唤起民众的精神意识。其中，有一位诗人作了一首名为《田园诗》的赞美诗，赞美乡村生活和人们在大自然怀抱中感受到的无穷乐趣。其实，这位作者是受政府委托而写的，目的是减轻城市的人口压力，鼓励到乡村去生产粮食。这一事例被认为是政府早期的公共关系行为。

古罗马的独裁者恺撒大帝对沟通技术相当精通，他公开宣称，一切时间和空间都应为他的政治野心服务。公元前59年，他在任执政官时设置了官方公告牌，即《每日记闻》。其形式是在一块涂有石膏的木板上，逐日写上元老院国民会议活动的简要记录、官吏使节或军队调动、宗教仪式，以及一些其他相关事项，陈列在公共场所供人们观看。这种把国家大事公之于众的做法满足了公众的了解需求，争取了平民大众对他的了解和支持。恺撒为了登上皇帝的宝座，又带兵远征高卢和英伦三岛。他在率领罗马军团远征高卢作战时，一方面不断把他和军队的作战情况写成通俗、生动的报告，派人用快马送回罗马城，在罗马广场被人们争相传诵；另一方面，他把在高卢征战中虏获的大量财富，向平民发放，或用于公共娱乐活动，以收买拥有选举权的罗马公民。这些举措，为他在公众中树立了良好形象，再加上一些御用文人的大肆宣传吹捧，使恺撒终于在公元前46年成为罗马皇帝，记载其功绩的纪实著作《高卢征战记》被后人称为"第一流的公共关系著作"。

二、中国古代社会的公共关系思想与活动

中国是人类社会四大文明古国之一，有着悠久的历史文化，在其历史文化中蕴藏着丰富的原始公共关系实践活动和朴素的公共关系思想。例如，西汉末年，有人就针对周厉王施暴政带来的怨声载道、民情鼎沸的情况，提出了"防民之口，甚于防川"的观点，认为社会舆论的好坏会直接关系政权的稳固与否，强调应重视民众传播信息，调整施政措施，这种观点与现代公共关系中重视信息反馈的观念是一致的。春秋战国时期，诸子百家争鸣，他们从各自学派的立场出发，提出了许多类似公共关系方面的论述。例如，孔子主张"己所不欲，勿施于人"，表达了一种为他人着想的原则，并强调在人际交往中要讲求信誉，认为"人无信不立"，"人而无信，不知其可也"，这与公共关系讲求诚信的原则是一致的。孟子说："天时不如地利，地利不如人和"，这里的"人和"是指人与人之间的和谐关系。孟子把追求"人和"放在首要位置，这与现代公共关系活动所追求的目标是一致的。墨子主张"兼爱""非攻"的与人为善的交往原则。《墨子·公输》中记载，墨子听说楚国建造了云梯，将要攻打宋国，便到楚国与公输般和楚王辩论，最终使楚国放弃了攻宋的计划。

在中国古代，还有大量的这种类似公共关系的活动。例如，汉武帝为了化解汉匈不和，制定亲善和睦的政策，嫁汉朝公主给单于，一度安定了边疆。在经济生活中，人们也在自觉不自觉地运用公关技巧来宣传自己，树立良好的声誉和形象，以便实现自己的经济目标。汉代张骞出使西域，所到之处积极宣传汉朝的政治主张，开展经济文化交流。明代

郑和七下西洋，与外界沟通联络，在某种意义上，可以说是古代的国际公共关系。而我国古代酒店客栈门前的各色招牌，如"百年老店，童叟无欺"，"酒店门前三尺布，过来过往寻主顾"，更具公共关系色彩。

综上所述，我们可以看出，无论中外，古人在从事社会活动中，的确存在着许多类似现代公共关系的认识，也开展了许多类似现代公共关系的活动。但是，我们不能把古代那些类似公共关系的认识和活动与现代意义上的公共关系等同起来。公共关系的真正形成，应该从公共关系作为一种社会分工、一门独立的学科、一种独立的社会职业讲起。

第二节 现代公共关系的产生、形成与发展

现代公共关系是以公共关系职业的出现为标志的，它从古代的传播活动中分离出来，成为一种自觉的、有特定目的的工作，并逐步形成科学化的理论体系。现代公共关系起源于20世纪初的美国，距今有近百年的历史。

一、现代公共关系的产生

美国是现代资本主义发达的国家，也是最早利用公共关系的国家。国内革命期间，在封建贵族与资产阶级争夺政权的激烈斗争中，其领导人就清楚地认识到公众舆论支持的重要性，并且知道如何去诱发和引导公众的舆论，他们利用各种机会和场合进行政治宣传和舆论发动，争取公众，以实现自己的政治目的。所以，美国公关领域的发展，是直接与国内的政治变革运动所引起的权力斗争相联系的，是为维护资产阶级利益及建立、巩固资产阶级政权服务的。

1641年，美国哈佛学院派出"三人宣传团"到英国募捐，编写了一本小册子——《新英格兰的第一批水果》，利用宣传来筹集资金，促进事业的发展，并于1643年在伦敦正式印刷，这是近代历史上形成宣传性公关的开端。比较正规的公共关系实践起于废奴运动、立宪运动、总统竞选等政治活动中。

1787年10月—1788年5月，以亚历山大·汉密尔顿为首的联邦党领袖们，为了争取宪法取得批准，曾发动一场大规模的宣传活动，他们采取向报社写公开信和公开演讲等形式，向美国民众宣传宪法法案，后又汇集为《联邦党人》论文集。它是以争取美国宪法批准为目标，大力宣传在美国建立三权分立的总统制的必要性，成为论证美国宪法的性质和作用的重要文献。由于他们有效的宣传工作，最终使宪法获得美国国会的批准。美国历史学家阿伦·内文斯评价这次宣传活动时说："让整个民族接受宪法是一项巨大的公共关系实践活动"，"这是历史上最出色的公共关系工作"。

19世纪30年代，美国出现了一场大规模的"报纸宣传运动"。1833年9月，本杰明·戴伊首先创办了第一张面向大众的通俗化报纸——《纽约太阳报》，从而开启了美国报刊史上以大众读者为对象，大量印发通俗化报纸的时期。不少大公司、大财团便乘机雇人在报

纸上为自己做夸大、虚假的宣传，来制造能扩大自己影响的新闻，以求达到不花广告费就能争取消费者的作用。而报纸为迎合下层读者的心理，也乐于这样做，这样，报纸宣传代理便应运而生。这一时期，被称为"公众受愚弄时期"。

在当时的美国政治活动中，也出现了公共关系的雏形。例如，南北战争时期，美国北方为了争取更多的美国公众的支持，以动摇南方控制区的民心，林肯总统于1862年9月22日公开颁布《解放黑奴宣言》，并通过报纸、传单广为宣传，从而有效地争取到了国内外广大公众的支持，使内战形势迅速向有利于北方的方向转变，并最终获得胜利。

二、现代公共关系的形成

(一) 艾维·李时期

19世纪末20世纪初，美国出现了工业革命的高潮，科学技术不断进步，社会化生产得到了高度发展，生产和资本利益集中和垄断，美国的资本主义经济从自由竞争过渡到高度垄断集中阶段，美国进入垄断资本主义时代。少数大财团和垄断寡头不仅控制了国家的经济，甚至还左右政府。为获取高额利润，它们不择手段地榨取剩余价值，在经营上实行封闭保密政策，采取欺诈、愚弄的手段攫取高额利润，全然不顾民众的利益。企业寡头的贪婪和无节制地追求利润的恶行，引起了工人的强烈不满，劳资关系日趋紧张，阶级矛盾日益激化，各个阶层和集团之间的利益冲突尖锐，整个社会都充满了对企业寡头的敌意。在这种情况下，美国新闻界乘机掀起了一场以揭露工商企业丑闻为主题的新闻"揭丑运动"，史称"扒粪运动"或"清垃圾运动"，新闻界发布了大量的文章和漫画进行揭露。据统计，1903—1912年，各种报纸杂志发表揭丑文章达到2 000余篇，从而使许多大企业和资本家声名狼藉。垄断财团最初试图采取高压手段，对新闻界进行威胁，如果达不到目的，就采用贿赂的手法，高薪聘请新闻代理人为它们撰写骗人的虚假新闻，以掩盖矛盾，遮掩丑闻。在揭丑运动和罢工运动的冲击下，企业家们按自己的企图建成的一个个独立封闭的企业"象牙塔"摇摇欲坠。这就使得美国经济界开始正视新闻界与公众对企业发展的重要影响，他们开始转变思维方式以求生存和发展，其中，杜邦公司是最早觉悟的一家。杜邦公司是一家从事炸药生产的化学公司，由于技术尚不先进，难免发生一些爆炸事故，造成人员伤亡，甚至殃及邻里。起初公司对外采取封锁消息的态度，对于公司发生的爆炸事件，一律不让记者采访报道。但事情越是封锁，人们对杜邦公司的猜测、议论、传言也就越多，久而久之，杜邦公司在社会上形成了"杜邦——杀人工厂"的可怕印象，对企业的发展造成极为不利的影响。为此，公司创始人杜邦十分苦恼，他找来一位报界的朋友进行咨询。这位报界的朋友建议他实行"门户开放"政策，遇事干脆让记者将真相告诉大家，这才是制止谣言的最好方法。杜邦采纳了他的建议，并请他担任公司新闻局局长。公司改变了以往的做法，不仅对事故进行报道，而且经常注意对社会舆论进行引导，同时精心设计出一个宣传口号："化学工业能使你生活得更美好"。此外，它们还积极赞助社会的公益事业，组织员工到街头义务服务，一举改变了过去留给公众的"杜邦——杀人工厂"的形象。于是，许多企业也都纷纷聘请一些新闻专家来兼任企业的"新闻代言人"，委托他们进行传播沟通活动，增进与新闻各界和社会公众的联系，塑造和改善自身在社会公众心目中的形象，公共关系活动日益频繁而且重要起来。在这种环境下，一种代表企业和政府组织利益，为沟通社会组织和社会公众之间的对话，并从中收取劳务费的新职业——公共关系职业就应运而生了，被后人誉为公共关系之父的艾维·李就是开创这一新行业的先驱者。

艾维·李（1877—1934）出生于美国佐治亚州的一个牧师家庭，毕业于普林斯顿大学，曾是《纽约时报》《纽约日报》和《纽约世界报》的记者。做记者时，他感到企业界、新闻界和社会大众之间关系不协调，严重影响了新闻报道的真实性，误导了社会大众。记者生涯使他懂得了尊重民意，提供真实信息，注重相互沟通交流的重要性，他提出"说真话"的宣传思想。艾维·李的出现是与美国报刊史上的"扒粪运动"紧密相关的。1903年，艾维·李在美国开设了一家正式的公共关系事务所，成为向客户提供公共关系服务并收费的第一位职业公共关系人员。他的第一个客户便是有名的洛克菲勒财团。当时，经济巨头洛克菲勒公然在科罗拉多州残杀罢工工人，弄得声名狼藉，被称为"强盗大王"。洛克菲勒为了平息罢工怒潮，改变"强盗大王"的形象，聘请艾维·李为私人顾问。艾维·李提出的主要措施有：聘请有威望的劳资专家核实和确定发生事故的原因并公布于众；请工会领袖参与解决这次劳资纠纷；建议洛克菲勒向慈善事业捐款，用于建立医院、学校、博物馆、研究结构等公益事业；给工人增加工资、济困救贫、对照顾儿童提供方便等。洛克菲勒接受了上述建议，并付诸实施，结果奇迹发生了，昔日的"强盗大王"变成了慈善家，公司也摆脱了困境，获得了新的生机。对此，洛克菲勒深有感触地说："艾维·李为约翰·洛克菲勒家族的历史增添了十分重要的一页。"1906年，艾维·李向新闻界发表了著名的具有里程碑性质的《共同原则宣言》，全面阐明了他的事务所的宗旨："我们的责任，是代表企业单位及社会组织，就公众关心的、与公众利益相关的问题，向新闻界和公众传播迅速而真实的消息。这就是所谓企业管理的门户开放原则。"这反映了他的信条——公众必须被告知。他本着这些原则和思想，处理劳动纠纷和社会摩擦，取得了令人瞩目的成效。在他的早期客户中还有无烟煤业的业主、宾夕法尼亚州铁路公司和美国电话电报公司等，他为这些客户解决了一系列的形象危机问题，艾维·李因此获得了很大的声誉，被誉为"公共关系之父"。艾维·李关于经营理念的声明，对新闻业务代理向新闻宣传的演进，以及新闻宣传向公共关系的演进产生了深刻的影响。在艾维·李的推动下，工商企业开始改变对待公众的态度。部分企业家开始意识到，与公众关系的好坏直接影响企业的兴衰成败，必须采取门户开放的经营态度和方式，与职工和社会保持良好的联系。从此，公共关系事业真正进入现代发展时期。然而，艾维·李的公共关系工作更多的是靠经验和凭直觉进行的，缺乏科学理论的总结。因此，也有人把他的公关称为"只有艺术，没有科学"。

（二）爱德华·伯纳斯时期

继艾维·李之后最负盛名的公共关系先驱，当推美国著名的公共关系顾问爱德华·伯纳斯，他提出了系统而科学的公共关系理论，把艾维·李的公共关系艺术发展为公共关系科学。

爱德华·伯纳斯，1891年生于奥地利首都维也纳，是著名心理学家弗洛伊德的外甥，一岁时随父母移居美国。相对艾维·李而言，伯纳斯更注重公共关系的理论研究，并努力使之形成一个独立、完整的科学体系。1913年，伯纳斯被美国福特汽车公司聘为公关部经理。任职期间，他不断倡导与实施员工福利和社会服务计划，开创了企业开展社会公关、承担社会责任的先例。第一次世界大战期间，他曾在威尔逊总统成立的官方公关机构"克里尔委员会"担任委员，专门负责向国外的新闻媒介提供有关美国参战情况的背景和解释性材料。第一次世界大战结束后，他和夫人多丽斯·E.弗雷奇曼在纽约开办了爱德华·伯纳斯公关咨询公司。伯纳斯是美国第一批接触公关的学者之一，他深入研究了公关的产生过程，分析了当时的现状，并对公关的未来及发展做出了预测。1923年，他撰写并出版了《舆论明鉴》（又称《公众舆论之凝结》）一书，这是第一本现代公共关系学理论著作。在这本书中，他被公认为创造了"公共关系咨询"这一新术语，并解释了"公共关系咨询"的两重作用：第一，它能建议商业和产业界实施合理的社会行为和改革；第二，它能通过宣传这些政策和行为，为企业赢得公众的好感和支持，并认为企业或组织与公众进行的沟通是双向交流。伯纳斯于1923年在纽约大学讲授公关课程，进一步论述了公关的原则、实务方法和职业道德守则，发展了公关理论。1924年，美国《芝加哥论坛报》发表社论，强调提出："公共关系已经成为一种专门职业、一种艺术和一门科学。"1952年，伯纳斯又出版了《公共关系学》教科书。伯纳斯在美国始终担负着学者、演讲者和倡导者的角色，他的公关信条是"投公众所好"。他主张，组织在决策之前应首先了解公众爱好什么、喜欢什么、赞成什么、反对什么、对组织有什么期待和要求，在确定公众的价值观和态度的基础上，再进行有组织的宣传以迎合公众的需要。他还认为，企业不仅要为社会及公众所了解，而且更重要的是必须获得公众的谅解与合作。企业只有获得公众的谅解与合作，才能得到稳定而持续的发展，能够在竞争中立于不败之地。与艾维·李相比，伯纳斯的公关已正式从原先属于新闻界的范畴中分离出来，并使它具有了现代的科学含义。伯纳斯的主要贡献在于使公共关系科学化、职业化，并纳入高等学校的专业教育轨道。爱德华·伯纳斯终身以公共关系为业，他一生从事研究、教学和公关实践，建立了稳定的公共关系学的理论体系，出版了大量的专著和教材，开展了大量成功的公共关系咨询活动，被世界公认为现代公共关系学的创始人、国际公共关系的泰斗，为创立和发展现代公共关系学做出了重大贡献。《生活杂志》在1990年的第一期专刊里，将伯纳斯归入"20世纪美国100位重要人物"的行列。

三、现代公共关系的发展

第二次世界大战以后，国际间的经济、技术和劳务合作日趋频繁和紧密，但由于不同民族和国家之间在交往过程中存在语言文字、思想文化、社会制度和风俗习惯等方面的障碍，客观上要求必须有一批公共关系的专业人员从中斡旋，进行有效的沟通与协调。正如美国《公共关系手册》指出的："打算进入外国市场的美国商人发现，他们的当务之急是公共关系问题。"因为"对外关系的好恶，十有八九不是出于利益的冲突，而是语言、文化、传统等方面的隔阂"，一个社会组织要想能够在世界范围内有所发展，必须要和发生利益关系的一方相互了解、相互信任、相互支持，最终才能共同发展。因此，公共关系朝着职业化、学科化、国际化的方向发展。

(一)职业化

第二次世界大战后,公共关系成为美国时髦而热门的职业。1924年,美国《芝加哥论坛报》发表的社论强调指出,公共关系已成为一种专门职业,它既是一种管理艺术,也是一门科学,社会各界必须重视公关。美国政府、工商界、慈善界和教育界等领域的社会组织纷纷设立公关机构从事公关工作,以获取公众的信任和支持。1929年,出现了世界性的经济危机,一些重视公共关系的企业在经济危机中躲避了倒闭的厄运,这就使明智的企业家更意识到良好的公众关系和社会舆论对企业生存和发展的重要性。企业中设立公关部或外聘公关顾问在当时成为一种时尚。据1937年美国《商业周刊》发表的第一篇公关职业统计报告,当时全美国约有5 000名公关从业人员,有250家公关顾问公司,美国大公司有20%设有公关部。公关活动促进了"二战"后经济的恢复和繁荣,而经济的发展又推动了公共关系的迅速发展。

在20世纪50年代,公共关系作为一种职业,其地位更加稳固,公关行业规模不断扩大。从60年代中期起,世界经济的迅速发展,科学技术突飞猛进,为公共关系提供了新的传播技术手段和方法。同时,由于美国国内政治和社会生活矛盾重重,问题成堆,政府事务成为公共关系的一项重要任务,并且开拓了公共关系"问题管理"和"目标管理"的新功能。进入80年代后,由于公共关系教育的发展和社会政治经济发展的需要,美国公共关系公司已超过2 000家。据美国最有权威的劳工部调查统计,早在1985年,全美国以公关为职业的人员就突破15万,而如今公关在美国成为一种短缺的热门职业。公共关系的重点,也随着时代的发展而变化着:20世纪50年代的重点是产品推销,60年代的重点是股东与财政关系,70年代的重点是树立企业信誉,80年代的重点是塑造企业形象。由此可见,公共关系越来越向着更高阶段发展。

(二)学科化

随着社会各界对公关人员需求的增加以及对职业水平要求的提高,公共关系教育事业也开始兴起。1937年,美国公共关系协会第一任主席哈德罗博士在斯坦福大学开设公关课程。1947年,波士顿大学建立第一所公共关系学院,并开始颁发公共关系学士和硕士学位。1955年,美国有8所大学设置了公关专业,66所大学开设公关课程。1973年,美国新闻教育协会公共关系部成立了公关教育委员会。1975年,新闻教育协会正式通过公关教育委员会起草的《公关教育大纲》。全美有61所大学有学位授予权,37所大学开设了公关专业硕士研究生课程,13所大学设有攻读博士学位的公关研究生课程。这一时期,公共关系的报纸、杂志发展非常迅速。1944年,由丹尼斯·格里斯沃尔德在纽约创办了《公共关系新闻》,主要报道公共关系信息和个案。1944年,雷克斯·哈罗在纽约创办《公共关系》杂志,它是美国公共关系协会的月刊,主要研讨公共关系理论与实践,介绍和评述公共关系的专业特性和职业道德等。1954年,美国公共关系联合会出版发行了《公共关系季刊》,另一本季刊《国际公共关系评论》由美国公关关系协会出资出版,主要刊登公共关系发展的理论研究及传播技术等方面的内容。1957年,《公共关系文献目录》出版,刊登了重要论著摘要。1958年,《公共关系导报者》发行。1967年,《杰克·奥德威尔新闻通讯》创刊。此外,地区性、行业性的小型刊物和报纸也有很多。成批的公共关系报纸杂志的出版发行，为美国公共关系理论研究提供了阵地，推动了公关学科建设和科学体系的日趋完善与成熟。1952年，斯科特·卡特里普、阿伦·森特、格伦·布鲁姆三位美国公共关系学者合著出版了《有效公共关系》一书。该书运用系统论、控制论、信息论的思想与原则，全面、完整地阐述了公共关系学的基本理论，介绍了具有较高实用价值的公共关系方法，该书被看作是"公共关系的圣经"。书中提出了"双向对称"的沟通模式，成为现代公共关系理论的重要代表。他们认为，公共关系的最终目的，是要在组织与公众之间建立一种和谐而良好的关系，这就要求公共关系一方面要把组织的想法和信息向公众进行传播和解释；另一方面，又要把公众想法和信息向组织进行传播和解释，目的是使组织与公众形成一种双向沟通和相互信任的关系，并处于和谐发展的状态中。这一沟通模式理论比较准确地概括了现代公共关系过程的本质特点。

与此同时，这一时期也产生了数目众多的专业协会。1929年，美国宗教公共关系理事会成立。1935年，美国公立学校公共关系协会成立。1939年，美国真实宣传者协会成立（1944年改名为美国公共关系理事会）。1944年，美国公共关系联合会在华盛顿成立。1949年，美国公共关系理事会和全国公共关系理事协会合并，在纽约成立了美国公共关系协会。1954年，美国公共关系协会制定了第一部公共关系道德准则。1976年，人类沟通委员会同美国公共关系协会合并，成立了世界上最大的职业公关组织。

（三）国际化

第二次世界大战以后，美国作为当时世界上经济实力最雄厚的国家，其经营管理的经验和方法对世界各国产生了广泛的影响，而公共关系作为现代社会的产物也由美国传播到世界各地。

欧洲的公共关系始于20世纪20年代。1920年，公共关系由美国首先传到英国，随后传到了西欧各国。"二战"以后，随着国际贸易的繁荣和国际市场上竞争的日趋激烈，对传统的组织经营管理理论提出了挑战，从而使公共关系迅速在欧洲大陆上活跃和发展起来。1940年，公共关系传到加拿大。1946年，公共关系在法国出现并逐渐成为法国企业界的一种经营观念和管理哲学。随之，荷兰也出现了首批公共关系事务所。1948年，英国公共关系协会成立。紧接着，加拿大、挪威、意大利、比利时、瑞典、芬兰、联邦德国等相继成立了公共关系协会。各国的公共关系组织不断加强相互联系和协作。1955年，国际公共关系联合会在伦敦召开成立大会，联合会有20多个成员国参加。国际公共关系协会的成立标志着公共关系开始向国际化方向发展。

1968年，英国公共关系学者弗兰克·詹夫金斯在英国开设了公共关系学校，讲授公共关系、广告、市场营销等课程。他还出色地从事国际公共关系工作，先后到过18个国家讲学，著有《公共关系学》等10多本著作，是一位杰出的公共关系教育家。他认为，"公共关系不是一种神秘的伎俩，而是一项需要具备广泛知识的艰苦工作。"

在亚洲，1947年，驻日本的美军当局用行政命令的方式在日本各级政府设立"公共关系办公室"（日本称为广报课或弘报课），宣传美国的政治思想。在此之后，公共关系在日本得到了迅速的发展。1950年，由共同社开办"广告大学讲座"，系统地介绍公共关系学知识，聘请美国公共关系专家到日本指导工作。1957年，公共关系在日本已发展成为一种独立的行业，公共关系专业组织已近40家。此后，全日本最大的"国际公共关系公司"宣告成立，该公司与38个国家建立了业务合作关系。1964年，日本成立了全国性的公共关系组织——日本公共关系协会。

随后，其他国家的公共关系也得到了发展，如中东与南美地区的一些国家，以及亚洲的新加坡、韩国、马来西亚等都有了较高水平的发展。

综上所述，20世纪50年代以来，公共关系学已进入了兴盛时期，它有两大特点：一是公共关系的理论研究与实践的结合日益密切，日趋成熟并获得广泛传播；二是公共关系学走向世界，公共关系活动成为一种全球现象。正如美国汤姆生总裁预测，在未来的年代中，国际公共关系将是发展最快的产业之一。

第三节 中国公共关系的传入和发展

公共关系对于中国来说是"舶来品"，它传入我国的历史并不长。20世纪60年代，公共关系开始传入我国的台湾和香港地区。80年代初，公共关系随着中国的改革开放而开始进入中国大陆。1980年，《广东省经济特区条例》颁发，设立了深圳、珠海、汕头三个经济特区。不久后，在深圳的一些中外合资企业，按照国外的管理模式，最早设立了公共关系部，开展了一系列的公共关系业务活动。随后，在广州的一些大型宾馆也相继成立公关机构，开展了相应的公关活动，这引起全国公众的注目。白天鹅宾馆是广州最早设立公关机构的组织，中国大酒店、花园酒店则从我国香港地区和美国聘请受过公共关系专门教育和培训的专业人员担任公共关系部经理。

一、公共关系部门的发展

1984年，广州白云山制药厂率先在国有企业中设置公共关系部，并颇有胆识地决定每年拨出总产值1%的款项作为公共关系专项费用，用于信誉投资，取得了预想不到的惊人效果。随后，其他企业也纷纷仿效，设立公关机构。同年10月，世界上第二大公共关系公司"希尔—诺顿"公司在北京设立了办事处。1985年8月，世界著名的公共关系公司——博雅公关公司同中国新华社所属的中国新闻发展公司签订协议，共同为在我国从事贸易的外国机构提供公共关系服务。中国新闻发展公司于1986年7月在北京成立了"中国环球公共关系公司"，这是我国大陆第一家公共关系公司。随后，各种公共关系专业公司像雨后春笋一般迅速发展起来。1988年4月，沈阳市人民政府设立了接待办公室公关处，并由其策划了一系列的公关活动。

二、公共关系教育的发展

我国的"公共关系热"也引起了教育理论界的高度重视。1984年11月，中国社会科学院新闻研究所开始进行中国社会主义公共关系学的前瞻性研究。1985年，深圳市总工会举办了国内第一个公共关系培训班。北京师范大学、北京大学也相继举办公关讲座。1985年年底，深圳大学创办了我国第一个公关专业（专科），随后其他高等院校也相继开设公共关系课程。1988年，国家教委决定把公共关系作为一门正式课程列入高等学校的行政管理、企业管理、旅游经济、市场营销等专业教育之中。1989年9月，黑龙江省公共关系学校正式成立。1994年，经国家教委批准，中山大学创办了我国第一个公共关系本科专业，同时在行政管理专业的硕士点招收公共关系研究方向的研究生，从而使公共关系的学科化建设再上新的台阶。1988年1月，我国第一家公共关系专业报纸——《公共关系报》在杭州创刊，面向全国发行。1988年5月，在北京召开了首届国际公共关系专业研讨会，来自美国、英国、日本、新加坡等国的公共关系学专家、学者与我国的学者交流情况与经验。1989年1月，全国第一份国内外公开发行的公关杂志《公共关系》在西安创刊。到目前为止，我国出版的公共关系专著和译著已有上百种，这为开展公共关系教育创造了有利的条件。

三、公共关系团体组织的发展

在公共关系普遍开展的同时，一些公共关系的团体组织也相继成立。1986年1月，我国第一个公共关系民间团体——广东地区公共关系俱乐部在广州成立。1986年12月，我国第一家地方公共关系协会——上海公共关系协会正式成立。1987年5月，中国公关协会在北京人民大会堂宣告成立。1988年10月，我国第一家公共关系专业学术团体——中国公共关系专业委员会在西安成立。随后，各省、自治区、直辖市的公共关系组织纷纷成立。1991年4月，中国国际公共关系协会在北京成立。1999年1月4日，国家劳动和社会保障部正式批文，成立国家职业资格工作委员会公共关系专业委员会。同年5月出版发行的《国家职业分类大典》中，收入了公关职业的名称、公关职业定义及公关职业工作，并根据职业要求实行资格认定和准入制度。由此开始，根据统一的公关职业培训教材，分别对初级公关员、中级公关员、高级公关员进行职业培训，它说明中国的公关开始走上职业化的道路。这是中国公共关系发展史上的里程碑，标志着我国的公共关系事业进入历史新时期。

四、公共关系活动的发展

中国加入世界贸易组织后，中国将完全融入经济全球化的主潮流。在这个新起点上，企业家和从事公共关系的专业工作者，势必要对面临新形势的公关战略做出新的思考和研究。2000年6月，中国公关协会学术委员会和培训中心在济南召开公共关系理论培训工作研讨会，会上提出理论与教育培训一体化，要在教材、培训内容、培训方式、培训体系等方面进行革新，为培养高素质、复合型人才服务。2001年11月23日，由中国国际公关协会与上海公关协会主办的"经济全球化时代公共关系论坛"在上海国际会议中心举行。来自全国各地的公关专家及社会各界人士围绕"中国加入WTO后企业的公共关系策略"这一主题，进行了讨论，从不同视角探讨新经济条件下公共关系的价值，尤其是公共关系在提高企业核心竞争力方面的作用。随着世界各国的交流与合作的增多,以及不同民族文化的公关思想的碰撞与交融,中国公关的发展有了新的突破。2001年11月,在全国范围内开始了公关界每年两次的职业鉴定,这标志着中国公共关系职业化的开始。每两年一次的中国国际公关大会和协会同时举行中国最佳案例大赛的评选活动,已成为中国公关业的重要活动。2002年6月,"2002年中国国际公共关系大会"在北京举行,大会以"中国公关走进WTO"为主题,来自国内的公关协会代表、中外企业界高级管理人员300余人出席了大会。大会期间,还举行了2000—2001年中国公关咨询市场最优秀公关案例的表彰。邀请国际公关协会主席雅克·迪南做了题为《公关咨询业在全球的新发展》的报告。这次大会意味着,中国加入世界贸易组织以后,中国公关业积极探索着如何在世界贸易组织规则体系下进一步促进自身的发展,提高在国际公关行业中的竞争力。

进入21世纪,公关理论研究与公关实践将有新的发展,公关的功能将进一步得到拓宽和提升,公共关系研究的领域将涉及社会重大问题的咨询与决策,组织形象的策划与设计,系列专题活动的规划与实施,市场流向与目标公众需求的预测与把握等各个方面。政府公关、危机公关、国际公关将成为公关理论与实践研究和探索的重点,而且解决好这些问题,将意味着中国公关在走向成熟的进程中跨上一个新的台阶。

综上所述,公关事业在我国方兴未艾。可以断言,随着我国社会主义市场经济体制的建立和改革开放步子的加大,我国公共关系必将进入一个更高的有序发展阶段,以适应我国培养高级公关人才的社会需求。

思考题

1. 公共关系产生的社会背景是什么?
2. 艾维·李与爱德华·伯纳斯对公共关系的主要贡献是什么?
3. 中国大陆地区公共关系传入的时代背景是什么?

第三章 公共关系的主体

学习目标

1. 掌握社会组织目标与公共关系目标的关系、公共关系人员需要具备的基本素质。
2. 熟悉组织内设公共关系职能机构的主要类型与特征。
3. 了解社会组织与环境的关系、社会性个人在公共关系中的作用。

公共关系的主体、客体和传播是构成公共关系的三大要素。组织作为公共关系的主体，是公共关系的实施者、操作者和承担者；公众作为公共关系的客体，是公共关系主体实施公共关系活动的对象和承受者；传播则是公共关系实施的手段，是连接主体和客体之间的桥梁。三大要素缺一不可。作为公共关系的主体，组织在公共关系活动中起着主导作用，利用传播手段影响公众的态度和行为。

第一节 社会组织

社会组织作为公共关系的主体，在公共关系学中占有重要的位置。认识社会组织的性质、功能、特征和类型，明确社会组织与社会环境的相互关系，了解社会组织的构成和承担的公共关系任务，是公共关系学的重要内容。

一、社会组织概述

（一）社会组织的概念

社会组织是人们为了实现某种目标而结合起来的社会群体和社会集团。由组织目标、组织规模和组织管理机构等要素构成。

► 1. 组织目标

组织目标指组织在一定时期内追求的或期望达到的状态和目的。它规定着社会组织的基本性质和方向，即规定着社会组织的性质。

► 2. 组织规模

组织规模指社会组织中存在的人、财、物的质量和数量、地域大小等。它是社会组织量的规定。

► 3. 组织的管理机构

组织的管理机构指操纵和协调组织运行和为达到组织目标而产生的管理系统。它把社会组织的质和量统一起来。

► 4. 社会组织形象

社会组织形象指组织的总体特征和实际表现在社会公众中的反映，即组织在社会公众中获得的总体评价。社会组织是公共关系的主体，所有的公共关系活动都是由社会组织发起和组织的。讲社会组织必然要涉及组织的目标、规模、管理机构和形象，社会组织的一切活动都要围绕组织目标来进行。公共关系以塑造良好的组织形象为目标。公共关系目标是社会组织目标的一个分目标，处于从属地位，必须服从和服务于社会组织的总目标。组织规模和管理机构是开展公共关系的物质基础。

(二) 社会组织的特征

► 1. 明确的目标性

任何组织都有明确的目标，没有目标就失去了存在的意义，组织围绕着一定的目标而形成，所有人员都要服从这个目标，围绕它开展工作。

► 2. 成员协作意愿性

组织是由一些具有相互合作愿望的人们组成的集体。组织的成员互相协作，自愿地为组织目标的实现而努力。

► 3. 组织内部的规范性

为了确保组织成员间的协调与合作，组织必须建立起规范的章程，有章可循，有法可依，同时必须有权威的领导体系。

► 4. 内外信息的互通性

任何组织的生存和发展都离不开信息的沟通。在信息时代，组织内部以及与组织外部环境之间，只有不断地进行信息沟通，才能有效地完成组织目标。

► 5. 物质基础的确定性

任何组织必须具备一定的人力、财力、物力，这些物质基础缺一不可，否则组织只能是空中楼阁。

► 6. 组织的系统层次性

整个社会是一个大系统，各类社会组织均属于结构规模不等、复杂程度不同、形态各异的系统，如经济系统、教育系统、卫生系统等，各种组织分别属于这些系统中的子系统。

7. 组织的环境适应性

任何组织都存在于一定的社会、自然环境之中，因此，组织与社会之间存在着物质、能量和信息的交换，即组织是一个开放系统。组织的生存和发展必须具备对环境的适应性。所谓环境的适应性，是指组织在环境的约束下，用以调整自身的结构和功能来维持生存和发展的能力。组织对环境的适应性不是消极的反应过程，而是一种积极的交换过程，即环境对组织输入和组织对环境输出，在外界环境和组织系统的相互作用中，实现了某种物质能量和信息的交换。交换关系充分体现了环境对组织的约束力和支配性，组织对环境的主体性和能动性。而公共关系工作的最终目标，是使组织的主体意识得到发挥，使组织与环境保持协调、平衡，使组织不仅适应环境而且还可以进一步改进环境。

（三）社会组织的功能

任何组织都具有多重功能，尽管不同组织的功能不尽相同，但以下几点则是共同的。

1. 社会组织能进行人力汇集，组成一个集体

一个组织一旦成立，它必然要汇集本组织所需的人员。单个人的力量毕竟是渺小的，人们需要联合起来，相互协作，共同从事某项活动。例如，一所学校需要吸引知识渊博的教师；一个医院需要吸引经验丰富的医生和护士；一个工厂需要吸引经过培训的技术工人，这是保证组织目标实现的前提条件。

2. 社会组织能进行人力放大，形成一种新的合力

古往今来的人间奇迹，如中国的万里长城、埃及的金字塔、当代的航天飞机等都是人力放大所创造出来的。正如亚里士多德的名言"整体大于各部分的总和"所说的那样，当人们通过组织的形式，把许多孤立的个体结合成一个有机的整体后，这个整体所产生的力量，绝不等于孤立的个人力量的简单相加，而是一种力量的放大，这种放大后的力量，可以使人们完成那些作为个人所无法完成的事情。

3. 社会组织能提高人们的工作效率，尽快完成组织的预定目标

组织起来的人力之所以能够放大，是人力分工与协作的结果。正是这种分工与协作，大大调动了人们的积极性、主动性和创造精神，提高人们的活动能量，发挥出人、财、物的最大效能。

4. 社会组织能满足人们的心理需求，形成一种吸引力、凝聚力

人们一旦加入某个组织，他就以能成为这个组织的一员为荣，可以获得某种安全感，可以满足社会交往和自尊的需要，还能增强人们的自信心。

（四）社会组织的类型

社会组织的类型是多种多样的，其分类标准也不尽相同，以组织从事活动的性质为标准，可将组织分为经济组织、政治组织、文化组织和宗教组织。这是一种常见的分类方法。

1. 经济组织

经济组织是人类社会中最基本、最普遍的社会组织，担负着为人们提供衣食住行和文化、娱乐、物质资料的任务，并要实现其所有者和经营者的利益。其特点是：从事经济活

动,具有经济职能。凡是具有生产、交换、流通、分配等职能的社会组织,都称为经济组织,包括工商企业(工业、农业生产单位、贸易等)、金融组织(银行、保险等)、交通运输组织(铁路、公路、航空、船舶等)、服务性组织(酒店、商店等)等。经济组织公共关系的主要任务就是建立一个良好的生产经营者形象,争取更多的顾客、消费者和其他公众的支持,以使本组织在发展中不断增强竞争力。经济组织是现代社会市场经济条件下公共关系的最大市场所在。

▶ 2. 政治组织

政治组织是为某种政治目的组建的,是指社会中从事政治活动的组织,它是人类社会阶级出现后的产物,是一定阶级、阶层、集团的代表,具有政治职能和权力职能。政治组织包括政党组织和国家政权组织。政党组织代表本阶级、阶层或集团的利益和意志,提出基本的指导思想、奋斗目标,制定和实施各种路线、方针和政策;政权组织是政治组织的生命力所在,它管理社会,组织全社会的物质和文化生产,创造良好的社会秩序和环境,包括国家立法组织(议会、人大等)、行政组织(中央和各级地方政府)、司法组织(法院、检察院、公安局、监狱等)、军事组织(军队、警察等)、政党组织(政党、政治团体等)。在现代社会中,一定的政治组织为向其代表的社会群体及整个社会表明自己的政治见解、主张及方针、政策等,必须开展公共关系活动,争取广泛的社会认同、社会赞誉及社会支持,必须搞好与广大社会民众的关系,必须处理好本阶级、阶层或集团的利益与社会民众利益的关系,因此它必然成为现代社会中一个重要的公共关系主体。同时,由于政治组织所提出和坚持的政治主张、路线、方针政策对整个社会有广泛影响力,因此又必然成为社会其他组织的重要公共关系对象。

▶ 3. 文化组织

文化组织是指在社会中从事文化活动、文化事业的组织。它以满足人们的各种精神文化需要为目标,开展各种文化活动和文化事业。文化组织的类型很多,有科研组织、体育组织、教育组织、文艺团体、学术团体等。文化组织是社会文明的重要标志,它与社会具有广泛的联系,尤其对人们的精神文化需要有着重大影响。有少数人认为,文化组织的公共关系无足轻重,这是对文化组织公共关系工作重要性缺乏足够重视的表现,也正是我国各类文化组织要努力解决的问题。

▶ 4. 宗教组织

宗教组织是指以某种共同的宗教信仰为背景而形成的组织。它用宗教信仰来制约和规范成员,也是人们表达和实现自己宗教信仰的载体。它的基本任务是维护信仰自由和宗教信仰者的合法权益,组织正常的宗教活动,提高传教者的道德水准和文化素质等。宗教组织的形成因宗教本身的不同而不同,有佛教、道教、伊斯兰教、基督教、天主教等。为了宣传自己的宗教思想和宗教信仰,争取广泛的社会信仰和支持,宗教组织也必须要开展公共关系活动,以处理本组织与信教民众、政府、新闻媒体等各种关系。同时,社会中的其他组织为了争取宗教组织的支持与合作,也会把宗教组织作为基本公众来对待。

二、社会组织的环境

社会组织的生命在于运行,组织的运行是在一定社会关系和社会环境中进行的,组织不能离开环境而孤立存在,它必须在与环境进行经常性的信息和能量交换中生存。

(一)环境的含义

环境是指社会组织周围的各种社会因素和条件。它是社会组织与社会进行信息和能量交换的基础,没有这些因素和条件的存在,组织与社会的信息与能量交换就不可能实现。同时,这些因素和条件又时时刻刻影响和制约着组织的社会活动,包括组织的公共关系活动。要研究社会组织及其活动,就不能脱离其所处的具体环境而孤立地进行,处理好社会组织与环境的关系是公共关系的重要任务之一。环境根据不同分类标准,可以有不同的分类结果。可以将其分为自然环境和社会环境;也可以将其分为直接环境和间接环境;还可以把它分为良好环境和恶劣环境。自然环境是指组织所在地区的地理位置、气候条件等。社会环境指的是组织所在国家(地区)和社会的政治制度条件、法律制度条件、经济制度条件和社会文化思想条件等。公共关系要处理的主要是社会组织与其所处的社会环境之间的关系。直接环境是指对社会组织活动起直接作用,与组织发生直接关系的因素和条件。间接环境是对组织活动的作用起间接作用的,与组织发生间接关系的因素和条件。良好环境指对组织生存和发展起推动作用的因素和条件,使组织与环境处于良好运行状态。恶劣环境指对组织生存和发展起阻碍作用的因素和条件,使组织与环境处于不良的运行状态。公共关系意义上的环境是一个复杂的综合体,具有系统性、关联性、渗透性、复杂性和变化性的特征。

(二)环境对社会组织的作用

社会组织总是生存于一定的环境之中,环境是组织生存和发展的基础。环境可以促进组织的发展,也可以阻碍组织发展;可以维系组织生存,也可以危害组织生存。用公共关系的观点来审视环境对组织的作用和影响,我们不难得出这样的结论:任何组织都必须站在战略的高度重视环境、研究环境,并在此基础上开发利用环境,处理好组织与环境的关系。同是一种相互影响和相互作用的关系,一方面,环境对社会组织起着影响和制约的决定作用;另一方面,组织也不是绝对被动地接受环境的影响,而是能动地做出反应,对环境起着反作用。此处为了突出环境对组织及其开展的公共关系活动的影响,主要讨论环境对社会组织的作用。

▶ 1. 环境为社会组织提供生存的客观条件

任何组织都是在一定的自然、文化、社会、经济和政治环境中生存的,环境是组织生存的前提和基础。具体来说,环境为组织提供各种物质条件和信息要素,如人员、技术、办公场地、资金、原材料和各类信息等。环境为组织的产品、服务提供市场。组织生存的前提是为社会提供一定产品和服务设备,如农村生产粮食,不同的工厂提供不同的商品,商店提供各类商品,宾馆提供住宿服务等,否则,就没有存在的必要。组织提供的产品和服务必须进入一定的市场才能交换,只有把产品和服务变换成再生产的资金,才能完成再生产,组织才能够正常运行。这个市场的提供者就是环境。

2. 环境为社会组织的生存和发展提供制度保障

环境为社会组织的生存和发展提供制度保障，是指环境因素中所形成的法律、制度、方针政策和各项规定为组织生存和发展提供行为规范和行为保障。它不仅对组织行为有制约作用，而且也对组织的关系和行为起规范作用，创造一定规范的市场秩序。环境对组织生存和发展的保障一开始并不像现代社会条件这么完备，而是处于一种初级状态，靠自发的社会秩序、社会传统（人们的约定俗成）和社会道德对社会组织及其成员进行规范、协调和调度。这种保障是原始的，是经不起利益的冲击的。随着社会的进步，国家根据社会总体利益和意志开始制定维护社会秩序的各项制度、法律、政策和规定，并结合依靠社会发展过程中形成的道德要求来规范组织和社会成员的行为，使社会逐渐走上法制化、民主化、规范化、秩序化的道路。这种保障是牢固的，是以社会为根基的，是社会组织生存和发展的有力保障。

3. 环境为社会组织的生存和发展提供动力条件

环境是由各种社会因素和条件组成的综合体，是一个复杂的体系，是一个动态的体系，具有不确定性和动态性。组织要在环境中生存和发展，必须适应环境的变化，必须建立起一种能适应环境变化的机制。只有这样，组织才能有效地应对环境的威胁和挑战，才能把握环境提供的机遇，才能做好环境监测，才能针对组织所处环境及其变化趋势，就组织发展的目标、计划、方针、措施做出适当调整。否则，组织就无法生存。这样看来，环境对组织而言就是一种压力，它促使组织应变机制的建立，推动组织的调整和发展。危机和挑战是组织生存和发展的动力。同时，环境也并不是一味地对组织生存和发展存在威胁和压力，而是随着社会的进步不断地为组织生存和发展提供科技进步成果，为组织提供因生产关系和上层建筑变革而带来的新的宽松环境（必要的有利于生产力发展的法律和制度保障）。又因为社会自然条件和人口等诸因素的变化，环境还将为组织的产品和服务提供消费市场保障。

综上所述，环境对组织起决定性作用。任何组织都必须高度重视对环境问题的研究，做好环境监测、环境评价、环境决策工作，采取相应的环境对策，使组织处于一定良好的环境状态下运行，这正是公共关系所期望达到的。

（三）组织的内外环境

从公共关系角度来看，组织环境有内外层之分。其内部环境指组织成员之间的关系；其外部环境指组织周围的生存空间、组织与其他组织和人员关系。而外部环境实际又分为一般环境和工作环境。

1. 组织的一般环境

组织的一般环境，是指对所有组织都产生影响的社会大环境、大气候，是组织生存和发展的宏观背景。组织的一般环境包括以下因素。

(1) 经济因素，指组织所处社会大环境的基本经济形态、经济成分和经济结构。

(2) 政治法律因素，指社会政治制度、政治气氛和法制健全的程度。

(3) 历史文化因素，指组织所处社会环境的历史背景、价值观念、意识形态、伦理道德、风俗习惯等。

（4）社会人口因素，指组织所处环境人口的阶层结构、受教育的程度等。

（5）教育因素，指组织所处社会环境居民的文化水平，居民中受大、中、小学教育的比例，教育机构的设置，教育经费等。

（6）自然资源因素，指组织所处的地域、气候、自然资源和其他情况等。

其中，经济、政治法律因素，是制约组织公共关系的关键因素，历史文化、社会人口和教育因素，则是组织开展公共关系活动应重点考虑的因素。

▶ 2. 组织的工作环境

组织的工作环境，是指对各个组织的目标建立和实现直接相关的各种因素，是一个组织生存和发展的微观环境。组织的工作环境包括以下几方面。

（1）关系对象的基本状况与构成，即原材料供应商、用户单位、竞争对手、权力机构等。

（2）与关系对象相互需要的程度，即属于互补型、互惠型还是一致型。

（3）与关系对象的空间距离，一般来讲，距离越近，关系越密切。

（4）与关系对象的沟通状况，即沟通渠道的数量、畅通程度、交往频率、信息流量等。

这些因素对组织的生存发展不一定带来全面、广泛的冲击，但能对组织的某一方面、某一领域的发展产生直接影响，并最终制约组织的全面发展。

（四）公共关系的环境策略

在实际的公共关系过程中，组织一般只采取环境适应和环境抗衡两种策略。

▶ 1. 环境适应策略

环境适应策略的要点是以灵活的组织机构和功能，按照环境提供的条件及需要，策动公共关系活动，也称为组织对环境的"被动反作用"。采用环境适应策略时，要求公共关系人员特别熟悉有关的环境要素和相应的组织能力，并适时调度组织力量，以满足环境的需要。

▶ 2. 环境抗衡策略

环境抗衡策略是作为环境适应策略的补充提出来的。在实际活动过程中，公共关系机构有时会发现它们无法适应环境中有关要素的需要。于是，环境适应策略便无法再适用了。新的出路在于设法改变或创造某种环境要素，在此基础上策动公共关系活动。这就是环境抗衡策略的要点，也称组织对环境的"主动反作用"。

三、社会组织的形象

社会组织为达到自己的工作目标，必须不断地运行，以不断地保持和改善同现实环境诸因素的关系。在这个过程中，社会组织自身的形象也会随之变化。

社会组织的形象是指它在运行过程中显示的行为特征和精神面貌，包括社会组织的内在气质和外观形象两个方面。所谓内在气质，是指社会组织在运行中对现实环境诸因素发生或改变关系时所表现出的基本态度、价值指向，以及社会公德水准，包括服务态度、待人处世的基本行为准则、服务水平和组织成员的道德水准等，即社会组织的"软件"。所谓外观形象，是指社会组织在实现工作目标时所显示的能力识别标记，如产品的质量、商标广告的知名度、市场占有率、技术力量、人员素质等，即社会组织的"硬件"。

社会组织的内在气质与外观形象的结合就构成了社会组织的形象。社会组织的形象及其变化是其运行过程中发生的现象，它对社会组织能否顺利完成工作目标有着重大影响。在现代社会中，社会组织的形象更对社会组织的生存直接产生作用，可以说，它是社会组织最重要的无形且无价的资产。

（一）组织形象的含义

组织形象是组织及其行为通过传播在公众心目中所确立的总体印象，也就是公众对组织的综合看法和总体评价。理解这一含义，首先，把握组织形象是公众的总体评价，而不是具体评价。具体评价只能构成局部印象，而总体评价是各种具体评价的综合，它才能构成总体印象。其次，组织形象的评判者是公众，最终评价也是由公众裁定的。最后，组织行为是公众评价的重要依据。所谓"听其言、观其行"，组织应十分重视行为选择。因此，组织形象不是凭空产生的，也不是公众强加给组织的，而是组织自身行为所决定的。

（二）内在形象和外观形象

组织内在形象是指组织的内在品质给公众留下的印象，具体表现为价值观念、公德意识、服务质量、精神面貌、工作作风、组织素质和风格等。

组织的外观形象是指组织的名称、品牌、特征、行为方式、环境、建筑、设施等，它是通过公众的感官能直接感觉的实体形象。组织的内在形象和外现形象是统一的，组织的内在形象是外观形象的基础，而组织外观形象是内在形象的客观反映。

（三）期望形象和实际形象

期望形象是社会组织自己所希望具有的形象，是社会组织发展的内在动力，能促使组织开展各种有效的公关活动。组织自我期望形象的要求越高，它自觉做出努力的可能性就越大。

实际形象是公众对一个组织的真实看法和评价，是组织形象的客观状态。了解组织社会实际形象是制定公共关系目标的基本依据。社会组织应该正确地分析自我期望形象，每个社会组织都会有一种自我期望形象，不过有的是明确、自觉的，有的是不明确、不自觉的。无论是哪一种自我期望形象，组织都应该进行正确、客观的分析。分析组织自我期望形象，要完整地掌握组织内部的基本资料，如组织的经营方针、管理政策、产品质量、服务水平、员工的基本素质、管理人员的能力等。要充分了解组织的领导管理层对组织形象的期望水平，包括领导者所拟定的各项目标和政策、领导者的言行和经营管理手段、领导者对组织形象的关心程度等。要了解全体员工对组织的看法和期望，包括员工的意见、希望和要求，以及员工的合作意识和团队精神等。组织还应该正确地分析其社会实际形象。分析组织在社会公众心目中的实际形象，要对公众对象进行鉴别和分类，确立调查对象的范围，要进行组织形象战略地位的测定，即在对公众对象进行分类的基础上，调查各类公众对组织的评价。要进行组织形象内容的深入分析，即具体分析构成组织形象的具体要素，弄清公众对组织不同态度和评价的原因。

社会组织应该对自我期望形象和实际形象有正确的分析和了解，在此基础上，调整自我期望形象和实际形象存在的差距，不断地创造和树立新的良好形象。

（四）整体形象和单项形象

整体形象是指公众对组织的全部看法和综合评价；单项形象是指组织形象的某一方面所留给公众的印象。整体形象和单项形象是密切联系的，组织必须使自己的每项单项形象都得到公众的认可，才可能树立良好的整体形象。评价整体形象最基本的指标是组织的知名度和美誉度。单项形象主要包括以下几方面。

▶ 1. 市场形象

市场形象指公众对组织在市场上的一切特征与表现的总体评价。组织的市场特征与表现主要指产品类别、产品质量和特色、价格、服务、促销方式、销售地点、员工、市场占有率和覆盖率，以及由各种营销活动所体现出来的市场信誉。组织的市场形象基本上可由品牌形象代表，是最重要的单项形象。绝大多数的公众都会关心组织的市场形象，其中最主要的公众是顾客和经销商，其次是竞争者和银行等。

▶ 2. 社会形象

社会形象指社会组织在承担各种社会责任时，公众对其一切特征与表现的总体评价。社会责任主要是按章纳税、公益活动、提供就业机会、环境保护、公平竞争、精神文明建设等。社会形象最主要的公众是政府和社区，以及新闻媒介等。

▶ 3. 效益—环境形象

组织的效益—环境形象对现实员工和潜在员工最为重要。组织效益主要有两层含义：一是组织的销售额、利润额；二是员工的收入水平，包括绝对收入和相对收入。环境形象也有两层含义：一是硬环境，主要指建筑物、布局、装潢、工作设施与条件、绿化与整洁性等；二是软环境，主要指同事关系、民主气氛、升迁机会、工作节奏、管理制度等。显然，员工非常关心自己组织的效益与环境。在服务性组织中，尤其是医院、商场、宾馆、饭店、娱乐场所的环境形象，对顾客也十分重要。

▶ 4. 资信形象

组织除与顾客和经销商发生密切的交换关系外，还与银行和供应商有密切往来。由于资金运行的性质和方向不同，银行和供应商就会特别关心组织的资信形象。资信形象指公众对组织在资金筹集、运用等方面和特征表现的综合评价。资信包括资金筹集方式与结构、资金实力、资金运用的方向与方式、资金支付或还贷的时间与方式，以及由各种资金活动所体现出来的合理性和信誉。除银行和供应商外，政府和股东等公众也比较关心组织的资信形象。

▶ 5. 传播形象

传播形象指公众对组织信息传播的特征与表现的综合评价。传播特征与表现包括信息传播的公开性、真实性，广告、公关宣传或形象传播等信息传播方式的组合、力度、频率及信息内容。传播形象在很大程度上与市场形象交织在一起。新闻媒介与广告界会因其职业特点而十分关心组织的传播形象。竞争者也很关注，因为他们知道传播形象在消费者心目中会异化为市场形象，传播竞争就是市场竞争。

以上的主要单项形象所涉及的公众基本上涵盖了一个组织的主要公众：顾客、政府、社区、员工、银行、媒介、竞争者、股东等。同时，也基本涵盖了所有重要的形象要素。因此，单项形象的设计也是有很大意义的，但是单项形象不能替代总体形象。

有一些形象虽然没有独立功能，但也有内在联系的形象要素，也能构成单项形象，如领导形象、员工形象、文化形象等。

（五）组织形象的功能

▶ 1. 提高传播效果

为树立统一、鲜明的组织形象，对各种形象信息要加以整合，从而有利于提高传播过程中的整体冲击力，增强公众的识别力和记忆力。

▶ 2. 协调整合功能

在形象设计过程中为了使组织有一个美好、统一的形象，设计者可能会提出组织各形象要素、各工作环节、各利益主体等关系进行协调整合的要求，至少应要求不能产生明显的形象矛盾。这就可能会提高组织的工作水平，增强组织的凝聚力和吸引力，并使组织成员更有目标感。

▶ 3. 提高竞争力

下列因素能直接提高组织的竞争力：

（1）良好的评价是产生有利行为的基础，组织一旦树立起良好形象，就容易获得各类公众的支持与合作。

（2）良好的组织形象可以为具有该组织名称的任何一项方针政策创造一种行为信心，可以为任何一种产品和服务创造一种消费信念。

（3）形象有时会直接决定公众行为，当某些竞争要素差异不大时，良好的整体形象或单项形象就会起决定作用，这就是所谓的形象竞争。

▶ 4. 扩张功能

由于光环效应和移情效应，具有良好形象的组织在进一步扩张中已预先为自己的行为做出了信誉保证。

四、社会组织的工作目标

社会组织的工作总目标是社会组织生存的根本原因，因此，社会组织内部的所有分工部门及各个成员的一切工作都必须围绕这个总目标展开。公共关系是社会组织在完成工作总目标过程中派生出来的工作内容，因此它必然服从和服务于社会组织的总目标。

五、社会组织的新形态——社会性个人

公共关系的一般目标是改善组织的形象。随着传播技术、传播手段的多样化发展，随

着社会组织形象设计和传播的多角度、多方向、多层次展开,公共关系的主体除社会组织之外,必然还包括代表社会组织形象和作为社会组织形象的一部分的个人。可以说,这些个人已经不再是代表他们自然人的个体本身,而变成了社会组织对形象产生重大影响的"社会性个人"。

总统、王室成员、电影明星、著名品牌的形象代言人、企业的首席执行官和董事长均属于社会性个人。

1999年,博雅公共关系公司就企业领导人在企业发展中所起的作用,调查了美国35个行业350家大型跨国公司2 500多名高级经营管理人员。调查结果显示,首席执行官的声望占企业总体形象的40%。60%的受访者认为企业领袖的首要任务是将企业的发展方向清晰地与公众进行沟通。75%的受访者相信,在危急关头,人们倾向于信任具有良好声誉的首席执行官所管理的企业。博雅由此得出结论,"在今天的商业社会中,首席执行官也需要作为一个品牌而加以管理。"

企业领导人作为"社会性个人"的形象有时能为企业的公关活动带来意想不到的成效。从可口可乐总裁在电视上大喝可口可乐,到世界500强公司的领导聚会《财富》论坛,都可以看出代表组织的"社会性个人"均在试图努力吸引公众的注意力。

第二节 公共关系机构

公共关系机构是为了贯彻公共关系思想,由专职公共关系人员组成,用于开展公共关系活动,执行公共关系工作职能,为社会组织的生存和发展服务的专业机构。公共关系活动的开展需要专业的机构,建立健全公共关系机构,是做好公共关系工作的保证。公共关系机构主要有两类:一是机构内部的公共关系部门;二是机构外部的公共关系公司。

一、公共关系部

公共关系部是机构内部组织结构最完整、职能最广泛的公共关系机构,有人把公关部称为一个机构的"五官"——眼、耳、鼻、喉、舌。这个比喻不无道理,眼——观察机构与公众之间的联系和沟通状况;耳——聆听来自各方面的对组织的意见、批评和建议;鼻——嗅出对组织和公众利益不利的"气味",及时通报并加以调整;舌——品尝体会公众的困难,送去温暖;喉——向一切公众发布有关组织的真实信息。当然"五官"并不能概括公关部的全部功能和工作,但就组织与公众沟通来说,公共关系部的确发挥着"五官"的作用。在公共关系实务中,公共关系部在公共关系基本职能的基础上,发挥着特殊的管理职能。

(一)公共关系部的职能

公共关系部的职能与任务不同于组织的其他部门,其职能与任务主要围绕组织管理的"软区"(组织形象的塑造)而规定的。

一般来说,公共关系部应该具有以下职能。

▶ 1. 决策参谋职能

管理需要决策。组织的一切经营活动都充满决策,然而,由于现在决策的内外影响因素越来越复杂,使决策充满了风险,公共关系部在收集、整理、分析信息的基础上,可以帮助组织监测社会环境的变化,了解社会的发展趋势可能对机构造成的影响,为进一步调整改善组织生存发展的内外公共关系状态,向组织领导层或决策层提供可供选择的方案,并协助或参与领导或决策层的决策。

▶ 2. 信息情报职能

公共关系部在组织内各部门及组织与外部之间发挥着桥梁、纽带作用,因此,它的首要任务是收集和整理有关组织生存发展及与内外公众相互关系状态的信息,而且能做出科学分析,发现问题,预测发展变化趋势。

▶ 3. 沟通协调职能

为了创造融洽和谐的内部、外部关系,公共关系部要采取有力措施加强组织内部的人事关系协调与沟通,融通组织内领导与员工、领导与领导、部门与部门、员工与员工之间的关系,有针对性地开展活动,做到上情下达、下情上达,培养职工的认同感,激发其工作热情,促进管理工作的民主化、科学化,提高组织的向心力和凝聚力。要想取得社会公众的支持与合作,就要不断向社会传递信息,而公关部就是作为正式的对外联络机构,发挥着机构"外交部"的职能,负责沟通组织与社会公众之间的信息情报,争取社会公众的理解与信任,减少与外界环境的摩擦,为组织创造良好的"人和"环境。

▶ 4. 趋势预报职能

公共关系部收集、储存和处理同组织密切相关的大量的信息资料,通过对资料的分析,可观测其更深刻的内涵,分析其变化趋势与方向,如了解、预测消费流行趋势,组织在社会公众心目中的地位,社会环境变化对组织的影响等。

(二) 公共关系部的设置原则

组织的公共关系部是根据组织的实际需要而设置的。在组织中设置公共关系部,应遵循以下原则。

▶ 1. 需要性原则

公共关系部的设立,不能随心所欲,不可照某种模式生搬硬套,应着眼于本组织的工作性质,规模大小,从客观实际出发,站在有效与实用的角度,有目的地设立。一般来说,公共关系部规模的大小决定了公关需要的大小。因此,组织规模越大,可能要求公关人员越多;反之,则越小。

▶ 2. 协调性原则

公共关系部的设立,目的在于协调内部与外部、内部与内部、上级与下级、当前与长远的关系,凡涉及组织管理过程的目标、任务、职责、人员、专业技术、财务等方面的协调与平衡,涉及内部与外部的往来,涉及部门与人员之间的相互配合、分工与合作,都需要积极的协调,处理好协调关系。

▶ 3. 正规性原则

公共关系部的设立,不是权宜之计,应从组织上与工作内容上保证其正规性,保证有正式编制、正式的领导、正式的财务预算和正式的公共关系人员。公共关系部的工作内容既要有总目标、分目标,还应有具体工作业务,并由专业的公共关系人员去完成。除上述要求外,还应保证机构的常设性,保持其工作的连续性和实效性。

▶ 4. 有效性原则

公共关系机构是现代化管理的产物,是一个具有效能的部门,其具体表现为:一是在工作完成时间上,把握及时性;二是在工作完成质量上,保持最佳态势;三是在工作业务上,保证不断创新;四是在工作地位与作用上保持其权威性;五是在工作人员的使用上,强调人尽其才,各尽其职,各尽所能,不断提高公共关系人员的管理素质和专业技术素质,保证其积极性和有效性的发挥。

(三) 公共关系部在组织中的地位

公共关系部职能的实现和作用的发挥,除了与公共关系部人员配备、人员素质及管理工作有关,还与公共关系部在组织内的地位有直接的关系。公共关系部在组织中的地位涉及以下两方面内容。

▶ 1. 公共关系部所在的组织内部结构中的层次

一些重视公共关系工作的组织,往往给予公共关系部很高的地位,由一名组织高级决策者兼任公关部领导工作。公共关系部直接隶属和受命于最高领导和决策层,并对其负责,任何其他部门无权干扰公关部的工作,无权对公关部下达命令,公关部也无权指挥任何其他部门,无权命令其他部门。处于这样地位的公共关系部,能充分发挥其应有的职能作用。

▶ 2. 公共关系部与其他部门的关系

在实际工作中,公共关系部与市场营销、人力资源、行政管理、宣传教育,以及法律顾问等部门的联系尤为紧密。公共关系部的许多工作与这些部门的工作互相交叉融合。因此,即使公共关系部直属最高领导层,也很难十分严格、明确地界定公共关系部与其他各部门的各自职责范围。有时,其他各部门对公共关系部这种"一人之下,万人之上"的地位还会产生反感,在公关工作上不与之配合,消极观望。如果公共关系部与其他几个部门处于平级地位,则更容易产生摩擦,更难开展工作。例如,企业在市场营销中有大量公关工作要做,而公关部的配合和介入尺度很难把握。企业的宣传部有大量对内对外宣传工作,而公共关系部的基本职能之一就是对内对外的宣传。企业的行政管理部门工作中就包含着与外部公众的联络及接待任务,这又与公关部的基本职能重叠冲突。当然,不能以公关部替代行政管理和宣传部门,因为公关部无法全部承担其职责。但似乎又不能没有公关部,因为行政管理和宣传部门也不能完全承担公共关系部的职能作用。

解决这一问题的具体办法如下。

(1) 合理确定公共关系部在组织内的地位及隶属关系。

(2) 明确界定公共关系部与其他各部门各自的职责范围,同时也明确界定公共关系部与其他部门之间交叉相融部分的工作内容，建立协调协作机制和相应的制度、规定、措施和方法。并且要由组织最高领导和决策层委派一个相当级别的领导，专门负责这项协调协作工作。另外，公关部与其他部门之间也应以大局为重，克服本位主义和山头主义，相互积极沟通、联系，增强整体意识和团队精神。

（四）公共关系部的设置模式

公共关系部应根据部门的公共关系活动的实际需要来设置，并适应组织的规模和发展，必须具有一定的灵活性。

▶ 1. 部门并列型

这种类型是将公共关系部视为与其他职能部门并列的独立职能部门，公共关系部与其他职能部门地位相当，各负其责。

▶ 2. 最高领导直属型

公共关系部由组织的最高决策者领导，并由最高领导层成员兼任负责人。这种类型的公关部是一个具有相当自主权的职能部门，它既能使公关部随时与各个二级部门沟通信息，体现了公关的具体职能，又能保持较大的自主权，有利于公关工作灵活、全面开展。

▶ 3. 部门归属型

这种类型的公关部附属组织的某一部门，处于组织的第三层次。究竟归属于哪个职能部门，常常出于组织领导层对公关部功能的不同认识，可能属于经营部门、宣传部门、外事部门或办公室。

（五）公共关系部的内在结构

为了有效地发挥公共关系部的职能，公共关系部内部必须进行合理分工，并设置相应的内部机构。从公共关系部的内部结构来看，有对象型、手段型、区域型、复合型几种模式。下面简单介绍对象型、手段型和区域型公共关系部的内部结构。

▶ 1. 对象型

对象型公共关系部按公共关系工作对象设置，其内部结构如图3-1所示。

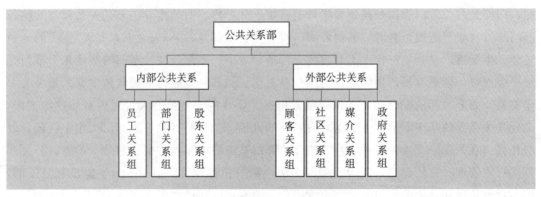

图3-1　对象型内部结构示意图

▶ 2. 手段型

手段型公共关系部按达到公共关系目标的技术手段设置，其内部结构如图3-2所示。

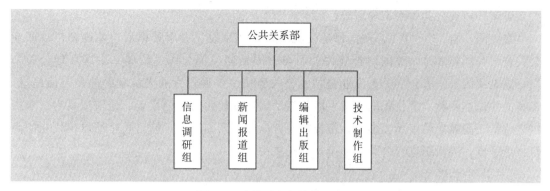

图 3-2 手段型内部结构示意图

▶ 3. 区域型

区域型公共关系部根据公共关系部的活动区域设置,一般设置国内公共关系事务与国际公共关系事务两部分,其内部结构如图 3-3 所示。

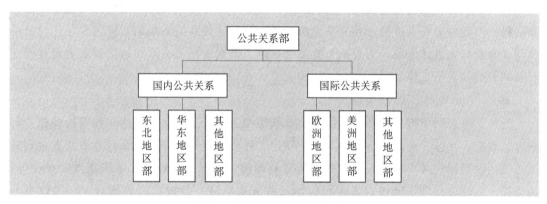

图 3-3 区域型内部结构示意图

组织的公共关系部担负着内外协调与沟通的任务,需要在公关部内部设置各个职能部门来分工负责。一般来说,公关部内部有以下几个部门是必不可少的:

(1) 接待部,担负着组织内外接待的任务;
(2) 联络部,保持组织与公众之间情感沟通与通信联系,维持网络系统的联络任务;
(3) 宣传部,开展组织与产品,服务形象的广告与宣传工作;
(4) 策划部,负责设计与指导各项公关活动的实施;
(5) 培训部,负责对组织员工进行公关意识和公关行为的培训。

公共关系部的部门设置要从开展组织公共关系活动的需要出发,讲求少而精,重视办事的效率,不能简单地因人而设置。

二、公共关系公司

公共关系公司(简称公关公司)是随着公共关系作为一种社会职业的出现而逐渐产生和发展起来的。它是由具有一定专业特长的专家和从业人员组成的,专门为客户提供有偿公共关系劳务和业务咨询服务的专业机构。公共关系公司通常也称公共关系顾问公司、公共关系咨询公司或公共关系事务所等。

在我国，自 1985 年 1 月美国伟达公关公司在北京设立办事处以后，才逐渐出现职业公关公司。同年 8 月，美国博雅公关公司与中国新闻发展公司签约成立中国环球公关公司，这是我国第一家公共关系专业公司。公关公司主要通过专业人员掌握的多方面信息、丰富的知识和经验、现代化的技术手段，广泛运用现代化的办公设备、通信工具为公众提供高质量、高效率的市场、形象、信誉等多方面的咨询和服务。同时，它还以现代化的高科技为手段，为组织进行公关活动策划，提供中介服务。

（一）公共关系公司的职能

公共关系公司的基本职能就是帮助委托人沟通与社会公众之间的信息交流，为委托人建立良好的声誉和良好的形象提供各种服务。具体来说，公共关系公司的职能包括以下几个方面。

▶ 1. 收集信息，咨询诊断

公共关系公司根据委托人（客户、顾客）的需要，为委托人收集、汇编有关信息、情报和资料，以此对委托人进行公共关系诊断，帮助其设计公共关系规划，提供专业化的公关顾问，为委托人设计形象，为委托人决策当参谋。根据委托人实际状态与要求确定其近期和长期的公共关系工作目标。

▶ 2. 沟通联络，搞好代理

公共关系公司负有为委托人提供与公众联络沟通的任务，例如，建立和维持委托人与顾客、政府、社区、新闻界、教育界、金融界、社会名流等的良好关系；为委托人策划新闻传播，做新闻代理，例如，为委托人撰写新闻稿，选择新闻媒介，组织新闻发布会等；为委托人做广告代理，例如，设计和制作公共关系广告，并做出广告预算、广告成本分析、广告效果检测和分析等。

▶ 3. 策划活动，组织实施

公共关系公司要在委托人的配合下，为委托人策划、组织各种大型会议，如信息交流会、经验研讨会、产品展销会、公众对话会等。并为委托人安排和组织主要的社交活动，如组织贵宾和要员的访问、参观、大型宴会等，以及专题公关活动，包括组织新闻发布会、庆典活动、赞助活动、联谊活动、会议接待、礼宾服务及与社区、文化、体育、慈善、福利等有关的大型公众活动等。

▶ 4. 宣传制作，推介产品

公共关系公司为委托人设计、编制、印刷各种文字宣传资料、纪念品和介绍性书籍、公关杂志、宣传画册、宣传招牌、产品或服务介绍，以及代表其标志的徽章、商标、招牌等。为委托人制作影片、录像带、幻灯片、图片、录音带等视听宣传材料，协助委托人介绍推广产品，宣传品牌形象，提高组织和产品的知名度和美誉度，为其制造有利的市场条件。

▶ 5. 培训公共关系人员

公共关系公司可以利用自己业务水平上的优势，采取多种方式为委托人的公关人员进行职业培训服务。例如，开设各种短期培训班，派公共关系专家去组织指导工作，安排组织一些公共关系人员来公共关系公司实习等。

(二) 公共关系公司的职业优势

相对于某一社会组织内的公共关系部来说，公共关系公司的优势是明显的，主要有以下几点。

▶ 1. 公共关系公司能较为客观公正地分析问题

公共关系公司作为一个职业化机构，具有独立经营的"中立者"身份，公共关系公司的工作人员与委托人之间不存在固有的人事关系，只是聘请与服务的关系。它们既不听命于委托人的指挥，也不受委托人内部的一些其他因素干扰和影响，与客户不构成直接的利害关系。所以，公共关系公司的工作人员在为委托人分析问题时可以不带主观色彩，能以客观、公正、中立的态度分析问题和解决问题，能实事求是地指出问题的症结，其可靠性强，这是组织内设的公共关系部所难以做到的。

▶ 2. 公共关系公司有自己独特的沟通渠道和网络系统

公共关系公司具有社会性，其活跃于整个社会，接触和服务于各级各类的社会组织，在长期的交往过程中，与社会各类组织和各类公众建立了密切的联系，如与新闻界、政府、财政、公安、法院、社会名流等比较熟悉，因此，社会关系非常广泛。这些社会关系是公共关系公司迅速、有效、广泛地收集、处理信息、处理公共关系事务的重要保证，形成了以公共关系公司为核心的广泛的社会关系网络和信息网络。

▶ 3. 公共关系公司提出的建议和方案具有权威性

一方面，公共关系公司可以充分利用社会关系网络，信息来源广泛，渠道畅通，及时准确，保证了决策的正确性；另一方面，公共关系公司专业化程度高，由具有专长的专家组成，这些专家有着丰富的公共关系实务经验，在组织的心目中具有良好的形象和较高的威望，他们提出的建议和方案，更具有说服力和影响力，更容易引起重视，并被委托人采纳和实行。

▶ 4. 公共关系公司的机动性较强

公共关系公司往往是独立经营的职业化机构，与组织内的公关部相比，其人力、财力、物力一般都比较雄厚。它们在开展公共关系工作时，特别是在接到紧急任务或遇到紧急情况时，可以临时抽调有关专业人员，组织专门的工作班子，集中力量解决问题，具有很强的机动灵活性。

▶ 5. 公共关系公司具有丰富的实践经验

由于公共关系公司长期从事公关活动，同社会各界联系比较广泛，信息比较灵通。同时，公司成员大多数是公关顾问、专家和职业公关人员，对应付各种复杂的局面、解决各种矛盾和难题的经验比较丰富。

当然，公共关系公司同公共关系部相比，也有自己的不足。例如，由于它是组织外的机构，对委托人的情况了解不深，有时会给公共关系工作带来不利影响。因公关公司为委托人提供服务的时间一般不会太长，也容易存在短期效应，很难为委托人系统地制定和执行长期的公共关系计划。

（三）公共关系公司的工作方法

▶ 1. 咨询服务法

咨询服务法，即充分利用公共关系公司专业化程度高、职业水准高、社会联系广泛、信息占有量大、判断客观准确等优势，为客户提供公共关系咨询服务，充当和发挥客户的"外脑"作用，为客户的正确决策提供依据，当好参谋。

▶ 2. 代理服务法

代理服务法，即公共关系公司在客户提出要求之后，通过与客户签订正式合同或通过书信、口头达成协议，代理客户的公共关系业务，对客户的公共关系进行系统规划和实施。协调客户与其公众的关系，消除危机事件带来的影响，塑造客户的良好形象。代理一般着眼于为客户长期服务，注重客户的长远利益。

▶ 3. 技术服务法

技术服务法，即利用公共关系公司专业化程度高、专业技术强的优势，为客户策划公共关系实务。例如，为客户设计和制作公共关系广告；为客户策划新闻传播，组织新闻发布会，为客户策划组织大型展览会及社会赞助；为客户策划处理危机事件及公关谈判等。为客户策划实施每一项公共关系活动，都要根据客户的要求，确定目标、制订计划、编制预算，并送交公共关系公司的审计部门审定，再交给客户，征得客户同意后，公共关系公司即组织人力、物力尽快实施计划。一般来说，策划公共关系活动的程序如下。

（1）先与客户签订协议。

（2）在签订协议之后，进行公共关系调查，可采用直接接触调查、民意测验调查、电话调查等方法。

（3）制订公共关系活动计划，包括确定公共关系活动主题、公共关系活动对象、公共关系活动时间顺序、确定经费和传播渠道。

（4）实施公共关系活动计划。在组织实施过程中，要注意观察宏观环境和微观环境及其变化，在突出按计划进行的同时，讲究灵活性。

（5）公共关系活动效果测评。对公共关系活动实施的效果进行测评，其内容主要有两方面：一方面，应确认以前所确定的公共关系活动计划目标是否达到；另一方面，应站在客户的立场上，确定因委托公共关系公司搞公共关系活动所花费的时间和金钱是否值得。公共关系公司为客户专题策划公共关系活动并非易事，要体现富有特色、引人注意、切实可行、注重实效的要求。技术服务的方法一般适合为客户提供短期服务。

▶ 4. 培训服务法

培训服务法，即利用公共关系公司专业人员素质高的优势，通过举办公共关系人员和传播人员的技术培训班，为客户培养自己的公共关系人员或特定的传播人员。

（四）公共关系公司的职业原则

公共关系公司从事的工作不仅涉及委托单位或个人的信誉和形象，而且要对社会公众负责。因此，在工作中应遵守以下原则。

▶ 1. 自觉遵守法律、法规、方针政策及行业道德规范

随着改革开放的深入开展，我国的法律、法规逐步建立和完善，涉及社会、政治、经济、文化等各个领域。公共关系公司作为社会服务性的职业机构，在为社会组织提供公共关系服务的过程中，其一切行为都要在法律、法规的约束之下进行，以遵纪守法和高质量的公共关系服务赢得客户的信誉，塑造公司的良好形象。特别是那些大型跨国公共关系公司，还要自觉遵守有关国家的法律、法规及其方针政策，为客户提供优质服务。公共关系公司从业人员也要自觉遵守公共关系行业的道德法则、行为规范。要具有优秀的道德品质和高尚的情操，诚实严谨，恪尽职守，公道正派。在代表公司进行社会交往和协调关系的过程中，不谋私利、不徇私情、为人正直、处事公道。在本职工作中，充分履行自己的社会责任、经济责任和道德责任，并能勤奋学习、钻研业务、积极进取。那种玩忽职守、投机钻营、趋炎附势、傲慢自大的思想和行为，都是背离公共关系职业道德的。

▶ 2. 尽最大努力为客户着想

公共关系公司作为营利性的经济实体，其宗旨是"信誉第一、服务第一、客户第一"。在考虑公司自身收益的情况下，更要换位站在客户的立场上考虑客户因公司的公共关系服务所带来的经济效益和社会效益。特别是在公共关系服务项目的费用预算上，应事先向客户介绍公司服务项目的收费标准，以免出现不必要的纠纷。不同的公共关系公司在服务项目收费上没有固定的统一标准，大多根据公共关系公司的声誉、公共关系人员的资历能力、具体业务的难易程度，同时参照同类公司的收费标准及供求关系变化的情况，做出具体的规定。一般公共关系公司常用的收费方式有三种：①项目收费，主要包括项目劳务费、行政管理费、咨询服务费、项目活动费；②计时收费，即按参加项目人员的工资水平、项目的难易程度，对可以用时间来衡量的项目制定收费标准；③项目成果分成，即公共关系公司和项目委托人共同承担风险，共同受益，当项目最终取得经济效益时，双方按照一定的比例来分成。

▶ 3. 为客户严守秘密

公共关系公司在代理客户从事公共关系业务过程中，为保证实现公共关系目标，必要时需要了解客户的一些情况，甚至比较秘密的情报，公共关系公司应严格保守客户秘密，不能向社会及其他组织传播，特别是客户的竞争对手。在双方合作结束之后，更应强化自我约束，不干涉客户内部事务，不损害客户利益，这也是公共关系公司塑造自身形象的重要表现方式之一。

第三节 公共关系从业人员

现代公共关系不仅是一门现代管理科学，也是一门新兴的职业。国内外的实践证明，公共关系工作并非像一些人想象得那么简单，它是一种相当复杂的高级劳动，是一项塑造

良好社会形象的伟大工程。因此，它所需要的工作人员不仅仅是五官端正、伶牙俐齿，更重要的是要素质优良、多才多艺、能力超群。因为一切公共关系工作，从公共关系信息的搜集、公共关系目标的确立、公共关系活动的策划，一直到公共关系方案的具体实施，都离不开公共关系人员的努力。公共关系人员的素质与能力的优劣，将直接关系到公共关系工作的成败。因此，正确认识公共关系人员的地位和作用，全面了解公共关系人员应当具备的素质和能力等条件，对于如何培训合格的公共关系人员，做好公共关系工作，是一项十分重要而又亟待解决的问题。实践证明，一个公共关系部门是否拥有一批素质优良的公关人员，是能否成功地开展公共关系工作并取得预期效果的重要前提。那么，当一名合格的公关人员应当具备怎样的素质呢？从公共关系的角度来看，公关人员的素质指的是他（她）的仪表、气质、学识、才华、性格、品德等方面的综合品质，它是公关人员胜任本职工作必备的最基本的品质和能力，包括思想素质、文化素质、能力素质、心理素质等方面。

作为公共关系人员必须具有崇高的理想，这是人们对于美好未来的向往和追求。对于人才来说，理想是不可缺少的，没有远大的理想很难有伟大的创造。很多人在追求自己人格的完善，心灵的宁静；很多人在想超凡脱俗，超越自我；很多人最大的愿望是智力得到充分发挥，人生价值得到社会承认。作为公共关系人员，首先应该有高远的理想，即为公共关系事业而奋斗，为社会主义公共关系的发展而拼搏。理想也具有时代性、历史性、阶级性、科学性、实践性及社会性。

一、公共关系从业人员的素质

改革开放大大加快了我国经济发展的速度，网络的发展，高新技术的驱动、创新已成为这一时代的灵魂，我们正在融入世界一体化的格局中，这些均是新经济时代的标志。从某种意义上说，新经济是一种关系经济，是依靠各种关系不断组合、离散、再组合、再离散，以至无穷。专门研究社会组织关系学问的公共关系学，必然要与被称为关系经济的新经济结下不解之缘。作为公共关系从业人员，面对新经济时代，应努力提高自身的素质与技能。

（一）公共关系人员的公关意识

所谓公关意识，是将公共关系基本原理、基本原则内化为内在的习惯和行为规范，这是现代化经营管理和行政管理的思想和原则。公共关系意识是公共关系从业人员必须具备的基本素质的核心，它包含以下内容。

▶ 1. 整体意识和形象意识

整体意识和形象意识是对公共关系主体的认识。整体意识要求主体的成员时时刻刻想到的是整体的部分、整体利益、整体形象，能够在整体利益和个体利益发生矛盾时顾全整体利益。

形象意识是同整体意识结合在一起的，这是公关意识的核心，一名合格的公关人员必须清醒地认识到组织形象对组织自身的生存和发展的价值。形象作为一个组织在公众中获得的整体评价，包括了关系状态和舆论状态两个方面，对于一个组织来说，良好的形象是组织的无形资产，包括产品、人员、文化、环境等诸多的内容。形象意识的体现即要求公关人员主动地利用一切机会进行形象传递，对组织形象进行设计、维护和宣传。只有具备形象意识的人，才能深深认识到知名度和美誉度对自己组织生存和发展的价值。

▶ 2. 社会意识和公众意识

社会意识和公众意识是对公共关系客体的认识。社会意识是对组织外部环境的认识。社会组织总是在一定的环境中运行，这个环境会给组织的生存和发展提供契机，也会给它带来种种不利因素。实际上，社会组织与它所处的环境形成一种互动关系，社会环境影响社会组织，社会组织也会对社会环境发生影响，因此，社会环境也是公共关系的客体。社会意识主要包括对环境四个方面内容的认识：第一，要关注社会热点；第二，要研究和运用国家的政策法律；第三，要尊重国民的道德价值观念；第四，要去发现社会的潜在市场要求。

公众意识是公共关系主体对其公众的认识。公众意识的强弱主要从四个方面来区分：第一，有没有与公众广结善缘的强烈愿望；第二，有没有对组织面临的公众有清晰的认识；第三，有没有与现实公众保持和发展关系的连续行动；第四，有没有同公众求同存异的心理准备。良好的公共关系状态来自对组织所面临的公众的认识，公众意识强，视公众为组织生存和发展的生命线，组织的公共关系行为才会有明晰的工作对象，才会有自觉的公共关系行为。

▶ 3. 开放意识和互利意识

开放意识和互利意识是对公共关系主客体关系的认识。改革开放的形势使公共关系在我国得以生存和发展。开放意识既包括向外"放"的意识，也包括向内"引"的意识。向外"放"就是利用一切机会把组织的真实状况，组织的目标，组织的产品、服务，组织的形象等推向社会公众，让公众知晓。向内"引"就是想尽一切办法把社会和公众的注意力吸引到组织方面来。让社会和公众支持组织的发展，让组织知晓社会公众的反映。总之，开放意识是对公共关系主客体联系与沟通方面的认识。

互利意识指的是公共关系主客体利益方面的认识，是公共关系的利益原则。从公众方面来讲，互利意识处于公共关系相对被动方面，它没有与某个社会组织团体搞好公共关系的强烈愿望。更倾向于看得见摸得着的利益。它不可能舍弃直接利益去而寻求间接利益，放弃眼前利益去寻求长远利益。就一般公众而言，只具有自利意识，而不具有互利意识。而公共关系主体要主动影响客体，必须满足客体要求，给公众以实际利益。一个组织依赖于社会而生存，忽视社会和公众的利益是不可能长远发展的，因此，兼顾双方的利益就成了公共关系的利益准则。即使是竞争的关系，也应该体现既竞争又合作的关系，共同发展，共向前进，更何况公众是变化的，竞争关系并不表示未来不是合作关系。

▶ 4. 传播意识和服务意识

传播意识和服务意识是对公共关系过程的认识，公共关系的过程是主体主动影响客体的过程，这一过程主要是通过传播和服务来进行的。其中，服务又是传播的一种特殊形式。

传播意识是适应对公共关系主体和客体两个基本要素及其相互关系正确认识之上的，为了树立组织的良好形象，需要在开放条件下不懈地向社会和公众进行传播，传播组织一切值得传播的信息。有了传播意识，社会组织就会利用一切机会进行自我宣传，而且会诱导社会公众为组织做宣传。

服务意识是一种无声的传播，任何社会组织在服务意识的指导下，处处为公众利益着想，利用和创造条件为公众服务，努力满足公众的各方面需求。服务意识应体现在公共关系的全过程。

▶ 5. 危机意识和成就意识

危机意识和成就意识是对公共关系动力的认识。一个组织面对危机就如一个人面对死亡一样，这是必然的事情。但这并不表示危机是无法进行管理和预防的。危机意识是对组织的形象和社会公众能否保持良好沟通的忧患意识。公共关系危机的产生是多种多样的，所以危机是防不胜防的，有了危机意识，可预防在先，防患于未然，也可以在危机将要出现时，闻风而动，争取公众的谅解。公关人员要面对现实，不仅成为一个"消防队员"，而且也要成为一个"预警者"。

危机意识着眼于防止危机和及时处理危机，这还是比较被动。社会组织积极的动力应是成就意识，即开拓创新、打开新局面意识。

▶ 6. 长远意识和创新意识

长远意识指公共关系是一种潜移默化的渗透，需要长时间的努力，公关人员的长远意识不仅要求做到对公关工作的坚持不懈，还体现在立足长远，不能急功近利。

创新意识是指公共关系的生命在于创新，公关工作是在特定条件下由特定的组织针对特定的公众而开展的。因此，任何成功的公关模式都有强烈的针对性。公关工作的环境处于不断的变化之中，公关人员的创造性也就成了公关工作能否成功的前提条件。有人说，公关是一门艺术，其意义也即在于此。尽管公关这门科学有其相对稳定的操作程序，但是，任何一个组织在形象塑造过程为了显现其特定的定位无不需要找到自身的特色。因此，对一种固定程序的突破，追求无重复地创造才能使公关有其生存的魅力。

综上所述，公共关系意识有着实实在在的内容，它的几个方面相互联系，构成了一个完整体系，成为公共关系人员素质的核心。

(二) 公共关系人员的知识结构

从事公共关系工作的专业人员需要受过良好的教育，公关人员从事着三个层次的工作：一是最高的策划层，涉及很规范的战略管理方面的知识；二是具体执行层次的工作，需要具备灵活的应变能力，也需要具备协调沟通的技巧和能力；三是一般的接待和交际工作及具体的制作工作，需要基本的技术和一般的沟通能力。能力的培养需要以一般的知识掌握作为基础。公共关系的知识体系是一个系统，由三个子系统构成：第一，公共关系的基本理论和实务知识；第二，与公共关系密切相关的学科知识；第三，有关组织的知识和开展特定公共关系工作所需要的专门知识。

▶ 1. 公共关系的基本理论知识和实务知识

公共关系的基本理论知识包括公共关系的基本要素、公共关系的由来和历史沿革、公共关系的职能、公共关系活动的基本原则、公共关系的三大要素(主体、客体和传播)的概念和类型、公共关系的工作程序等。公共关系的基本实务知识包括公共关系调研的知识、公共关系活动策划的知识、公共关系活动实施和评估的知识、公众分析的知识、与各类公众打交道的知识、社交礼仪知识等。

▶ 2. 与公共关系密切相关的学科知识

公共关系作为一门新学科，具有多学科交叉的特点，有人把公共关系看成是管理学和传播学的交叉学科，但是与公关相关的学科几乎涵盖了众多的社会科学，其中最主要的有管理学、行为科学、市场学、营销学、传播学、新闻学、广告学、社会学、心理学、社会心理学、经济学、统计学、交际学、法学、财务会计，以及外语、地理、历史、写作、编辑、演讲等多方面的知识。博学多才是公共关系人员取得成功的基础。

另外，特定公关工作所需要的特定知识，如金融公关的金融知识、涉外公关中的国际关系知识等。

▶ 3. 有关本组织的知识和开展特定公关技术工作所需要的专门知识

本组织的情况包括组织的性质、特点、任务、目的和目标，组织的历史、现状，员工的状况和竞争者的状况等。

(三) 公共关系人员的职业道德

鉴于公共关系工作主要是通过信息的沟通和交流，来达到树立形象、提高声誉、加强沟通、改善管理的目的。公共关系既要服务于组织的目标，也十分强调必须对社会负责、对公众负责，所以公共关系工作获得成功的基本前提在于传播的信息必须真实、准确、实事求是。鉴于对公共关系人员的社会责任感和必须遵守公共关系的职业道德准则要求，中国公共关系协会成立之初，就对公共关系人员的职业行为规范提出了以下几项要求。

▶ 1. 坚持实事求是的原则

公共关系人员必须做到诚实可信，不传虚假、失真或容易使人产生误解的信息，实事求是地把组织的真实信息传递给公众。

▶ 2. 遵纪守法，不谋私利

公共关系人员要做到遵守国家的法律法规，遵守社会道德，客观、公正地对待社会公众，尊重同行或其他行业的行为规范，不利用职务之便谋取私利。

▶ 3. 维护公众利益

公共关系人员要使自己的行为不仅符合所在组织的利益，而且符合公众的利益，符合整个社会的利益，要对整个社会负责，并且不损害其他组织的利益，不中伤其他组织的声誉。

(四) 公共关系人员的职业能力

职业能力是公共关系人员先天素质加后天学习训练的结果，它是公共关系人员运用专门技术开展工作并取得成效的能力，主要包括以下几个方面。

▶ 1. 组织领导能力

一个组织的公关资源是有限的，如何把有限的资源调动起来发挥最大的作用，这是公关人员必须追求的公关效益问题。因此，公关人员必须具备策划、指挥、安排和调度的能力。公关工作过程中的传播信息、整理资料、编辑出版刊物、日常来宾接待，以及举办各种纪念会、庆典、记者招待会、联谊会、展览会等，每一项活动都需要经过周密的策划、精心地安排和认真地组织，其中各种程序、各种资源的协调即成了公关人员职业能力的体现。

特别是在活动进行过程中出现意外情况时，必须采取有效应变措施，沉着解决。一般来说，公关人员组织能力表现在三个方面：一是工作的计划性；二是工作的周密性；三是工作的协调性。从本质上说，公共关系是一项特殊的管理职能，各项公共关系工作的开展都离不开有效的指挥、计划、组织、协调与控制，因此，要求公共关系人员必须具备较强的领导能力。

▶ 2. 社交能力

公共关系人员是机构形象的体现者和代言人，又肩负着与公众、环境、社会沟通的重任，他们只有具备较强的社交能力，才能大胆、稳重地走向各种社交场合，施展自己的魅力和才能，树立起良好的组织形象，使社会公众更多地了解组织。公共关系人员担负着加强组织与社会各界公众之间的往来，增进彼此之间了解与理解的重任，只有具备了良好的交际能力，才能使公共关系人员赢得更多公众的信任与支持，保证公共关系工作顺利开展。公关人员开展公关活动在很大程度上体现了公关人员的个人风格与魅力。良好的人际交往是公关人员开展公关工作的前提条件，公关人员如果与他人格格不入就等于是在自己与公众之间筑起了无形的屏障。因此，公关人员必须有开朗的性格、热情奔放的情绪，使别人产生信任感、安全感，并且要善于广泛交往，与社会各界、各种层次的人士交往。当然在人际交往中必须具备最基本的礼仪知识。

▶ 3. 表达能力

能写会说是公共关系人员的两个基本功，因此，公共关系人员的表达能力包括口头表达能力和书面表达能力。

(1) 公关人员要具备良好的语言表达能力。因为，公关人员会经常与不同类型的人打交道，因此，要求有较强的口头表达能力，在谈话时能清晰、简洁、准确地表达自己的思想，并进一步追求语言的技巧和艺术，体现公关人员的语言感染力，达到打动人和说服人的效果。同时，还应熟练地运用各种形体表达语言，通过动作、体态、表情向公众传递信息。

(2) 公关人员还须具备娴熟的书面表达能力。公关工作中涉及各种文字的书写，如写新闻稿件、公关活动计划方案、年度公关报告、工作小结、公关信函、演讲稿、宣传资料、致辞等。因此，要求公关人员必须有扎实的文字功底，能够准确、简明扼要地把信息传递出来。

▶ 4. 应变适应能力

应变适应能力是指公共关系人员在面对各类公众和复杂多变的工作环境时，能够表现出沉着应付、正确决断、妥善处理的能力。这种能力来源于公共关系人员广博的知识、良好的个人素质和丰富的实践经验。是否具备良好的应变适应能力是衡量一位公共关系人员成熟与否的重要标志。公关工作中经常会出现一些突发事件和事先未预料到的问题，公关人员必须具有应付各种情况的心理准备和实际能力，当突发事件发生时，要随机应变，迅速采取措施控制事态、控制舆论、防止歪曲事实真相，引起公众恐慌不安。一名成熟的公关人员，越是在艰难险阻的环境下，越要具有高度自信的心理，善于运用智慧以摆脱困境。同时，公关人员的应变能力还体现在掌握机动灵活的方法和技巧上，思维方式要灵活，态度要有弹性，善于从不同的角度去分析和设想，处理问题时善于迂回，在解决矛盾时善于使用自然、幽默的方式来缓和气氛。

▶ 5. 开拓创新能力

公共关系工作是科学性和艺术性的高度完美结合，在组织内外环境剧烈变化的现代社会里，为促使组织得到更快、更好地发展，公共关系人员必须具备较强的开拓创新意识，积极开展创造性的工作，力争走在时代的前列。

▶ 6. 承受能力

因为公关工作范围很广，人多事杂，涉及内外部的协调与沟通，因而工作量大，又多变，还常会遇到一些棘手的问题。这些都要求公共关系人员心理上具有坚强的承受能力。

▶ 7. 捕捉和处理信息的能力

公共关系人员要善于捕捉与本组织生存和发展有关的各种信息，并能够及时地处理这些信息。

（五）适宜的心理素质

素质是心理学中的概念，是指人的神经系统和感觉器官上的先天的特点。公共关系人员应具有良好的基本素质，主要包括友善随和而诚实的开朗性格，敏锐的思维判断能力，丰富的想象力和创造精神，充沛的精力和高昂的工作热情，乐于助人和服务他人的精神，良好的幽默感，自尊自重、宽以待人的态度等。良好的心理素质是公共关系人员取得成功的先天条件。

此外，公共关系的工作性质要求公共关系人员必须十分注意个人的礼仪。良好的礼仪风貌，能让人感到舒畅和悦目，会给人留下美好的形象。个体形象与组织形象有着十分紧密的联系，公共关系人员的仪表、衣着、姿势、接待、交谈、招呼、握手、拜访、介绍、打电话、参加酒会、宴会及舞会等方面都给公众留下深刻的印象，都会给人造成好恶的不同感觉。若在上述各方面都能做到彬彬有礼、落落大方，既热情活泼、自然、健美、富于朝气，又温文尔雅，不仅可给公众留下美好的印象，而且可以影响到公共关系工作的直接效果。

二、公共关系从业人员的培养

公共关系的发展方向是职业化，职业化的公共关系需要大量的公共关系专业人员，因此，对公共关系专业人员的培养是我国教育事业的一项迫切任务。

就我国目前的情况来看，公共关系知识的教育和公共关系专业人员的培养还处于起步阶段。一些高等院校开设了公共关系课程，个别院校还设置了公共关系学专业。

（一）公共关系人员的培养目标

根据公共关系工作的需要，对不同的公关人员应该有不同的培训目标。一般来说，公关人才培训应该朝两个方面努力：一是通才式公共关系人员的培养；二是专才式公共关系人员的培养。

▶ 1. 通才式公共关系人才培养

对于通才式公共关系人才，要求知识面广，头脑灵活，思路开阔，思考问题周全，并有较全面的智力结构、能力结构和完整的性格结构，在工作中能够独当一面，担任公共关系工作的组织者和指挥者。通才式公共关系人才需要经过系统的公共关系理论和实践的教育培训，并系统地学习和掌握与公共关系工作密切相关的其他学科知识。

▶ 2. 专才式公共关系人才培养

所谓专才式公共关系人才，要精通某一方面的公共关系工作技能，如新闻写作、广告制作、市场分析、资料编辑等。社会组织中许多的具体公关工作都需要这些专门人才亲自动手，他们是一个健全的社会组织中不可缺少的人才。

（二）公共关系人员的培训途径

培训公共关系人员的基本途径有以下三个。

▶ 1. 发现人才与培养人才相结合

合格的公共关系工作人员需要具备一定的素质和基本的技能，在社会组织中发现能适合从事公共关系工作的人才，无疑是解决组织的公关人员暂时匮乏的一条有效途径。但从长远的角度来看，经过公关工作专门的训练和系统的培养，才能更有利于稳定、发展和巩固一支能力较强、训练有素的公关人员队伍，将更有利于组织的公关工作和活动的顺利开展。

▶ 2. 全员培训与重点培训相结合

全员培训可使组织内部的全体员工都树立起较强的公共关系观念，积极地做好组织的公共关系工作。通过全员培训，可以提高"全员公关意识"的目的，使组织的全体员工能够自觉地把自己的具体工作融入组织的整体工作之中。重点培训主要是指对组织中专门从事公共关系工作的员工进行有重点的、具有较高水平的培训，使他们掌握更多的公关活动的技巧，能更好地胜任组织的公共关系工作。

▶ 3. 组织培训与社会培训相结合

组织培训主要是指对公关人员进行大专院校的系统正规培训，使公关人员掌握系统的公关理论，熟练地运用各种公共关系工作技巧，正确学会使用现代化的信息传播工具。社会培养主要是指利用各种社会条件，根据各种实际情况，有针对性地对公关工作人员进行提高某一方面能力的专门培训。组织培训与社会培训相结合，能够有效地利用各种社会力量，不断提高公共关系工作人员的实际工作能力。

任何一项公共关系活动的开展，都离不开主体组织中公关工作人员积极性的充分发挥，因此，只有进一步加强组织领导的公关意识、健全组织公关机构、培训组织公关人员，才能更有效地促进组织的管理，使社会组织更加科学地开展公共关系活动。

拓展阅读

中国公共关系职业道德准则("条款"部分)

1. 每个公共关系从业人员必须使自己的公共关系实践和理论符合我国的宪法、法律和社会公认的道德规范，必须铭记自身的一举一动都将影响社会公众对这种职业的总体评价。

2. 在任何情况下，公共关系从业人员必须做到全心全意为我国的社会主义事业服务，都应该考虑到有关各方的利益，首先应该考虑社会公众的利益，同时也应该考虑自己所在组织的利益。

3. 公共关系从业人员在进行公共关系活动的时候，力求真实准确、公正和对公众负责。

4. 从事各种专业公共关系的专职人员应该在借鉴、钻研和实践的基础上，努力提高各自的公共关系业务水平。

5. 公共关系教育工作者应该以一种严肃、认真、诚实的态度对待公共关系高等教育和普及教育。

6. 公共关系人员不得参与不道德、不诚实或有损于本职业尊严的行为。

7. 公共关系从业人员不得为了个体利益故意传播虚假的或使人误解的信息。

8. 每个公共关系从业人员不应该有意损害其他公共关系从业人员的信誉和公共关系实务。但是如果有证据证明其他公共关系从业人员有不道德、不守法或不公正行为，包括违反准则的行为，应该向自己所属的公共关系组织如实反映。

9. 公共关系从业人员不得借用公共关系名义从事任何有损公共关系信誉的活动。

10. 公共关系从业人员不得利用贿赂和其他不正当手段来影响传播媒介真实、客观的报道。

11. 公共关系从业人员在国内外公共关系实务中应该严守国家和各自组织的有关机密。

思考题

1. 阐述社会组织的概念与特征。
2. 组织形象具有哪些功能？
3. 如何理解社会组织与环境的关系？
4. 组织设置公共关系部应遵循哪些原则？
5. 作为公共关系从业人员必须具备哪些基本条件？

第四章 公共关系的客体

学习目标

1. 掌握公众的含义、能够对公众进行分类。
2. 熟悉公众的特点和需求。
3. 了解公众的心理特征。

社会组织的公众作为公共关系的客体，不仅是组织赖以生存的基础，而且是该组织公共关系的唯一工作对象。社会组织的形象是由公共关系的客体——公众来评定的。因此，公共关系旨在使本组织的各项政策和活动符合广大公众的要求，在公众中树立组织的良好形象，以谋求公众对本组织的了解、信任与合作，并实现组织与公众的共同利益。这就决定了公共关系工作必然要以公众为对象。任何一个社会组织的生存和发展，都离不开公众的支持和信任。因此，了解、研究公众，既是公共关系工作的前提，也是公共关系学的重要内容之一。因此，社会组织在运行中将面对什么样的公众？其特点是什么？对社会组织的反映如何？这都与社会组织的形象能否按预期设想建立起来有着直接的关系，换而言之，这将对公共关系工作目标的实现，公共关系活动的成效有直接的影响。正如国内外的一些公共关系学者所说的那样，公共关系实际上就是公众关系。只有了解公众，组织才能有效地制定正确的公共关系目标、策略和方法。本章重点介绍公众的基本概念、特征、分类及构成，并对公众心理进行相应分析。

第一节 公　众

一、公众概述

公众是公共关系工作的对象，公共关系活动就是影响和争取公众的艺术。如果没有了公众，公共关系活动就成了无的放矢、毫无意义的事。"公众"这一概念在社会学和公共关系学中的意思不同，社会学中，公众又称大众，指社会上的大多数人。而在公共关系学中，"公众"则有特定的含义，正确理解这种含义，把握公众的特点，是社会组织开展公共关系活动的前提。

（一）公众的含义

一提起"公众"，人们往往简单地理解为商场的顾客、宾馆的房客、医院里的患者、企业的职工、产品的用户和原材料供应商等，从而把公众简单地看作是来自四面八方的客人。这样理解公众是不全面的，以上所提及的客人虽然是公众，无疑也都构成公共关系工作的对象，但他们仅仅只是公共关系所面临的公众的一部分，而不是公共关系工作的全部对象。所谓公共关系的公众，是指作为公共关系活动的目标。公众来自英语的"public"一词，是指许多社会大群体。在公共关系学里，公众与"大众""百姓""人民""群众"是有区别的。它不是泛指社会生活中所有的人或大多数人，也不是泛指社会生活的某一个方面、某一领域的部分人，而应具体地称为"组织的公众"。公共关系中的公众是指与一个社会组织发生直接或间接关系，对其生存和发展具有现实或潜在影响力的社会组织、群体或个人。它是与公共关系主体，即社会组织发生联系及相互作用的团体和个人的总和。

（二）公众的特征

作为公共关系客体的公众，一般来讲，具有以下明显的特征。

▶ 1. 同质性

公众是具有某种内在共同性的群体。公众的形成，是因为社会成员遇到了共同的社会事件或共同的问题，而且该事件或问题对他们有着不同程度的影响。当某一群人、某一社会阶层、某些社会集团因为面临某个共同问题而发生内在联系时，便自然而然地成为社会组织的公众。这种内在共同性，即相互之间的某种共同点，如面临的共同问题、共同的意识、共同的价值观、共同的需要、共同的目标等。这样的共同点，使一群人或一些团体表现出共同或类似的态度和行为，了解和分析一个社会组织面临的具有不同面貌和外在特征的公众，把握他们的内在共同性，在实际的公共关系活动中有重要的意义。我们通常所说的大众和群众是不具备这种同质性的。从这一意义上说，公共关系中的公众总是确定的、具体的、特殊的、可以定量化的。如果不存在一定时期内可以确定的公众，那么公共关系也就没有存在的理由了。

▶ 2. 相关性

公众虽然广泛存在，但实际与某一社会组织发生关系的公众都是有限的。凡不与某一社会组织发生关系的公众，都不是该组织的公众。社会组织的特定公众对社会组织具有特定的要求，与该组织存在着一定的利益关系，也就是说，特定公众都是要求从该组织获得某些应得的利益。由于公众与社会组织的这种相关性，公众的选择和确定就成了公共关系的重要任务。

▶ 3. 多变性

由于整个社会始终处于动态发展过程中，因此，公共关系公众也是一个不断发展变化的动态概念。与组织相关的公众也不是封闭僵化、一成不变的对象，而是一个开放的系统，处于不断变化发展的过程中。任何社会组织面临的公众，其性质、形式、数量、范围等，均会随着社会组织自身条件、客观环境的变化而变化。例如，组织的政策、行为、产品的变化，会使公众的意见、评价、态度或行为发生相应的变化；反过来，这种变化的结果又可能对组织产生影响、制约作用，导致公共关系工作目标、方针、策略、手段的变化。这也决定了公共关系公众的构成和公众对机构的态度等会随着时间、环境的变化而不断变化。因为作为组成公关公众的最基本的因素——人，会随着自身生理、心理变化，以及身外环境的变化而发生变化。同时，机构在运行过程中，需要不断地解决问题。如果通过公共关系解决了公众原来面临的共同问题，那么原来的公众就自然消失了。然而，随着新问题的产生，又会形成新的公众。

▶ 4. 群体性

群体环境，就是所有组织生存和发展的公众群体环境。组织面对这样的环境，必须用全面和系统的观点来分析自己的公众，注意组织与各类公众之间的整体协调和平衡，不能顾此失彼。例如，一家学校所面对的公众，除了生源之外，还有上级主管部门、政府机构、新闻媒介、业务往来单位、社区，以及其他学校等。如果需要，还可以对其中某一部分公众做进一步的细分。例如，消费者可以划分为本地消费者、外地消费者、国内消费者、国外消费者；政府机构可以划分为财政机构、工商机构、税务机构等。对任何一类公众的疏忽，都可能致使整个公众环境的改变。一般来说，只要面临着需要解决的相同问题，在特定的条件下，这些本不是在一起的人群，也可以构成公共关系工作的对象。

二、公众的分类

公众的分类是公共关系学中的重要内容，只有正确地划定公众，社会组织才能有针对性地设计公共关系活动方案、开展公共关系活动。公众的构成因素各种各样，从不同的角度出发，根据不同的标准，可以对其进行不同的分类。

划分公众是公关实务的重要工作，也是公关人员的基本功。划分公众的实质是寻找组织与其环境的距离，确定"适应度"，有效地进行公关实践。

（一）划分公众的意义

划分公众具有以下几点重要意义。

（1）有利于形成科学工作计划，制定合理政策原则，既能照顾特殊，又可兼顾一般。

（2）可以辨清所有与组织活动相关的公众，把握公众与组织间的利害关系，分清主次，避免工作的盲目性，确保工作的有效性。

（3）能合理调配人力、物力、财力，确保组织工作目标的实现，避免或减少资源浪费。

（4）为成功的沟通提供保证，可以准确而恰当地选择媒介和输送信息，最大限度地调动公众积极性。

（二）公众划分的方法及类型

▶ 1. 按统计要求划分

根据性别、年龄、种族、政治或宗教信仰、职业、经济状况、文化程度等，即根据统计学的原理和方法对公众进行分类，是政府部门及企业管理部门常用的一种方法。这种划分方法是其他划分方法的基础。

▶ 2. 按公众与组织所处的位置划分

在实际的公共关系活动中，根据组织的内外区别，可以将公众分为内部公众和外部公众。这是最常见的对公众进行分类的方法。

（1）内部公众，指社会组织内部的所有成员，如企业职工、股东等属于内部公众。这类公众与组织关系更直接、更密切，他们对组织的评价有特殊的意义和作用，因而是公共关系工作最重要的环节之一。公关工作有一条原则就是"内求团结，外求发展"，如果组织内部成员不协调，即内部公关失调，那么，所谓"外求发展"就无从谈起。

（2）外部公众，指社会组织外部的，与组织的某些活动有这样或那样关系的公众。这部分公众一方面要求从社会组织处得到某些利益、获得某些信息，同时又对社会组织的生存和发展具有实际的或潜在的影响力和制约力。这类公众虽不如内部公众与组织的关系那么密切，但也直接影响到组织的利益，并且这类公众比内部公众分布广、数量大。因此，社会组织应该充分认清自己的公众对象，以加强公关工作的针对性。外部公众包括政府机关、消费者、社区、新闻媒介、同行业竞争者等。

▶ 3. 按公众发展过程划分

按公众发展过程划分，可分为非公众、潜在公众、知晓公众和行动公众。

（1）非公众。准确地说，非公众不能称为公众，因为他们既不受组织的影响，又不对社会组织产生任何作用和后果。之所以提出"非公众"这一概念，目的在于要求公关部门弄清"非"与"是"，进而减少工作的盲目性。换言之，非公众是指在一定时空条件下，与组织不发生相互影响和作用的公众。

（2）潜在公众，也称为隐患公众、隐蔽公众。某些社会成员由于社会组织运行的关系而使他们面临共同问题。这些问题中有的会对他们的利益产生影响，但因为暴露不明显，所以他们本身尚未察觉到，暂时还不会采取如何行动。如果存在的问题对组织是有利的，那么自然应该尽快让公众知晓。如果是对组织不利的，也应该在让公众了解的基础上采取补救措施，主动变不利为有利。若社会组织不迅速采取相应的措施，随着时间的推移，问题迟早会暴露，此时，潜在公众就会变成知晓公众。为了防患于未然，公关人员应尽快研究解决问题的方案，采取必要的预警措施，尽可能地把问题消灭在萌芽状态，化被动为主动。

（3）知晓公众。知晓公众是由潜在公众发展而来的。知晓公众是认识到组织对自己的影响并对组织产生兴趣的公众。公众已经知晓自己的处境，明确意识到自己面临的问题，他们迫切需要了解与该问题有关的信息，并希望问题能够得到解决。此时，潜在公众已发展为现实的知晓公众。面对这一情况，社会组织不能充耳不闻、视而不见，应采取积极主动的态度，迅速与公众进行沟通，尽量满足公众的需要。当然，在沟通时，应掌握好"度"。如果是组织引发的问题，应耐心解释，诚恳接受批评，公布事情的真相。如果问题不是组织引发的，也应耐心澄清，努力求得公众的理解。总之，要尽快控制局势，不能让其向不利于组织的方向发展。

（4）行动公众。行动公众是由知晓公众发展来的。行动公众是在意识到问题的存在后，已采取行动，并强烈要求组织解决问题。行动公众是组织已无法回避的公共关系工作对象，社会组织除了采取果断迅速的措施，没有其他的办法可以选择。行动公众是对组织产生很大影响的公众，如不及时妥善地处理好，就有可能给组织造成严重的后果。当然，从非公众到行动公众，并非都是不良因素贯穿其中，如果组织始终注意对公众负责、注意树立自身的形象，那么积极的良好因素也会导致潜在公众转向行动公众，而这时公众所采取的行动对组织是有利的。

▶ 4. 按公众对组织的态度划分

按公众对组织的态度划分，可分为顺意公众、逆意公众和中立公众。

（1）顺意公众，是指那些对组织的政策、行为持赞赏和支持态度的公众。组织的公共关系工作，其首要目标是保持和扩大顺意公众的队伍。

（2）逆意公众，是指那些对组织的政策、行为持否定态度的公众。逆意公众的形成常有两个原因：一个是在利益上与组织发生冲突；另一个是由于沟通不畅而对组织的政策和行为产生了误会。

（3）中立公众，是指那些对组织的政策、行为持中间态度或态度不明朗的公众。公共关系有一项基本的策略是"多交友，少树敌"。由于中立公众的态度还有极大的可塑性，他们被视为公共关系的重点争取对象。

顺意公众当然是组织最亲密的伙伴，公关部门应经常和他们沟通，使这种关系长久地保持下去。切不可认为他们"顺意"而不管不问，冷淡待之。因为，"顺意"在一定条件下也会转化为"逆意"。此外，对逆意公众要分析其原因，尽量多做工作，使其改变对立心态。总之，这部分公众越少对组织越有利。中立公众是特别值得组织注意与重视的对象，就数量而言，这部分公众可能是大多数，他们既有趋向"顺意"的可能，也有趋向"逆意"的可能。对于这部分公众，应多做沟通，尽量做好团结、争取工作，使其了解组织，对组织发生兴趣和好感。

▶ 5. 按组织对公众的态度划分

按组织对公众的态度划分，可分为受欢迎的公众、被追求的公众和不受欢迎的公众。

（1）受欢迎的公众，是指组织乐意与之合作，并且能给组织带来利益或存在着共同利益的公众，如顾客、股东、赞助者、为组织做正面宣传的新闻工作者等。

（2）被追求的公众，是指能符合组织的利益和需要，但他们对组织很陌生或不感兴趣、缺乏交往的公众，这类公众是组织难得的公众，如意向尚不明朗的投资者、大批发商、大客户，以及未与组织有所联系的社会名流和新闻单位等，组织要想方设法地同他们建立联系。

（3）不受欢迎的公众，是指违背组织的利益和意愿，对组织构成现实或潜在威胁的公众，如反复纠缠索取赞助的团体或个人等。对不受欢迎的公众，组织应慎重对待，讲究策略，避免树敌。

▶ 6. 按公众对组织的重要程度划分

按公众对组织的重要程度划分，可将公众分为首要公众、次要公众和边缘公众。

（1）首要公众，即对组织的生存和发展起决定作用的公众。由于首要公众对组织最为关键，所以组织应对他们投入较多的时间和精力，努力改善其关系。

（2）次要公众，即对组织的生存和发展有一定影响，但不起决定作用的公众。

（3）边缘公众，即与组织有关系，但并不对组织的生存与发展产生大的影响的公众。

后两类公众由于对组织不产生决定性的作用，所以在工作中属于兼顾对象，重点还是应放在首要公众上。当然，这三者也存在相对性，在一定条件下或是某个特定时期，后两者亦有可能变成首要公众，对此，应当时刻注意。

三、公众心理分析

公共关系活动，说到底就是与公众打交道，即改善组织与公众的关系，争取公众的好感和信任，进而得到公众的合作与支持。因此，为增强公共关系工作的针对性、科学性和有效性，就必须研究和分析公众心理行为，这既是公共关系的重要内容，也是公共关系人员的一项基本功。

（一）公众心理的定义

所谓公众心理，就是公众对组织的印象、需要、态度、情感及与之相联系的心理活动和心理倾向。公众心理是社会心理的一种特殊存在形式。它除具有一般社会心理的共同特点之外，还具有其内在的个性特点。

▶ 1. 内在性和外观性

内在性和外观性是公众心理的两重性。公众心理的内在性，包括公众认知、态度、情感、期望、动机等。公众心理的外观性，表现为公众对待组织以及与组织有关的人和事的行为，如合作、支持或抵制、反对等。公众心理的这一特点，要求公共关系人员要善于观察和透视公众心理的内在本质和外观行为。

▶ 2. 关联性和选择性

组织的公众，既是相互影响的，又是相互独立的，所以，公众心理便是关联性与选择性的统一。公众心理的关联性表现在：一部分公众心理的改变，有可能引起另一部分公众心理的改变。公众心理的选择性表现在：这部分公众心理的改变，不一定必然引起另一部分公众心理的改变，公众不是被动地接受信息，而是有自己主动选择的自由。公众心理的关联性和选择性的特点，要求公共关系人员要积极引导并适应公众心理。

▶ 3. 复杂性和变化性

组织面对的各类公众的心理是错综复杂的，既有进步与落后、宽厚与刻薄，又有需要、爱好、兴趣的各异。同时，公众心理又是经常变化的。公众心理的复杂性和变化性特点，要求公共关系人员工作要周密细致，灵活应变。

（二）公众的心理定式

从某种程度上讲，公共关系活动是人与人在交往过程中所建立的心理上的联系。因此，掌握有关的公众心理活动规律是有效地从事公共关系工作的基础。公众不同行为的产生是由公众的不同心理所致。公共关系的公众，一般都是由许多个体所组成的，而任何个体又均处于某种正式或者非正式群体之中，并在其中扮演着各种不同的角色，如某产品的消费群中的某个个体，其角色的年龄不同，从事的职业不同，受过的教育不同等。也就是说，一个个体不仅仅是个体公众，同时又是角色公众、群体公众。因此，公众心理也就相应地包括个体心理、角色心理和群体心理。个体心理、角色心理和群体心理这三类公众心理相互独立、相互影响。个体心理具有稳定性和独立性，是角色心理和群体心理的基础。公众的角色心理是同类公众共同的心理，它具有可变换性和可伸缩性。而相对于个体心理，公众的大众或时尚等群体心理则显示着人类的普遍性这一特色，具有凝聚性和排他性。例如，因为某商家的产品质量低劣，利益受到损害而聚集在一起向商家提出索赔的消费群体，他们各自的角色和身份是不同的，对商家的要求也各异，但又有着共同的愿望。虽然他们具有不同的个性心理和角色心理，但作为面临共同问题的消费者，他们聚集在一起，就具有了相似的群体心理。一般来说，组织面临的每个公众都具备这三种心理，因而这三种心理是统一的。

▶ 1. 公众心理定式的含义

公众心理又称大众心理，是日常社会生活普遍存在的一种团体心理现象。在现实社会生活中，人们往往容易受各种偏见的影响而造成歪曲的社会知觉，做出与客观事实不一致的判断。在心理学中，这种现象称为心理定式。人们共同的心理行为倾向不是先天就有的，它是在一定的社会条件下，经过人们相互作用以后，使个人的社会经验积累凝结而形成的。这种心理定式有积极的作用，但也有消极的作用，在公共关系活动中，处理好这种心理定式，具有重要意义。

▶ 2. 公众心理定式的基本形态

公众心理定式的特征决定了公众心理定式不只是一种个体心理现象，也是一种群体心理现象。它不仅表现为人的社会认知，而且还表现为人的认知、情感、意志、行为的综合统一。根据心理定式的性质，可以将其分为三大类。

（1）公众个体心理定式。个体心理定式，也就是普通心理学所研究的心理定式。它是个体在具体事件中表现出来的综合反映其心理特征和心理素养的心理定式。

个体心理定式是个体在长期生活过程中形成的，通过具体事件表现出来的一种稳固的心理活动方式。个体心理定式会对个体今后的心理活动和行为活动产生重要影响，主要包括首因效应、近因效应、晕轮效应、定型效应和情感效应。

① 首因效应。首因效应又叫第一印象，是指当人们第一次与某物或某人相接触时留下深刻的印象，这种最先给人们留下的印象就会成为一种难以改变的心理定式，影响人们今后的心理和行为。人为什么会产生这种心理定式呢？因为人在和从未接触过的人和事第一次打交道时，总会给予更多的注意，并留下深刻印象，以后再接触时，他就会以第一印

象为主，有意或无意地用这种印象去评判和分析对象。例如，我们在和某人接触时，对方的表情、姿态、身材、容貌、年龄、衣着等往往会给人留下深刻印象，这种印象就会影响人对他今后行为的解释。一般来说，第一印象较好，人就会对对象产生认同感而不会产生反感情绪。第一印象不好，对方以后的良好行为也会相形失色，因为人们这种心理定式一经形成就很难立即改变。

a. 第一印象既可来自直接接触，也可来自间接的介绍。例如，你可能并没有见过某人，但通过别人的介绍你已经对他形成了一定的印象，今后接触时往往就会据此去解释对方的心理和行为。所以，第一印象不一定是第一次直接接触的印象，而是指第一次形成的印象。正因为间接介绍也能使人产生第一印象，所以广告战才会愈演愈烈，人们也才日益重视广告的创意和设计。

b. 第一印象具有层次性。当我们对某个人形成第一印象时，能由外观深入到其性格、职业等方面。当我们看到某一商品广告时，可能会由此推及它的质量、功能等要素。所以第一印象具有层次性和延伸性。当然，由于人们根据首先接到的信息去想象和推测，难免会产生以偏概全的现象。

c. 第一印象的产生往往是多种因素综合作用的结果。第一印象的形成及其好与坏，首先与当时的情境有关，这是印象产生的客观因素。同时，第一印象的好与坏也与人当时的情绪、兴趣，以及人的智力状况、注意力、性格等主观因素相关。最后，第一印象的性质还与对象的表现范围和表现程度有关。如果接触时间太短，对象还来不及展示，人们对其形成的印象相对比较肤浅；反之，则较深刻。

公众第一印象的性质决定了第一印象的作用。一方面，第一印象良好，人们就容易对其产生信赖或迷信心理。当然第一印象也会使人上当受骗；另一方面，第一印象不好，则容易使人产生厌恶的感受，从而给以后的接触造成障碍。可见，首因效应在公关活动中既有积极作用，也有消极作用。公关工作应充分利用它的积极作用，尽量避免它的消极作用。

② 近因效应。所谓近因效应，是指最近形成的对事物或人的印象。在实际的公关活动中，运用这种效应也具有重要作用。例如，在一次公关主题活动中，当组织利用首因效应，给公众留下了良好的第一印象，而在活动将要结束时，又用新奇独特的做法，利用近因效应加深对公众的影响。这样利用两种效应的影响，必将达到最佳效果。

③ 晕轮效应。晕轮效应又叫光环效应，是指从对象的某种特征推及出其他一系列或全部特征，从而产生美化或丑化印象的心理定式。例如，在选购礼品时，精美的包装、偏高的价位使人产生晕轮效应，想象包装里的东西与外面的一样精美，和偏高的价格一致，带有强烈的主观色彩。晕轮效应既是无意识的，又是固执的。公关人员主动利用晕轮效应来进行实事求是的宣传是无可厚非的，但如果利用公众的晕轮效应进行坑蒙拐骗却是应该反对和制止的。

晕轮效应在日常生活中普遍存在。在交往过程中，人们会经常根据某人漂亮、好交际等特征而概括地认为这人聪明、能干。心理实验也表明：男女大学生对外表吸引人和外表不吸引人这两类人所做的评价中，往往赋予前者更多的理想人格特征，如聪明、和蔼、善交际等。

　　晕轮效应和首因效应既有联系又有区别。两者的联系表现在：这两种心理定式都是以主观代替客观，具有强烈的主观色彩。同时，由于首因效应会妨碍人们今后的正确认识，产生固执的认识、偏见和情感上的偏心，所以必然连带地产生晕轮效应，因此，可以说首因效应是晕轮效应的准备和前奏。但是，晕轮效应并不等于首因效应，也不一定要以首因效应为前提，因为两者之间还有明显的区别。两者的区别表现在：首因效应是从时间上来说的，由于时间上的先后关系，人往往对初始的东西印象深刻，后面的就成了初始印象的补充。而晕轮效应是从反映的内容来说的，对于对象的部分特征印象深刻，就将这局部印象泛化为全部印象。因此，这两种心理定式是不同的。晕轮效应和首因效应相比，晕轮效应是心理定式中更深层次的东西，因而更难以克服和纠正。

　　晕轮效应是人在认识过程中，认识逻辑上出现的一种认识偏差，它起源于知觉的整体性。由于人的心理活动有一种把不同属性、不同部分的对象知觉，视为一个统一的整体的特点，导致了晕轮效应的产生。因此，它的形成是无意识的，也是必然的。由于它的产生是必然的，形成之后又是固执、难以改变的，因而对人的认识活动就会产生很大的作用，从而妨碍人的认识过程。一方面是一好俱好，但这带来的后果是容易上当、受骗；另一方面则是一毁俱毁，一无是处，带来的后果就是公众对对象产生厌恶感和疏远感。

　　随着商品经济的发展、公共关系意识增强，商品纷纷装饰门面，讲究包装，这正是利用公众的晕轮效应扩大组织的影响，提高产品效益的表现。现代人际交往中，所谓的"名片效应"也是晕轮效应的典型表现。作为公共关系来说，一方面要广泛利用晕轮效应来进行宣传，以提高组织的知名度，树立组织形象；另一方面要尽力避免利用公众的晕轮效应来欺骗公众。

　　④定型效应。定型效应也叫经验效应，指公众个体在对对象进行认知时，总是凭借自己的经验对对象进行认识、判断、归类的心理定式。也就是说，人们在对他人或他物认识时，会自觉不自觉地根据自己的经验产生一种心理准备状态，这种准备状态使他对对象会做定型或定式分析，这也是一种普遍存在的心理定式。定型效应产生的心理基础，是人认识的连续性。由于人们总是在已有认知结构基础上进行认识和思维，这些认识结构如思维方式、思考内容等都不可避免地被带入新的认识过程中，从而造成定型效应的产生。定型效应在日常生活中表现得非常多。例如，谈到教授，一定是戴眼镜的、文质彬彬的；谈到王子，一定是潇洒、英俊、富有的。当然，经验是人们日常生活的积累，定型效应在有些情况下有助于人们对对象做概括性的了解。如在认识一些不太熟悉的人或事时，由于其给予的信息较少，缺乏必要的线索，人们就可根据经验来对之进行推理和归类，从而迅速做出反应、判断。这是它的积极作用。但是，经验是一种财富，同时也是一种包袱。在当今这个瞬息万变的世界中，用一种固有的经验千篇一律地看待一切人和事，难免会使人的认识陷入僵化和停滞，甚至闹出笑话。因此，仅靠经验是不行的，经验也有消极作用。由于定型效应在日常生活中广泛存在，所以公共关系活动应注意定型效应的影响。公共关系活动中，经常出现一些组织者精心策划，而公众并没有产生多大反应，或公众反应冷淡的

活动。究其原因，就是事先没有经过调查，没有消除公众疑惑而造成的。同时，由于人们以前有上当受骗的教训，再遇到同类事情时就会用"这样的事我见得多了"等经验来保护自己，以免上当。因此，在开展公共关系活动时应注意，一是要利用公众的定型效应来巩固自己组织在公众中的良好形象；二是要注意一旦因为某事使自己在公众心目中的形象受损，就要设法改变人们的经验模式。用危机公共关系手段来重塑组织形象，这样才能达到自己的目的。

⑤情感效应。情感效应也叫作移情效应，心理学中把那种对特定对象的情感迁移到与该对象有关的人或事物上的现象称为移情效应。在现实生活中，主体的喜怒哀乐往往会影响对他人或他物的评价，同时它还能通过情绪感染引起他人的同类心理效应，常言说的"爱屋及乌"就是如此。人之所以会产生情感效应，是因为人都有七情六欲，人在从事一切活动时，都带有一定的情感，这种或爱或恨或不爱或不恨的情感就会影响人们的心理活动状态。例如，对自己喜欢的东西就会有积极、热情的态度；对恨的人或物则有厌恶感；对不熟悉或是谈不上爱和恨的人或物则会采取冷漠的态度。总之，情绪会影响人的一切生活。情感效应常表现在人情效应方面，即以人为情感对象，并将自己的情感迁移到他人身上的效应。由于人是情感动物，所以在与人交往中，情感的表露对人际关系的建立起着重要作用。情感效应还表现为：由人情而达到物情，即所谓由于爱某人而爱及他的一切，恨一点而及其余等。同时，情感效应还突出表现在人们之间的情绪感染方面，即他人的喜怒哀乐等情绪往往会影响到周围的人，从而产生情绪迁移。

在公共关系工作中，社会组织利用移情效应的心理规律进行公关活动的例子举不胜举，请明星做代言人就是最典型的例子。让公众将对某明星的喜爱迁移到对某个产品或者社会组织身上，以提高自己的知名度和美誉度，这是公关活动中最常用的手段。

由于情感效应在当今物欲横流的商品社会起着越来越大的作用，所以开展公共关系活动就要自觉利用情感效应这一心理规律，或充分调动公众的良好的情感体验，或尽力避免不良的情感体验。只有和公众建立一种和谐的心理气氛和融洽的情感沟通体系，才能保证社会组织的良性发展，这也是公共关系工作的责任。

(2) 公众群体心理定式。公众的群体心理定式，社会心理学对之做过较多探讨。它是一定范围内的群体在共同的生活过程中所形成的一种人数众多、积淀深厚、作用广阔的心理定式，具有更加广泛的社会性和社会意义，主要包括民族文化心理、地域文化心理、社会习俗和礼仪等形式。公众的群体心理定式表现为风俗、习惯、传统礼仪等。它的基本特征如下。

① 日常性。风俗、习惯、传统礼仪是公众日常生活的普遍行为方式，又称地域特有方式，如居住方式、建筑样式、服装款式、饮食习惯、婚丧礼仪，以及教育子女的方式等文化行为。这些都具有相对稳定性、社会性和日常性。从其产生的历史来说，任何习俗传统都有其存在的合理性，否则，它就不可能被人们所接受。从其对社会的功能来说，公众群体心理定式的日常性是人们适应某一社会环境的特定工具。在社会环境的变迁中，某些习俗的社会功能如果丧失，人们会以新的文化模式来取代旧的文化模式以适应新的环境。当然，所谓新的文化模式也不是对已有习俗的全盘否定，而是在原有的基础上，吸取外来

文化的精华，做出新的创造。

②地域性。俗话说："百里不同风，千里不同俗"，风俗、传统等总是带有地域性的。每一地域的自然环境以及社会环境在其历史演变过程中都有其特殊性。现代社会生活对地域文化发展的影响和干扰是伴随着交通、通信事业的发展，电视、报刊、广播、网络等大众传媒的普及，以及各个地区之间交流的扩大，人际沟通的频率及速度的加快而进行的。趋向一致的大众文化的出现，地域文化的退缩，使许多具有地方特色的文化消失。但是，世界各地的文化交流以及商品的交换，并不一定妨碍地方习俗的发展，有时也会促进一个地方的文化素质提高。

(3) 流行心理定式。流行心理定式是个体或群体在一定时期内由于相互影响而形成的一种短时间的心理定式，它具有较大的可变性。这种心理定式显然存在时间较短，但是它能在一定时期内迅速轰动，对人们的心理活动和行为活动产生较大的冲击力。流行心理定式是指在短时期内社会上形成的一种人们之间相互影响、相互感染的心理定式。常见的流行心理定式包括流行心理、流言心理和舆论心理。

① 流行心理。所谓流行，是指社会上相当多的人在较短时间内，对某种行为方式的遵从和追求，使之在整个社会中到处可见。流行的具体形式可分为时尚和时髦。时尚是指社会上相当部分的人或者是特定部分的人，在一段时间或较长时期内，崇尚某一种行为方式，如"读书热""健身热"等。一般来说，时尚是人们在精神生活方面的流行，参与者身心投入程度较高。时髦是指人们对新奇物质的追求，包括新颖的服装、家具的款式等。它一般是人们在物质生活方面的流行。流行的出现是基于人们选择的一种心理动机。一方面，人们渴望能求同于有地位、有魅力的人，求同于符合社会潮流的价值观念，求同于现代生活方式，求同于多层次的文化品位；另一方面，人们又渴望求异于与自己同层次的芸芸众生，求异于低层次的生活方式，求异于传统的价值观念。所以，这是一种社会心理现象。流行具有三个特点：迅速性、下行性和时代性。

a. 迅速性。流行是一种短暂爆发、涉及面广、影响力大的大众心理现象。人们通常说的"风靡一时"就反映了这个特征。

b. 下行性。流行的发生和发展往往是自上而下的。时尚的倡导者多为社会上有一定影响的部门，有一定地位和影响的人物，而时尚的发源地往往是在经济、文化较为发达的大城市。

c. 时代性。流行是一种大众心理现象，这与社会文明的发展息息相关。不同的时代，社会物质和精神生活的水平不同，就会导致不同内容的流行。在当今改革开放的年代，随着人们思想越来越开放，生活水平、生活质量越来越高，流行的更替速度也会越来越快。

流行作为一种大众心理现象，对公众行为的影响及其产生的后果是很大的。组织的公共关系人员必须顺应公众的这种心理欲求，因势利导，根据流行的特点及其形成的原因，有针对性地开展公共关系工作。

一是根据流行迅速性的特点，有意识地对社会组织的形象与产品进行集中的公关宣传，使组织的形象及其产品和服务能在较短时间内流行起来，为公众所崇尚，使公众以使用本组织产品、享用本组织服务为时尚。

二是根据流行下行性的特点，社会组织在一定时期内，设计出既符合时代精神又符合大众心理的"时尚"产品，先在经济发达的大城市或社会名流中推广试用，这样很容易引起众人的追逐，会收到一时间蔚然成风的效果。

三是根据流行时代性的特点，组织的公共关系人员应根据社会发展的趋势，预测可能出现的流行内容，或通过有效的公关手段，制造流行、领导流行。目前我国的不少组织，往往是处于被动状态，待某一种流行出来以后，再去仿效，其结果往往是不理想的。

② 流言心理。流言是指提不出任何可信的确切依据，而被人们相互传播的一种消息。流言能使本来人们已经关心的问题更加被关心，使本来不受人们关心的问题成为人们关心的问题，流言具有较强的煽动性。

流言的传播速度很快，而且在传播过程中被人们添枝加叶，以讹传讹，越传越离奇。流言的产生一般有三种情况：一是传播者对别人传播给他的信息，根据自己的需要断章取义，使之具有吸引力，增加进一步的传播可能性，于是越传越广，成为流言；二是传播者把传播给他的信息中的某些重要情节重新安排，使之渲染性更强，便于向别人叙述，传来传去，成为流言；三是传播者根据自己的经验，对得到的信息予以润色，使之更加符合自己的特点，予以广泛传播，最终成为流言。以上三种流言产生的原因，都是基于传播者个人的私欲，或是传播者为表达某种情绪，或是传播者信息贫乏或是信息不清晰而造成的。

流言的危害是很明显的，流言如果指向个人，可以置人于死地；如果指向组织，可以动摇军心，制造混乱；如果指向经济领域，可以引起挤兑、抢购等行为，严重影响经济秩序；如果指向政治领域，可以引起社会动乱和暴力。由此可见，流言具有很大的破坏力，它必须引起社会组织，特别是组织的公关部门的高度警惕。由于流言都是建立在缺乏事实依据基础上的虚假消息的传播，因此对付它的最好办法就是公开和说明事实真相。当组织面临对自己不利的流言时，社会组织的公关部门要利用一切可利用的传播手段，针对流言，公布和说明事实真相，向公众及时提供确切的消息和真实的情况，使流言不驳自倒。同时，为了阻止流言的产生，组织对自己的一时失误，应及时如实地向公众讲明，取得谅解，使制造流言者无机可乘。

③ 舆论心理。舆论是指公众对于某一共同关心的问题所表达的意见。在社会生活中的每一个人对于遇到的社会现象，必然会产生不同的主观反映。首先，这些反映是零散的、不系统的、不一致的。但经过彼此间相互作用之后，逐渐加以汇集，最后形成一致的看法，并以明确的语言和态度表示出来，这就是舆论。

舆论具有以下特点：一是被一般公众所赞同，心理上能引起共鸣的意见；二是这些意见经过长时间辩论、讨论后具有明显的理性评判的成分；三是有一定的影响目标。

正确对待舆论是组织公关工作的重要任务。公众舆论对公众行为具有重大影响力，"得到民意的支持，任何事情都不会失败；得不到民意的支持，任何事情都不可能成功。"这是著名的美国政治学家林肯所说的一段话。因此，对于一个社会组织来说必须正确对待舆论，具体应该做到以下几点。

a. 倾听舆论。组织要想全面及时地了解公众对本组织的印象和反映，就必须认真倾听代表大多数公众意愿的舆论，并以此作为自身决策的依据之一。

b. 顺应舆论。任何组织和个人，如果不顾舆论，一意孤行，一定会走上失败的道路。只有顺应公众舆论，搞好与公众的关系，才能建立起自身生存与发展的良好环境。基于舆论传递速度快、范围广、能抓住人们的心理、引起人们普遍关心的特点，作为组织应该顺应舆论，只有这样，才能够对某种不利于组织的行为起到制约作用，对有利于组织的行为起到促进作用。

c. 引导舆论。社会组织的公关部门可以通过宣传、解释和劝导，及时引导公众的舆论，使其朝着有利于组织目标实现的方向发展。有条件的组织还可以制造良好的社会舆论，形成一种对组织有利的良好的社会舆论氛围。如倡导和赞助的一些公益活动，制造组织对社会具有社会责任感的公众舆论，有利于组织良好形象的树立和传播。

▶ 3. 公众心理定式的作用

公众心理定式与公共关系活动密切相关，社会组织若能有意识地加以利用，可以更好地加强与公众之间的沟通和了解，促使公众对社会组织产生信任，树立社会组织的良好形象。

在日常生活中，心理定式主要通过三方面对人的行为活动产生影响：一是它通过人的知觉习惯起作用，即当人们遇到问题的时候，人们往往根据自己已有的记忆、感觉、知觉来判断目前事物，得出"这种事情肯定是什么"的结论，从而对当前问题做出迅速的反应；二是它要以先入为主的观念影响人，即人们总是以一种习惯模式进行思考的时候，人们往往会不自觉地歪曲客观信息，发生认知偏差；三是它通过情绪主体和心境来制约人的心理和行为。特定的情绪和心境不仅能使情绪主体产生特定的自我体验，而且还会通过他的心理活动和行为投射到其发生关系的人或事上。这种情绪和心境一旦与环境相适应，还会继续产生，从而使活动带上一种主观情绪色彩。

由此可见，心理定式是不可避免的心理活动状态，是人们认识问题、解决问题及行为活动的动力，它对人们心理活动可能起一定的推动作用，以一种先入为主的观念、知觉和情绪来判断问题，从而给人们正确认识事物造成一种障碍，产生不良的消极影响。所以，心理定式是一种固定化的心理状态，公共关系活动必须顺应公众心理定式的指向并因势利导，才能使公共关系活动顺利开展，并收到良好效果。

（三）公众的角色心理特征

人的心理本质上是社会存在的反映，公众的角色心理特征尤其能体现这一点。不同的角色之所以有不同的心理特征，从根本上说，是由于不同的角色和社会的联系有不同的特点。人改造社会，社会也改造人。社会不仅能改变人的心理，而且能在一定程度上改变人的生理。因此，分析和研究公众的角色心理特征，实际上也是揭示角色和社会的关系。自觉地意识到研究公众角色心理特征的这一层意义，有助于我们更深刻地认识公众角色心理特征。

例如，不同性别、不同年龄、不同职业，其心理特征就有所不同。当然，我们指的是共性而不是个性。

（四）影响公众行为的心理因素

公共关系活动的目的归根到底是对目标公众对象的心理施加影响，以此改变或巩固公众的某些态度及行为。影响公众行为的心理因素主要有劝导、暗示、感染和诱引。

▶ 1. 劝导

劝导是指在一定的环境下，以直露、直接的方式向他人发出某种信息，由此对他人的心理和行为产生影响。这是主动影响公众行为的最主要、最直接的因素。

▶ 2. 暗示

暗示是指在与公众交往中，以含蓄、间接的方式向他人发出某种信息，并对他人心理和行为产生影响。这种方式更容易被公众对象接受，可以起到事半功倍的效果。

暗示是一种很普遍的心理现象，人们在实际生活中，许多活动都是自觉或不自觉地对来自环境中的各种暗示做出的反应。环境有自然环境和社会环境之分，公共关系活动中社会环境对公众的暗示，属于社会暗示。受暗示是人们对某种社会刺激发生的反应，暗示是一种观念上的不自觉的传播。

▶ 3. 感染

感染是指通过语言、动作、表情及其他方式而引起他人相同的情绪反应，从而使被感染者对感染者的某种心理状态产生无意识、不自主的遵从。感染是感情的传递，感染最基本的表现是相似的情绪在群体成员中进行传播。感染有三个特征：一是感染以传递感情信息为特征；二是感染以引进相同的或相似的感情共鸣为特征；三是感染以无强加性和介入者的自愿性为特征。感染是一种很普遍的人际影响现象，自觉地运用感染方法，使它成为有意识、有目的地开展公共关系活动的一种手段，必然能够提高公共关系工作的效果，大量案例证明，公共关系活动有相当一部分应该在无强加性和公众自愿性的基础上进行。为此，感染的方法与暗示的方法一样，在主体组织开展公共关系活动中有着重要的作用。

▶ 4. 诱引

诱引是指外部因素诱发和引导内部意向的作用方式和作用方法。在心理学中，诱引是一个中性词，因此，它不包含诱引的具体内容，心理学中讲的诱引与伦理学中讲的诱引，以及作为生活用语的诱引都不是一回事。诱引是一种普遍存在的社会现象，它既可以为错误的、不可告人的目的服务，也可以为正确的、光明正大的目的服务，它不是仅仅像有人理解的钓鱼式的勾引方法，而是促进对象心理内部矛盾斗争的方法，它包括一定的形式以及一定程度上的外部压力。

（1）以利益为媒介的诱引。经济利益与其他利益都能够诱发与引导兴趣。

（2）以竞赛为媒介的诱引。竞赛本身就是具有各种各样的刺激性，无论是参赛者与旁观者，竞赛均能不同程度地刺激其情绪，诱引其兴趣。

（3）以专家指导为媒介的诱引。有无专家指导，这对于诱引公众的兴趣也往往有着很大关系。

（4）以新奇为媒介的诱引。好奇往往是人的兴趣之先导，新奇的内容、结构、功能、包装、方法均能引起人们好奇、引诱人们的兴趣。

四、目标公众

(一) 内部公众

内部公众是组织内部全体成员构成的公众群体,是主体组织赖以生存发展的基础,组织所有的方针、政策、计划、措施只有得到内部公众的支持,才能得以实现。为此,可以说,内部公众就是公共关系的起点。应该特别强调的是,内部公众既是内部公共关系的客体,又是外部公共关系的主体组织的代表,这种双重性是内部公众区别于其他外部公众的显著特点。加强内部公众沟通的目的是增强组织内部各类员工的向心力与凝聚力,增强组织内部各类员工的主体意识与形象意识。组织的公共关系目标与公共关系政策措施首先要得到内部公众的赞同与支持,否则,主体组织将无法作为一个整体面对外部的社会公众环境。作为组织细胞的内部公众,他们是组织能否生存和发展的重要基础。所以,一个组织成功的公共关系,不仅是指组织在外部树立良好的形象,同时也指组织内部上下左右的关系融洽的状态。要达到这个目的,要增强组织内部的凝聚力,必须大力加强组织内部的信息沟通。另外,组织需要通过全员公共关系来求得外部发展。组织的每一个成员都是组织与外部公众接触的触角,组织的整体形象往往通过他们在各自岗位上的言行举止具体体现出来,每一位内部成员都是不同角色的公共关系人员。为此,组织应该尊重每个内部公众的个人价值,激发他们的主人翁责任感,培养他们对组织的认同感和归属感,增强组织的向心力和凝聚力,使内部公众能够时时刻刻自觉维护组织的形象。

(二) 顾客公众

顾客公众也称消费者公众或用户公众,是指购买与消费主体组织提供的产品或服务的个人、团体或组织。顾客公众是组织最重要的公众之一。组织与顾客之间存在着相互依存的关系。组织为顾客提供所需的物质产品、精神产品或服务,而组织的生存和发展离不开顾客的信赖和支持,良好的顾客关系是组织发展的"原动力"。随着市场经济的发展,组织间竞争的加剧,对每一个组织来讲,"好好留住每一位顾客",其重要意义比过去任何时候都显得更为突出。

美国公共关系专家加瑞特曾指出,"无论大小企业都必须永远按照下述信念来计划自己的方向,这个信念就是,企业要为消费者所有,为消费者所想"。这类公众是组织外部最重要的公众,因为他们直接关系到组织的目标实现及其生存发展。顾客公众的公共关系传播意义体现在两个方面。

(1) 良好的顾客关系是组织生存与发展的首要条件。一个组织如果没有顾客或失去顾客,他就失去存在的价值与意义。顾客的需要就是市场的需要,就是组织应牢牢把握的时机,是组织一切活动的出发点。同时,还应认识到,组织与顾客之间不能仅仅概括为一种单纯的商品与货币交换关系,它实际上还存在着情感交融与信息交流的关系。公共关系活动日益成为组织市场传播的有效手段,它在疏通渠道、理顺关系、清除障碍、联络感情、争取人心等方面有独特的优越性,有助于组织实现自己的公共关系目标。

(2) 组织向顾客公众提供优质产品与优良服务,是建立组织形象和组织信誉的基础,组织的信誉并非来自组织自我评价,应该取决于组织内外部公众的印象与评价。从公共关系的角度来说,一个组织只有取得顾客的信任与好感,才能较好地获得更高的利润。为此,组织的一切政策措施必须以顾客利益要求为导向,自觉自愿、诚心诚意为顾客服务,那么,必定能够在顾客心目中树立良好的信誉与形象。

（三）媒介公众

媒介公众又称新闻界公众,是公共关系工作中一类最敏感、最重要的公众。这类公众是指新闻媒介及其工作人员。他们掌握和运用大众传媒,可以左右整个社会舆论,对社会经济、政治局势的变化反应最快并且有一定的影响力。媒介公众也具有公共关系的两重性,对于一般的公共关系过程而言,媒介公众是公共关系的行为中介与手段,是主体组织与客体公众沟通的桥梁;对于公共关系主体而言,媒介公众也应是一类对象客体公众,而且是需要特别争取的公众对象。

（四）政府公众

政府是指国家各级行政管理机关,政府公众是组织在所有沟通对象中最具社会权威性的公众,主要指各级政府及有关部门及其工作人员。与这类公众沟通的目的是争取政府及有关部门对组织的了解信任与支持,为组织的生存与发展争取良好的政策环境、法律保障、行政支持与社会政治条件。我国的组织所面临的政府公众主要有两类:第一类是上级主管部门;第二类是工商、税务、公安、司法等监督性社会管理部门。

（五）社区公众

所谓社区公众,是指组织所在地的区域关系公众。一般来说,主要包括当地政府、左邻右舍的组织、团体与个人。组织的生存与发展与这类公众有着密切的关系,组织的经营活动直接依赖于社区公众的有形与无形的支持,社区关系直接影响着组织的生存环境。同时由于社区公众涉及当地各方面各阶层的人士,对组织的评价与看法极容易相互传播而形成区域性的影响。

社区是客观存在的,它由以下四个要素组成。

(1) 包括环境与资源在内的,人们赖以进行生产和生活的共同的地理区域。

(2) 因利益关系而紧密结合起来的人口群体。

(3) 协调该地域中人们生产和生活的某种规则或制度。

(4) 在该地域中生活的人们所共有的思想意识、行为准则及文化观念等。

因此,社区公众就是在组织所处的社区范围内,与组织保持着某种利益关系的社会组织、社会团体或社会成员的总和。具体来说,包括在地理位置上与组织相邻的各类企业、政府机关、学校、医院、公益事业单位、各类居民,以及其他的社会团体和社会组织等。

社区是组织生产经营活动的主要空间,是组织的根子所在。社区关系可能是顾客关系、员工关系,以及其他公众关系的延伸和重要组成部分。同时,社区公众又是组织形象最可靠的传播者之一。因此,社区关系融洽,能够提高员工的士气,使组织得到社区内各类公众对组织的协助和支持,从而促进组织与社区的共同繁荣。

(六)资源公众

广义的资源是指人力、物力、财力资源的总和。从公共关系的角度来分析,资源公众特指向组织提供原材料、零部件、能源等物质资源的组织或个人。组织是一个投入产出的动态系统,资源是组织维持生产经营活动正常进行的必要前提。因此,建立良好的资源关系是组织公共关系工作的重要内容之一。

(七)股东公众

股东公众也属于组织内部的公众范围。随着现代金融制度在组织中的广泛确立,股东公众也普遍成为现代组织特别是企业组织的首要公众。

股东关系的公众对象不能只单纯理解为股东,它应包括以下三部分工作对象。

(1)股东,即分散在社会各地,或多或少地持有组织股份的投资者。这些公众虽不直接参与组织的决策管理,但出于自身利益而对组织的各方面状况极为关注。

(2)董事会,往往由股东代表大会推选,代表广大股东的利益,直接对组织实行决策管理。

(3)金融专家,他们因其特殊的身份对广大投资者的判断力有直接的影响作用。

组织要建立好股东公众的关系,必须将这三部分人同时纳入工作范围,有针对性地开展公共关系工作。处理好股东关系的目的是稳定现有的股东队伍,使潜在的投资者了解、信任组织,创造有利的投资环境和气氛,吸引新的投资者。所以,应加强各方面的公共关系工作,赢得投资者的青睐。

(八)竞争者公众

竞争者公众主要是指与本组织生产、经营同类产品或服务的组织。竞争是市场经济的特有现象,它的基本功能就是优胜劣汰,推动社会经济向更高层次发展。随着社会的进步、经济的发展、市场竞争规则的不断完善,在现代社会里,竞争关系不仅仅只是一种利益对立、此消彼长、弱肉强食、你死我活的关系,更多地表现为相互促进、相互支持、取长补短、共同发展的文明竞争态势。因此,组织公共关系工作应该从积极的意义上去正确认识竞争者关系,彻底摒弃狭隘、自私的经营观念和竞争行为,树立现代组织光明正大、勇于竞争、善于竞争的新形象。

(九)渠道公众

市场营销学中的"渠道",是指产品的分配渠道或分销渠道,即产品在其所有权转移过程中从生产领域进入消费领域的途径。从广义上讲,渠道公众就是进货渠道成员和经销渠道成员的总和,即为本企业提供商品或货物的其他企业,以及经销本企业商品的代理商、批发商、零售商等。营销渠道的决策与管理在整个市场营销战略中占有非常重要的地位,渠道的选择和管理直接制约、影响着其他基本策略。渠道关系是以共同利益为基础的较为稳定的一种协作关系。争取良好、融洽的渠道关系,对于树立良好的产品形象、企业形象能够起到积极的作用。

(十)国际公众

国际公众是指与组织发生各种往来关系的各国公众。随着我国改革开放的深入和市场经济的发展，组织将越来越多地参与到国际市场竞争中去。为了在国际商战中立于不败之地，组织必须要妥善处理、协调各类国际公众关系，通过双向沟通为组织创造有利的国际营销环境，在国际市场上树立良好的产品形象和组织形象。因此，国际公共关系已成为外向型组织公共关系工作的一个非常重要的组成部分。国际公众不仅指组织进入国的各类公众，还包括那些身处我国境内的外国公众，如在我国境内的外国企业、外国旅游者，以及其他外国组织及其成员等。广义的国际公共关系工作是指在国际间开展的各种公共关系工作，其中包括部分官方性质的外交活动。狭义的国际公共关系工作是指某一社会组织，针对一定范围的国际公众，采取各种形式和手段开展的各种公共关系活动。对一个涉外组织来说，影响其市场活动的不可控因素包括两个方面：一是国内不可控因素，如政治、经济、文化、竞争结构等因素；二是国际不可控因素，如国际政治、经济、文化、法律等因素。所以，在国际市场中，组织面对的国际公众更是错综复杂、多变的。组织公共关系的任务就是要监测和分析国际市场环境因素，加强国际双向沟通，密切组织的国际交往，树立、扩展本组织的国际形象，为本组织的产品或服务顺利进入国际市场创造有利条件。

（十一）名流公众

名流公众是指在人们的社会生活中有较高知名度和影响力的人物，如党政要员，企业界卓越的实业家，科学、卫生、教育、新闻、出版、文化、学术界的著名专家学者，以及体育、艺术、电影、电视等娱乐界的明星等。由于这些人知名度较高，往往是新闻媒介或公众舆论追逐的热点。而且，由于这些人又是某一领域的权威人物，他们的态度和言论往往具有权威性，很容易影响他人，发挥着舆论先导的作用。因此，组织与社会名流建立良好的往来关系，可以利用他们的知名度和权威性为组织的公共关系活动增光添彩。

第二节　内部公共关系

要使组织适应社会的大气候，必须在内部形成一个良好的小气候，使内部环境理想化。人们认为组织就像一个大家庭，只有把家庭问题解决了，才能树立良好的形象。因为员工是组织的细胞，组织的目标只有通过他们的劳动分工，各尽其责才能实现，所谓"内求团结"方能"外求发展"的道理就在这里。另外，每个员工对外都直接代表着组织的形象，组织可以刊出一篇广告鼓吹所从事的事业，但如果组织雇员的公开言论与这个广告不符合，其结果是很清楚的。

组织内部公共关系主要是指员工关系，因为对组织而言，员工不仅是财富的创造者，而且员工本身就是财富。组织内部公共关系就是如何妥善协调各级员工之间的关系，使得组织全体员工在一种团结和协作的气氛中工作，时时处处为组织的生存和发展着想。员工关系是组织最基本的公众关系。

一、员工关系

员工关系包括社会组织内的全部人事关系,是最重要的内部公共关系,包括上下级之间的关系,各个职能部门、科室之间的关系,内部员工之间的关系。良好的员工关系是公共关系的起点,因为员工是组织的成员,从内部公共关系的角度看是对象,从外部公共关系的角度来看又成了主体。组织要树立良好的形象和声誉,达到"内求团结、外求发展"的目的,90%靠做得好,10%靠宣传。宣传不仅要靠组织做出良好的工作成绩,而且还要精心策划和周密安排。良好的工作成绩有赖于全体职工的共同努力,只有建立起全体职工和谐、友善的关系,才能从根本上保证职工同心协力。而且,员工们对组织是否有参与感、归属感、认同感和自豪感,对于公共关系的成败具有决定意义。搞好员工关系的目的正是要培养员工对组织的积极性和创造性。

(一)员工关系的特征

所谓员工关系是指组织内部管理过程中形成的人事关系,是组织的内部公众关系。它具有三个方面的突出特征。

▶ 1. 稳定性

在一定时期和一定条件下,组织员工队伍总是保持相对稳定的,不像外部公众那样富于变化。

▶ 2. 可控制性

例如,组织可以利用行政管理关系来控制和调节内部员工的活动,特别是组织内部上下级之间是一种领导与被领导的关系,因此,相对于外部公众来说,内部公众具有较强的可控制性。

▶ 3. 密切性

员工与组织是部分与整体的关系,他们的利益与组织的利益和目标息息相关,他们的态度与行为最直接、最密切地关系到组织的利益,决定着组织的成败。

(二)员工关系的重要意义

员工关系是组织最基本的公众关系,能否搞好员工关系,关系到组织自身的生存与发展。

▶ 1. 员工是组织各项政策和措施的具体实施者,是组织存在与发展的基础

员工是组织的主人,是组织生产和经营活动的主体。只有充分调动广大员工的积极性、主动性和创造性,才能增强员工的向心力、凝聚力、战斗力和创新力,才能创造出优质产品和服务,组织卓越的成就只能来自于全体成员的共同努力。因此,组织内部各成员之间和谐、友善的关系是组织生存与发展的根本保证。

▶ 2. 员工是树立组织形象和声誉的重要媒介

组织对外树立良好的形象、扩大组织的社会影响,有赖于全体成员的努力和配合。因为每个员工都是组织与外部公众接触的触角,都处在对外公共关系的第一线,组织的形象通过他们在生产、服务等各个岗位上的实际行动体现出来,他们的一言一

行都代表着组织的形象。因此，员工在对外交往中是非常重要的公关行为主体，这就要求组织的公共关系必须首先立足于内部员工，培养员工对组织的认同感和归属感，增强员工对组织的向心力和凝聚力，从而使员工在各自的工作中能时时处处自觉维护组织的形象。

（三）员工关系的基本内容

组织的员工关系必须着眼于增加凝聚力，培养认同感和归属感，使员工能够与组织有机地凝聚在一起。因为一个组织只有得到内部员工的认可和支持，才有可能获得社会的承认，从而立足于社会。只有培养员工的认同感、归属感，才能增加员工对组织的向心力，使组织具有凝聚力，才能为组织的对外发展奠定坚实的基础。因此，员工关系主要应注意做好以下几个方面的工作。

▶ 1. 塑造良好的领导形象

领导形象是领导者"德、才、学、识"在其下级心目中的反映，它能使下级产生信任和佩服的心理，主动、自愿地接受领导，积极地做好工作。领导形象的好坏取决于领导者自身素质、政绩及与下级沟通的多少。作为一个好的领导应该是"头马、木匠和空气"。首先，作为一个领导首先要做一匹好的"头马"，带领马群到阳光充足、水草丰富的地方；其次，要做"木匠"，合理安排自己的员工，使人尽其才；再次，应该是"空气"，既让员工离不开你，但又不让员工感到有压力。

▶ 2. 准确了解员工的状况、想法、需要和存在的问题

掌握员工的生活、思想、技能等状况，了解员工的想法和需要，探究员工中存在的各种问题的症结，是着手实际工作的基础。只有在这个基础上，才能做出具体公共关系计划，为搞好员工关系提供可参考的资料和方案。否则，只能是无的放矢，结果也搞不好员工关系。

▶ 3. 关心员工的利益，是建立良好员工关系的基础

满足员工各方面合理的要求，是建立良好员工关系的基础。组织员工的需要大体分为物质方面和精神方面两大类。

关心员工利益必须首先满足员工的物质利益要求，这是维持员工劳动热情的基本保证。员工物质方面的利益主要包括工资、奖金、福利、工作环境等方面，它需要组织领导和员工一起努力，提高组织生产效益，提高员工的工资、奖金、福利待遇，并能制定科学合理的分配政策，按照按劳分配的原则，协调好各方面的利益关系。同时，也应该根据组织的经济状况，不断改善员工的工作环境和生活环境。员工关系工作不仅要协调好组织与员工之间的利益分配关系，而且要努力使员工的物质要求保持在现实、合理的期望水平上，以保证组织的后续发展。

满足员工精神方面的需要，是激发员工潜能的有效手段。员工精神方面的利益，主要包括赞扬、尊重、教育、参与管理等内容。为此，它要求组织领导及公共关系部门应承认和尊重员工的个人价值，注重员工信念的培养、理想的树立、心灵的满足、个性的塑造、精神的训练，以及员工归属感、成就感、自豪感、忠诚心的培养，增强组织的向心力、凝

聚力。同时，应让员工分享足够的组织信息，参与一定的组织管理，增强员工的主人翁意识，发挥其积极性和创造性。如果说物质动力能发挥职工工作能力的60%，那么另外40%的潜在工作能力则来自精神鼓励，精神鼓励还可以弥补部分物质需求的不足，两者相互联系，相辅相成。只有把两者有机结合，才能达到充分调动全体职工的积极性和创造性的目的。

▶ 4. 承认和重视员工的个人价值，努力为他们实现自身价值创造条件

人们的行为并不单纯地出自追求金钱的动机，还有社会方面、心理方面的需要，如追求人与人之间的友情、安全感、归属感和受人尊敬等，以满足他们的成就感、事业心、自尊心等方面的需求。因此，组织管理不能单从技术和物质条件着眼，还必须从社会和心理方面来鼓励员工，使组织中的每个成员都能在组织的环境中追求和实现个人的价值。

美国著名心理学家和行为科学家马斯洛认为，人永远是有所需要的，有待满足的需要是激励人行为的根本动力，这就是马斯洛的需求层次理论。该理论把人类的基本需要按其产生的先后顺序划分为生理需要、安全需要、社会需要、尊重需要、自我实现需要五个层次，如图4-1所示。该理论指出，这五种需要是由低级到高级依次排列，只有较低级的需要得到基本满足后，才会出现较高级的需要。

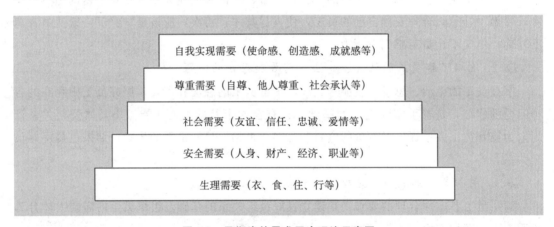

图 4-1 马斯洛的需求层次理论示意图

在上述需要层次中，生理需要和安全需要属于物质需要，是较低层次的生活需要。社会需要、尊重需要、自我实现需要属于精神需要，是较高层次的发展需要。需要层次越低，越具有原始的自发性，人们的需要越具有较多的共性。需要层次越高，受后天的教育、培养、引导等因素的影响越大，人们的需要差异性就越明显。需求层次理论认为，人的需求具有主导性，即在人们的多种需要中，只有已经出现又尚未满足的需要才是激励人们行为的动力。而人的需要结构又是动态的，受客观环境和心理发展水平等因素的影响。需要的满足是相对的，而不是绝对的、全部的，其满足程度一般随层次的上升而递减。此外，人的需要还具有特殊性，其内容可能因人有所不同，需要的层次也并非固定不变，而是可能出现次序颠倒。马斯洛的需求层次理论为我们在组织管理中科学地分析不同员工的需要，有针对性地采取各种措施调动员工的积极性，提供了非常有益的启示。

▶ 5. 加强组织内部员工之间的双向沟通，增进彼此间的理解与信任

员工关系中的信息沟通是双向的，主要有纵向和横向沟通两种。纵向沟通是指领导与员工之间的交流。这种交流有两个走向：一是"上情下达"；二是"下情上呈"。具体地讲就是，一方面组织应该通过各种传播形式，如报告会、简报、广播、闭路电视、墙报等，让员工及时、准确地了解组织的基本情况；另一方面则需要将员工的情况、意见、要求、批评或建议及时归纳、综合，反映给领导层或有关部门，作为决策或工作依据。通过这种沟通，可以增强领导和员工之间的相互了解和相互信任。消除各种不利因素。横向沟通就是指组织内部各部门之间的联系及职工之间的非正式的信息交流。有效的横向沟通，有助于组织协调一致的运转。

加强内部沟通是组织内部公共关系活动的重要内容。通过对组织运行情况的信息沟通和有关组织内部员工心理状况的信息沟通，不仅可以增加组织工作的透明度，激发员工的参与意识，而且可以提高组织决策的科学性，增强组织的凝聚力和向心力，激发员工们的主人翁意识。加强内部沟通，首先是办好组织公共关系内刊，做到上情下达、下情上呈、横向联系、分享信息；其次是完善合理化建议制度，鼓励广大员工直接参与组织管理，使组织内部的各种意见能够以公开、正面、肯定的形式表达或宣泄出来，从而提高组织内部信息沟通的水平；最后是充分利用组织内部的传播媒介（包括墙报、宣传栏、告示牌、标语、简报、手册、内部信函、有线广播、闭路电视、网络等），组织发动内部传播沟通活动（如座谈会、联欢会、体育运动会等），为组织的干部和职工提供跨部门、跨层次面对面沟通的机会，以交流意见、增进感情、活跃气氛。

▶ 6. 建立良好的组织内部文化，并将其内化为员工共同的意志和意愿

建立良好的组织内部公共关系，最为根本的是从价值观上影响员工的思想观念，并使组织的价值观成为每个员工生活价值的一个重要部分。组织文化是组织以价值观念、经营管理哲学为核心的思维方式和行为规范的总和。组织文化的渗透力很强，在整个组织的生存和发展中无处不在、无时不在，它能够将员工的个性和潜能与组织的价值和利益联系起来，通过对员工信念的培养、理想的建树、个性的塑造、心灵的满足、精神的训练，建立起个人对组织整体的认同感和凝聚力，形成强烈的"团队精神"。因此，组织文化建设是建立良好组织内部公共关系的一项重要内容和基本途径。

总之，对于一个组织来说，建立良好的员工关系需要长期不懈的努力。每个组织的情况不同，建立良好员工关系的方法措施也各异。组织的公共关系部门应不断探索新方法、新路子，以适应新形势、新环境的变化，搞好员工关系，达到增强组织自身的凝聚力，调动员工积极性、创造性的目的。

二、股东关系

股东是组织股份的所有者。所谓股东关系，就是组织与投资者的关系，多存在于营利性组织（如工厂、商店、企业、医院等），股东关系在西方国家是公共关系中的一门课题，因为西方国家的股份公司或股份企业普遍存在。随着我国改革开放的深入，股东关系也得到很大的发展，股东关系日益受到有关方面的重视。

股东实际上是组织的财政支持者，它为主体组织的发展提供额外的经济基础。建立良好的股东关系是保证组织继续生存和健康发展的重要条件，组织应加强与股东的信息沟通，争取现有股东和潜在投资者的了解与信任，创造有利的投资环境，以稳定股东队伍，吸引更多的投资者，扩大组织的财源。处理股东关系的要点如下。

（一）尊重股东的主人翁意识

股东一旦投资于组织，就意味着其利益与组织休戚相关，便很自然地萌发出主人翁意识。在涉及股金运用和组织发展问题上，应让股东享有决策层享有的知晓权利。平时也应建立经常的信息通报关系，让股东充分了解、关心组织运营及业绩情况。

（二）维护股东的正当权益

股东对持股组织拥有以下权利：参与组织经营管理权、优先认股权、经营成果分享权、剩余财产分配权、股份转让权等。组织在处理股东关系时，不论其占有股份多少，都要特别注意尊重股东的"特权意识"，努力维护股东的正当合法权益。

（三）加强与股东的信息交流

组织应保持与股东之间的联系，及时向股东通报组织的经营管理等各方面的情况，如组织的经营目标、经营政策、计划、资金运用状况、股利分配和盈利预测等。为投资者进行投资决策提供充分、可靠的资料。

（四）把股东当作组织的顾客

股东与组织之间不只是单纯的财务关系，股东是组织的所有者，其利益与组织利益休戚相关，组织应激励和吸引他们参与生产和销售活动，利用他们的社会关系去发展组织的销售网络。股东又是最有钱的顾客，组织应大力开发股东这个最强大的顾客群。良好的股东关系不仅能保证组织的财源稳定，还可能为组织意外地开辟新市场。

如果能切实做好以上几方面的工作，那么，组织对股东关系的基本目的也就能实现了。

第三节 外部公共关系

良好、宽松的外部环境是组织生存和发展的重要保证。组织外部公共关系工作的目的就是要妥善处理组织与外部公众之间的关系，加强组织与社会各界的交往与联系，谋求支持与合作。

组织的外部公众是指与组织发生往来关系的所有外部公众，具体包括顾客公众、资源公众、社区公众、金融公众、媒介公众、政府公众、竞争者公众、渠道公众、国际公众等。

组织面对的外部公众是复杂多变的，针对每一类公众而开展的公共关系工作，其性质、特点，所用的方法、手段等都不尽相同。下面重点介绍组织外部公共关系中比较重要的几类，即与顾客的关系、与媒介的关系、与社区的关系和与政府的关系。

一、与顾客的关系

与顾客的关系又称消费者关系，它是组织外部公共关系中最重要的一类。因为，一方面，组织本身目标的最终实现与否直接取决于它与消费者的关系如何处理；另一方面，对组织外部公共关系来说，消费者也是与组织关系最广泛、最密切的一类公众，他们不但分布广（如城市与乡村、国内与国外）、层次多（工人与农民、军人与教师、妇女与儿童），而且这一类关系往往表现为具体的、直接的人与人之间打交道，如销售与购买、服务与被服务等。这里所说的顾客关系是指凡是为社会提供服务或产品的组织都存在顾客关系。这里的顾客既指生活资料的消费者，也包括生产资料的消费者，还包括精神产品的消费者。实际上的顾客关系是指各种社会组织与消费者、客户和顾客的关系。在现代社会，顾客是组织的重要公众对象。从某种意义上说，"顾客就是上帝"。没有顾客就没有组织，一个组织如果失去顾客便丧失了生命力，组织与顾客的关系是一种鱼水相依的关系。随着社会主义市场经济的发展，组织生存和发展将越来越取决于开拓市场、占领市场的能力。顾客是市场的重要角色，成为组织的首要公众和取悦争取的对象，是组织的衣食父母。因此，组织对外公共关系的一个重要工作任务就是要努力建立并维系良好的顾客关系。

（一）要向顾客提供优质产品和完善的服务，这是建立良好顾客关系的基础

与顾客的关系是由于顾客对产品或服务产生购买欲望和购买行为而产生的，没有适合顾客的优质产品和完善的服务，就不可能有稳固、良好的顾客关系。因此，组织一方面应该努力提高产品质量，为顾客提供适合其口味的优质产品；另一方面应该提供周到的售前服务，态度良好的售时微笑服务，完善可靠的售后服务。

（二）了解顾客需求，了解顾客心理，这是改进组织与顾客关系的重要一环

只有了解顾客的需求意愿、消费心理、习惯和对组织的意见，才能搞好市场预测，使产品和服务更好地满足顾客需要，使顾客感到满意，对组织产生好感。因此，公共关系人员应注意收集顾客信息，诸如顾客的年龄、性别、职业、爱好、对产品或服务的要求种类、质量的要求和价格评价，顾客对售后服务的意见，顾客对服务人员的态度、方式是否满意等，并将这些信息分类、存档，既作为组织领导的决策依据，也为如何改善顾客关系积累了真实的资料。

（三）传达组织信息，进行消费教育，这是组织赢得顾客理解和好感的重要措施

传达组织的信息主要是让顾客更加充分地了解组织和组织的业务范围，并以此争取顾客的信任和支持。进行消费教育是一种更科学、更有效的与顾客联系的方式。消费教育的目的主要是通过消费调查和消费引导，实行消费的系列化、科学化，形成稳定的消费队伍。

（四）坚持顾客永远是正确的黄金定律，妥善处理顾客投诉，争取顾客谅解

"顾客总是正确的"，这一句口号可看作组织对顾客关系的原则，它不但典型地概括了组织与消费者的关系状态的最佳境界，而且直接反映了组织在处理、调节与顾客关系时应处于主动地位。任何组织都难免因发生差错和失误，而受到顾客的抱怨和批评。即使是顾

客方面的问题,也应"得理让人",应该认真、严肃、耐心、迅速、准确地答复顾客的任何投诉或质询,积极、慎重、耐心、诚恳地解释或解决问题,平息顾客的不满,稳定顾客的情绪,缩小纠纷引起的不利影响。坚持"顾客永远是正确的",并不意味顾客在事实上的绝对正确,它只是公关人员的一种自勉和积极的心理提示,使得公关人员能够设身处地地站在顾客的立场上考虑问题,体现了公共关系的一种高境界。

(五)要处理好从生产至产品到顾客手中的一切中间环节

组织在顾客中的信誉往往要靠经销、批发、零售、运输等一系列中间环节来建立和维持,在某种程度上,中间环节畅通对能否树立良好顾客关系影响极大。

总之,每个组织的特点、具体情况不同,其顾客关系的处理方法也各异。如何根据本组织自身的特点和情况,采取有效的方式方法去搞好顾客关系,并没有固定的模式可循,需要公关人员在实践中不断探索和总结。

二、与媒介的关系

媒介关系是指组织与报社、杂志社、出版社、广播电台、电视台、网站等传播机构以及新闻界人士之间(记者、编辑等)的关系。在组织的公共关系工作中,经常运用而且最主要的新闻媒介包括报纸、杂志、广播、电视、网络五种。建立良好媒介关系的目的就是要为组织营造良好的媒介舆论环境,争取新闻媒介对于组织的支持与合作。为此,组织必须开展科学的新闻传播活动。

传播是公共关系开展工作的最重要的手段,通过各种新闻媒介,组织可以实现与外部环境的双向信息沟通。同时,新闻媒介在社会中发挥着舆论先导的作用,对广大公众的态度起着不可忽视的导向作用,因此,它是组织必须特别重视并应努力争取的公众。所以,媒介公众是组织传播实务中最重要的公众,媒介关系在组织外部公共关系实务中处于最显著的位置。

媒介公众是"无冕之王",是一种特殊的公众,具有双重性质:一方面,新闻媒介是组织与公众沟通的重要中介;另一方面,新闻界人士又是组织需要争取的公众。与新闻界建立良好关系的目的就是争取新闻界对本组织的了解、理解和支持,以便形成对本组织有利的舆论环境,并通过新闻界实现与公众的广泛沟通,增强组织对整个社会的影响力。为此,要在以下几个方面做出努力。

(一)大力支持新闻界人士的工作

在与新闻界打交道时,公共关系人员不能仅从自己的需要出发利用对方,而且要设身处地地为对方着想,积极主动地为记者安排与组织领导人或有关专家的会见,主动帮助记者客观地报道组织的政策和活动,及时向他们提供有新闻价值的消息,保持经常的接触,以建立和保持良好的工作关系和友谊。

(二)熟悉新闻媒介的特点、理论和技术

要处理好与媒介的关系,公共关系人员首先要了解新闻界人士的职业尊严和职业特点,遵守他们的职业行为准则,尊重他们的职业道德。要熟悉各种新闻媒介的报道特色、编辑方针、编辑风格、版面安排、发行时间和渠道,以及各自拥有的读者、听众、观众的情况等。要掌握基本的新闻写作知识和技巧,只有在具备了上述条件的情况下,公共关系人员在与新闻界打交道时才能做到得心应手。

(三)主动采取行动去争取新闻界的注意

要搞好媒介关系,公关人员应通过"制造新闻"去争取新闻界的注意。所谓"制造新闻",就是由组织以健康正当的手段,有意识地采取既对自己有利,又使社会、使公众受惠的行动,以引起社会公众和新闻界的注意。因为具有新闻价值的事件往往是大众传播媒介追踪的目标,也最符合它的报道意图。因此,事发后很容易引起大众传播媒介的注意,得到它的配合。在"制造新闻"时要注意六方面的问题。

(1)要根据公众在不同时期的热门话题去"制造新闻"。

(2)应抓住"新、奇、特"这三点去"制造新闻"。

(3)要根据当时、当地的社会心理动向去"制造新闻"。

(4)要有意识地把组织与某些权威人士或社会名流联系在一起,利用"名人效应"吸引新闻界。

(5)与传统的盛大节日或纪念日联系在一起,制造有关组织新闻。

(6)注意和新闻机构联合举办各种活动,创造组织在新闻媒介中出现的机会。

总之,搞好与新闻界之间的关系可以为有效地开展公共关系工作创造有利的条件。

三、与社区的关系

"生存得最好的生物是对周围环境最有利的生物",同样,发展得最好的组织是对社会公众最有利的组织。

社区是指人们共同活动的一定区域,如村庄、城镇、区乡、街道等。社区关系亦称区域关系、地方关系,即指组织与所在地的地方政府、社会团体或其他组织,以及当地居民之间的睦邻关系。社区关系的好坏直接影响组织的生存和发展。社区是组织生产经营活动的主要空间,是组织的根子所在。社区关系可能是顾客关系、员工关系,以及其他公众关系的延伸和重要组成部分,同时,社区公众又是组织形象最可靠的传播者之一。因此,社区关系融洽,能够提高员工的士气,使组织得到社区内各类公众对组织的协助和支持,从而促进组织与社区的共同繁荣。

社会组织无时无刻不在与周围环境进行物质、能量、信息的交换和循环,尤其是有影响力的组织更加重视对自己所在区域小环境的系统优化,追求自身与所在区域的共生共荣。

社区是组织最直接的外部环境,组织应努力与社区保持良好的关系,营造良好的周边环境,这对其生存和发展有着重要意义。为此,组织要注意提高其在社区中的地位,主动承担相应的社会责任与义务,为社区经济发展做贡献,形成良好的社区公众形象,保持组织社会公众形象的完整性与一致性。

正常情况下,社区居民往往又是最重要和最稳定的顾客,并对其他顾客具有相当影响力和号召力,组织作为社区的一名成员,必须接受当地政府的领导。发展良好社区关系的目的是争取社区公众对组织的了解、理解和支持，为组织创造一个良好的生存环境。为此，要做好以下几个方面的工作。

（一）掌握社区公众的基本状况

组织应在调查分析的基础上，积累和掌握社区公众基本状况的资料，大致包括以下内容。

▶ 1. 社区公众的组成

社区公众大致可分为：

（1）组织的近邻，是指组织周围相邻的工厂、商店、邮局、医院、街道、居民等社会组织和公众。

（2）组织潜在的员工来源，包括社区中其他组织的就业人员，以及各类学校的学生等。

（3）社区的工作人员，包括社区中与组织有业务往来关系的其他组织的工作人员，以及负责有关管理事项的各级政府的工作人员等。

（4）社区的消费者，包括社区中现有的以及潜在的组织的顾客或用户。

（5）社区名流，是指社区中的政府要员、工商企业家、著名专家、学者、新闻传播界著名人士，各类名人、明星及其他有影响的人士等。

▶ 2. 社区公众的人口状况

社会公众的人口状况包括社区公众的年龄结构、职业分布状况、收入水平、受教育程度等。

▶ 3. 社区公众的风俗习惯

社区在其历史发展演变过程中，逐渐形成了社区所特有的风俗习惯。风俗是历史形成的，在一定的社会环境和团体中经常重复出现的某种约定俗成的行为方式。习惯则是人们在长期生活中形成的某种心理需要。在社区中，习惯是调节人们行为的一种方式，是维护风俗并使之代代相传的最简单方式。

▶ 4. 社区公众的宗教信仰

宗教信仰属于社会意识形态，是上层建筑的一部分。不同的宗教都有其自己的教义信条、神学理论、清规戒律和祭仪制度。

（二）掌握社区公众的需求

一般来说，社区公众的需求主要包括以下几个方面。

（1）社区商业的繁荣，是指社区公众能享受到社区经济的发展而带来的衣、食、住、行等条件的便利和改善。

（2）充分就业，是指每一个人都有一份工作。

（3）良好的治安秩序和安全感。

（4）良好的社会风气。

（5）充足、良好的教育设施。

（6）良好的居住环境，是指要求免受噪音干扰及各种工业废弃物的污染，希望有整洁、清新、美好的居住环境等。

（7）充足、完善的文化、体育、娱乐活动设施。

（8）宗教信仰自由，并得到有关的支持。

（9）社区荣誉感、自豪感。

（10）对社区内组织的生产经营活动和性质及其基本情况有所了解。

（三）建立良好社区关系的主要方法

具体来说，建立良好的社区关系需要从以下几方面着手。

▶ 1. 树立强烈的社区意识

由于各种复杂的原因，长期以来，社区公共关系在我国许多组织里没有得到足够的重视，甚至是组织公共关系工作的"盲点"。为了改变这种状况，最首要的是组织领导必须更新观念，树立强烈的社区意识，并且在工作中要制定专门的社区公共关系政策和制度，使组织社区公共关系走上正规化的轨道。

▶ 2. 加强与社区公众的双向沟通

与社区公众持续的双向沟通有利于促进相互了解，增加组织工作的透明度，争取社区公众对于组织的支持与合作，主动和社区有关组织、单位、知名人士等重要公众加强信息交流。具体的做法如下。

（1）社区座谈会。这是一种常见的社区沟通的方法。组织可以邀请社区内的政府官员、其他组织的代表、社会团体的代表，以及社区居民代表等参加座谈。座谈会的主题根据情况而定，可以是有关社区建设、组织发展或对某一特殊事件的研讨，或是与社区公众联络感情等。组织利用座谈会的机会，可以向社区公众介绍组织的基本情况，组织对社会和社区所做出的贡献；解释组织的政策和行为，及时解决一些矛盾和不满。同时，组织应广泛听取社区公众的意见和批评，及时调整组织的工作，以适应社区公众的要求。

（2）实行开放参观。定期邀请社区公众参观本组织，通过参观生产线，看模型、图片、录像及讲解、示范表演，让参观者亲自参与等手段，加深社区公众对于组织的印象和了解，达到消除误解，增进理解，促进双方感情沟通的目的。

（3）扩大内部刊物的发行范围。组织应有选择地将组织内部的定期或不定期的刊物在社区范围内分发，让社区公众更多地了解组织及其员工。

▶ 3. 参与和支持社区的公益活动

为社区多办实事、办好事。组织应充分利用自己在技术、资金、人才、设备等方面的优势，积极支持社区的全面发展，促进社区的繁荣富强。这样做既可以充分体现组织的社会责任感，表达组织回报社会的意愿，也最能赢得社区公众的好感，获得良好的"口碑"，为树立良好的组织形象起到积极的作用。

社区的各类领导和广大公众都希望社区中的组织从多方面为社区的发展做出贡献，尤其是希望组织参与和支持各项公益活动。例如，通过资助教育机构、发展文化事业、赞助体育活动等公益活动，资助残疾人基金会、敬老院、地方医院等社会福利机构的活动，承担起必要的社会义务来满足公众的愿望，有利于提高组织美誉度和受到社区公众的尊敬。

4. 帮助社区繁荣，维持社区秩序

社区内的组织如能有助于社区发展，提高社区的经济文化水平，稳定社会秩序，则不仅为该社区的发展创造了有利的环境，也为组织赢得公众的好感和欢迎奠定了基础。因此，组织应在其发展过程中，利用自己的经济、政治、技术、人才、设备和信息优势，为社区带来更多的经济效益，促进社区文化的更大发展。此外，还可以参加治安保卫活动，协助社区公安部门整顿社区秩序、维护社区安定，这也是深受社区居民欢迎的活动。

5. 保护和改善社区的生态环境

社区的生态环境直接关系社区居民的日常生活和身体健康。因此，对于组织来说，特别是生产组织，应该采取有效措施保护环境，尽可能防止社区空气、水源、土壤等受到污染，除了进行文明生产、美化厂区、搞好本单位绿化外，还应根据自身的实际情况，帮助社区治理和美化环境。

总之，搞好社区关系的最好方式就是与社区公众打成一片，急他们所急，想他们所想，以普通公民的身份，积极参与社区活动。为职工创造良好的生活环境，并从中得到两个效益（社会效益和经济效益）和一个友善的社会环境。

四、与政府的关系

政府是国家权力的执行机关，是对社会进行统一管理的权力机构。任何组织都必须服从政府的领导和指导，政府关系是组织应处理好的一种最重要的外部关系。将政府当作一种特殊的"公众"来看待，是公共关系实践与理论的一大发展。这里所说的政府是一个广义的概念，它有不同层次，如中央政府及各级地方政府；也有不同类型，如工商管理、税务管理、土地管理、司法管理等。政府是对社会进行统一管理的权力机构，没有它的有效管理，社会的整体运行就无法正常进行。组织是社会整体运行的一部分，当然免不了要与政府发生关系。

与政府的关系是指组织与各级、各类政府之间的关系。随着经济体制改革的深入发展，组织在自己的生产经营活动中，必须服从各级政府的统一管理，必须贯彻政府的方针、政策，遵守政府的法规、条例和各项规章制度。在此基础上，通过组织本身切实的工作成绩和有效的沟通活动，使组织在政府领导者和工作人员心目中树立良好的形象和重要的地位。这样，可以为组织的生产经营工作争取到政策上的支持和扶助。而政府机关权威性的社会影响力，使之可能成为组织形象最有力的宣传者。此外，良好的政府关系，还可以使政府乐于帮助组织协调周边关系，从而有利于组织调整好与其他公众之间的关系，使组织得到更好的发展。

与政府保持良好关系的目的是争取政府对组织的了解、信任和支持，从而为组织的生存和发展争取良好的政策环境、法律保障和社会条件。为此，组织要切实做到以下几个方面。

（1）自觉接受政府的管理和指导，遵守政府的有关法令、法规、政策和各种规章条例。组织在具体的运行过程中，应妥善处理国家利益与组织利益的关系，切实按有关规定上缴利税，使组织合法经营。

（2）全面、及时、准确地掌握与研究政府所颁发的有关政策、法令的内容，注意按照其内容变化相应地调整本组织的决策方向及实施计划。

（3）主动向政府有关部门及时提供信息，建立密切联系，保持沟通的渠道畅通。尽管组织属政府管辖，但政府为管理社会而制定的政策皆根据所掌握的基层情况而定。组织应在提供信息方面主动做好沟通工作，尽量争取有利于组织发展的政策，争取到政府对组织的支持和援助，促使政府在制定政策法令时更客观、更合理。

（4）组织应熟悉政府机关的内容层次、工作范围和办事程序，减少人为造成的"公文旅行"或"踢皮球"的现象，提高办事效率。

（5）正确处理与政府之间的利益关系。首先是兼顾两者的利益，其次在不易兼顾时，组织的局部利益要服从国家的整体利益。一方面，组织应把握一切有利时机，使自身政策措施得到政府公众的认同与支持，提高政府公众对组织的信心与重视，使政府公众了解本组织对社会、对国家的贡献与成就，扩大组织在政府及社会中的信誉与影响；另一方面，组织应详细分析研究政府的方针、政策与法令，使组织的政策措施保持在政府法令、条例许可的范围之内。同时，通过良好的政府公众关系，及时了解政府有关政策的变动，争取政府公众的政策性优惠与支持。

思考题

1. 公众具有哪些特征？
2. 为什么要对公众进行分类？
3. 公众的分类主要有哪几种？
4. 哪些公众具有双重性？
5. 为什么说内部公共关系是公关工作的起点？

第五章 公共关系的传播

学习目标

1. 掌握公共关系传播的概念、性质、目标。
2. 熟悉公共关系传播媒介的特点，以及影响公共关系传播效果的因素。
3. 了解公共关系传播的相关理论和传播模式。

公共关系工作是一种交往和传播活动。组织作为公共关系的主体，通过信息传播，即信息的双向流动，与客体公众进行信息交流，增进相互了解，最终获得客体公众对组织的好感。因此，信息传播是公共关系的手段。公共关系人员应该了解传播的含义、功能，熟悉各种传播媒介及特点，熟练地进行有效的语言和非语言传播、书面传播和电子传播、图像和标识传播。

第一节 公共关系传播概述

一、传播的定义、对象、目的和原则

（一）传播的定义

传播，汉语解释为广泛散布。英语"communication"一词除传播这一含义外，还有沟通、交流、共享等多种含义。从传播学的意义上说，传播是指信息和观点的传递与交流。传播是公共关系的中介和桥梁，是公共关系的三大要素之一，是公共关系赖以进行的手段和工具。

（二）传播的对象

公共关系中提到的传播对象是指公共关系的客体。传播对象包括各种类型的组织、团

体和个人。

（三）传播的目的

树立组织的整体良好形象是信息传播的目的。公共关系工作要通过传播，增进组织内部、外部公众的了解和信任，树立起组织的整体良好形象，从而使整个组织在事业上获得成功。

（四）传播的原则

公共关系的传播要坚持真实可信，讲究方式的原则。首先是真实可信，绝对不能掺有任何虚假的成分；其次是引人注目，讲究方式和方法，它是为真实性服务的。

二、传播的功能

公共关系作为信息传播活动，是一种信息的双向交流过程。这种双向交流主要是由公共关系主体——社会组织来实施的。所以，对于社会组织来说，公共关系的信息传播活动包括信息的收集、信息的处理和信息的分布三个方面。从根本上说，传播的功能是由社会组织运行过程中信息的重要地位和作用所决定的。

信息是人类社会赖以生存的基础之一，其社会地位和作用的重要性可想而知。同样，对于一个社会组织来说，信息也是决定其生存的因素之一。在公共关系活动中，信息传播的功能表现在以下两个方面。

▶ 1. 通过信息传播，可以使公共关系主体准确地了解自身与现实环境及其关系的真实状况

作为公共关系主体的社会组织要想运行畅通，就必须要了解自己，了解自己运行的现实环境，尤其要了解现实环境中的公众情况。在现代社会中，通过公共关系活动来获取大量的信息，是了解自己与环境及其关系的最有效的手段。因此，作为公共关系的信息传播活动，理应包括信息收集这方面的内容。

▶ 2. 信息传播可以使公共关系主体的预定目标易于实现

在现代社会中，尽管不同类型的社会组织的目标各不相同，但在其目标的实现过程中，有一点是完全相同的，即必须让公众了解自己。一般来说，对于一个社会组织，公众越了解它，就越信任它，它的社会形象就越好，其目标的实现也较容易。例如，一个企业，当其运行状况和产品质量为公众所了解时，其产品的推销也就容易进行了。要让公众了解自己、信任自己，最好的办法就是进行信息的传播。因而，通过各种传播媒介向公众发布信息是公共关系传播活动的应有之义。

三、传播的模式与过程

信息传播的方法尽管是多种多样，但是它们都遵循着一定的、基本的传播模式，这里主要介绍两种传播模式。

（一）线性单向传播模式

线性单向传播模式是传统的线性传播模式，其传播过程是以传播者为起点，经过传播媒介，以受传者为终点，如图5-1所示。

图 5-1　线性单向传播模式示意图

（二）非线性反馈传播模式

非线性反馈传播模式以信息论和控制论为基础，是一种反馈非线性模式，是广义的信息传播模式。其传播过程是以传播者为起点，经过传播媒介，再到传播对象，并将产生的传播效果反馈给传播者，如图 5-2 所示。

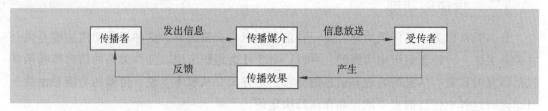

图 5-2　非线性反馈传播模式示意图

四、传播的方式

公共关系的传播方式是多种多样的，有借助或不借助新闻媒介的传播，有语言或非语言的传播。人们可利用不同的渠道、形式和媒介，以不同的角度、规模和过程传递和交流信息。一般来说，公共关系的传播主要有人际传播、大众传播和组织传播三种。

（一）人际传播

人际传播是一种人与人之间的直接传播，包括面对面和非面对面的两种形式。大多数情况下的人际传播都是面对面的传播，例如，与人交谈、小组讨论、大会报告等。人际传播具有以下几个主要特点。

▶ 1. 及时性

人际传播中的面对面传播，可以使传播者及时观察到对方的态度反应，并可根据受传者的信息反馈随时调整传播内容，进行协调和解释，能够及时了解传播效果。

▶ 2. 亲切感

当面交谈传递信息，传播者可以针对受传对象的个性、心理和行为等特点，有针对性地进行交流，使讨论深入，做到推心置腹、话语投机、亲切感人，具有一定的吸引力和感染力，便于消除相互之间的心理距离。

▶ 3. 范围小

从有利的方面看，由于人际传播的范围小，所以它造成的影响或作用较小。从局限性上看，因为人际传播受到一定时间和空间的限制，只能在较小的范围和一定的时间内进行传播。

应当注意的是，公共关系中的人际传播不是一种纯粹私人交往，传播者作为组织或群体的代言人，扮演社会活动家的角色。

(二)大众传播

大众传播是指传播者通过大众传播媒介，用语言、文字、图像等符号向特定的公众传播信息的过程。随着信息技术的发展，人类社会已经进入了"大众传播社会"的新时代，大众传播渗透到社会各个角落，深入到每一个家庭和个人的生活之中。大众传播影响并左右着政治、经济、军事、文化、舆论、思想、生活等领域。公共关系人员必须学会善于运用大众传播媒介开展工作。

大众传播是随着科学技术的进步，产生了现代传播工具之后才逐渐发展起来的。由于大众传媒的产生，使人类的传播范围扩大，使整个社会的信息流量增加，这一切都是由大众传播的特点决定的。大众传播具有以下特点。

▶ 1. 公共性

大众传播的信息是公共的，具有公开性、公告性、共享性。政治、经济、文化等各个领域内的信息，一旦由大众传播媒介公告整个社会，就成为社会公众生活必不可少的公共信息。

▶ 2. 广泛性

大众传播突破了时间和空间的限制，在最短的时间内控制了最大的空间，发挥着传播迅速的优势。由于突破了时空限制，因此传播对象不计其数。

▶ 3. 责任性

通过大众传媒传播的信息必须真实，应对国家、社会和公众负责。大众传媒应起到把关人的作用，真实是大众传播的生命与信誉。

▶ 4. 特殊性

大众传播的总体对象是确定的，从个体来说又是无组织、不确定的，一旦某人被大众传媒向社会介绍，就提高了该人的知名度。因此，它的对象具有特殊性。

▶ 5. 迅速性和远大性

大众传播的影响面大，但信息反馈迟缓，有可能一夜之间"誉满全球"或是"臭名远扬"，故其传播效果具有迅速性和远大性。

(三)组织传播

组织传播是指组织之间和组织部门之间信息互动的过程。组织传播有三种方式：上行沟通、下行沟通和水平沟通。

▶ 1. 上行沟通

上行沟通即自下而上的沟通，是指组织成员向领导、下级向上级反映自己的要求、愿望，提出建议的正常渠道。自下而上的信息传动的原动力来自两方面：一是组织成员或下级部门以定期或不定期的书面报告、口头请示等形式向上级传递信息；二是上级部门以召开汇报会、座谈会、讨论会等形式向下级或组织成员索取信息。上行沟通最重要的原则是客观性和真实性。

▶ 2. 下行沟通

下行沟通即自上而下的沟通，是组织内部一种占主导地位的传播方向，通常以文件、会议、指令、指示等形式下达沟通。下行沟通不仅以多级（多层次）形式出现，还有三个目的：一是按照组织既定目标去完成工作任务；二是促进组织机体新陈代谢，通报新思想、新技术、新情况等；三是保持和提高组织成员的工作热情，推动组织教育工作。

▶ 3. 水平沟通

水平沟通即同级组织或部门之间的横向沟通，指组织内同级机构之间的沟通方式。信息的水平沟通包括班组会、部门负责人会等，其目的是协调组织内成员之间、部门之间的关系和行动，是解决实际问题的必由之路。

上行沟通和下行沟通这两种沟通方式所传递的信息，其中很大一部分要靠水平信息互动来消化。如果部门之间信息不能水平沟通，就会出现扯皮、推诿、拖延，所以公共关系工作要十分重视水平沟通。

五、传播的媒介

信息是不能独立存在的，它必须依附于某个特定的载体方能显示出来。信息的物质载体就是传播媒介，凡载有信息的任何物体都可视为传播媒介。由此看来，传播媒介是一个十分广泛的概念。

（一）符号媒介

符号媒介是信息传递过程中按特定编码程序组织自成一体的系统，如语言媒介、印刷媒介和技术媒介等。符号媒介是现代社会运用最广泛的传播媒介，公共关系也最重视这种传播媒介。公共关系的许多活动，如编写新闻公告、设计广告、制作各种口语信息等，都要运用符号媒介。

（二）实物媒介

实物媒介通常是指为特定目标而制作的能充当信息传递的载体，如工厂生产的产品本身就是一种典型的实物媒介。有些社会组织很注意搞实物展览或展销会，这是因为他们意识到一般实物也有传递信息的作用，而且实物本身质量如何是一种最过硬的信息。一般来说，实物媒介不如符号媒介那样广泛，但却比符号媒介牢靠，因为公众更相信产品质量。

（三）人体媒介

人体媒介是指人的言谈、举止、行为和服饰等身体上的信息显示物。人体传媒的特点是容易建立双方的感情，树立社会组织的直接形象，但人体媒介的作用既不如符号媒介广泛，也不如实物媒介牢靠。

（四）大众传播媒介

大众传播媒介是指在社会分工中专门负责向社会传播信息的机构及其工作产品，包括报社、通讯社、电台、电视台、网站、微信平台、出版部门、影视系统、期刊杂志社和广告经营单位及其工作产品等。大众传播媒介的特点是空间跨度大，因此具有广泛性，这是它的优点。

正确使用大众传播媒介是社会组织的一项重要工作。一般来说，一个社会组织的信息在大众传播媒介上出现的次数越多，该社会组织的知名度就越高，社会影响也越大。因此，公共关系活动应该重视大众传播媒介的作用。

第二节 公共关系的语言传播

一、语言传播的特点

语言是人类交流过程中最基本和最重要的工具。无论是大众传播还是人际传播，一般都离不开语言的运用。语言的应用决定交流的效果，因此，公共关系人员在开展公共关系工作时，必须熟练地使用各种语言交流的方式。

语言传播是指传播者（说话人）运用特定的词语和语法结构，以及各种辅助手段向受传者（谈话对象）进行的一种信息交流。因此，在语言传播中，首先要让他人了解和领会自己所表达的语言含义，这是语言表达的最低目标。为此，除了做到文法正确、吐字清楚、语言流畅外，还必须有丰富的词汇和精练的语言。

（一）语言传播的要求

（1）信息的传与受不能为同一人，应为两人或两人以上在同一时空范围内共同参与传播。

（2）信息的传与受双方必须达到沟通，即实现了语义的理解。

（3）信息内容不局限于语词、语法结构等组成的句子所表达的思想，还包含语气、语调，甚至身体姿势、手势、表情等所表示的含义。

（4）信息交流的过程与信息反馈的过程是同步进行的。

（二）语言传播的特点

与任何特定形式和种类的传播活动一样，语言传播作用的发挥，关键是清楚地认识到其本身的特点。

▶ 1. 同时性和空间限制性

既然语言传播具有同时性和空间限制性的特点，那么，就应当尽可能地利用时间和空间，也就是说，要抓住发言的机会。例如，产品推销员就必须抓住时机，在有限的时间和空间中尽量发挥自己的演说才能，用动听的语言把顾客吸引到自己的产品前。在新闻发布会和记者招待会上，外交部发言人应避免使用"无可奉告"这种语词，否则就等于放弃了一个语言传播的机会，并且会给提问者一种不善言辞的印象，从而损害自己和自己所代表的社会组织的形象。

▶ 2. 时效性

语言传播具有很强的时效性，公共关系人员应当及时地注意信息反馈，随时调整自己讲话的内容。例如，当你向别人介绍自己的产品时，对方如表示出很大的兴趣，那么你不妨再强化自己的话题；如对方不感兴趣的话，则不妨暂时转换话题，然后再用旁敲侧击的方式迂回地向他宣传自己的产品。

▶ 3. 丰富的表现手法和辅助手段

语言传播具有丰富的表现手法和辅助手段，公共关系人员应当恰到好处地运用这些表现手法和辅助手段。例如，两人谈话不慎出现了尴尬场面，这时主方就应当用爽朗的笑声和幽默语言之类的辅助手段来打破沉闷的气氛，避免双方难堪；为表示认真听取对方的讲话或表示赞同时，应以点头示意；而微笑则是最佳的传播表现手法，给人一个温馨的微笑，会立即缩短人与人之间的距离。

语言传播虽有自己的长处，如反馈迅速、便于建立感情等，但其作用也有局限性，语言传播的最大不足是覆盖面不广。

二、交谈

交谈是公共关系语言传播中常用的一种方式，是公共关系人员必须具备的基本功。俗话说，"一句话可以把人说得笑起来，也能把人说得跳起来"，这里既有水平问题，也有谈话艺术问题。可以说，公共关系人员与人交谈技巧的高低，将直接影响语言传播的效果。

（一）交谈的特点

▶ 1. 范围小

交谈是指一些人在一起谈话，参与谈话的人数比较少，可以是两个，也可以是多个。

▶ 2. 以情感人

与演讲对比，交谈由于人数少，谈话双方相互交往的距离小，更容易观察到对方的眼神、表情、姿态，更有利于感情上的沟通，建立起深厚的感情联系，使公众对组织的态度进入感情层次。公众通过谈话，会由于感情的建立从而对公共关系人员提供的信息更加信任，对组织采取合作的态度，从行动上更加自觉地支持、关心组织的工作。

▶ 3. 以理服人

在交谈中，还要通过充分说明，以理服人。在与公众的谈话中，一定要把道理说透，并切合实际，谈话才能收到好的效果。

▶ 4. 信息反馈快

交谈可以使组织的公共关系人员及时得到信息反馈。通过与公众当面交谈，公共关系人员可直接看到或听到对方的反应和态度，所以信息反馈是非常及时的，还可以使公共关系人员适当调整传播内容。在信息传递过程中，如果发现公众对传播内容存在误解或产生反感，公共关系人员可随即调整传播内容或对问题加以解释，以获得公众对本组织的认同。

（二）交谈技巧

一般来说，进行一次较正式的谈话要注意三个部分：开场白、谈话实体和谈话结尾。但是，在正式谈话之前，特别是非常重要的谈话之前，要做一些必要的准备工作。例如，收集交谈对方的背景材料，确定谈话的中心和重点，估计交谈中可能出现的困难，以及应采取的对策等。公共关系人员最忌毫无准备地仓促出阵。具体来说，公共关系工作的谈话技巧有下列几个方面。

▶ 1. 谈话开始阶段

在谈话正式开始之前，首先要有一个好的开场白。可以先说一些对方关心或感兴趣的事情，因为每个人都有自己的"兴奋点"，我们应该在谈正题之前激活对方的兴奋点，如老年人的兴奋点是延年益寿，而青年人则是事业、爱情等。这样可以使谈话双方逐渐产生共同语言，形成感情对流、思想沟通，以便谈话能够在一个良好的气氛中进行。

▶ 2. 谈话的切题阶段

进入谈话的切题阶段应紧紧围绕谈话的主题进行叙述，逐步向思想深层发展，形成"感情共鸣"的高潮，以达到谈话的目的。

▶ 3. 谈话的结束阶段

谈话的结尾是留给对方的最后感觉，它的作用十分重要。结尾应自然，使人愉快又耐人寻味。在交谈结束前，先给对方发出谈话快要结束的信号，免得对方感到突然或想说的话还没有说完，然后再说些感谢之类的客套话，或用风趣幽默的话语结束这次交谈。

▶ 4. 交谈中应注意的事项

（1）交谈中最忌冷场。所谓冷场即双方的谈话一时中断、无言以对，这时应迅速转换话题。若一时无话题可交谈，可给对方倒水、递烟，或聊一些无关紧要的内容，到合适的时候再回到谈话的主题上。

（2）交谈中还应注意提问的技巧。有人说，上帝给人创造了两只耳朵，一个嘴，可能是希望人们能够多听少说。提问是让自己多听少说的一种最有效的方法。只要提问得恰当、巧妙，就可以启发对方讲话，得到自己所需要的信息，但必须在取得对方同意后再提问。值得注意的是，提问时，应当避免盘问式或审讯式提问，亦不要使用含糊不清的措辞；应尽量使用对方习惯和喜欢的方式，并且要围绕中心主题。

（3）交谈过程中，要及时了解对方对你谈话内容的理解程度，及时了解对方是否有误解或不理解之处，然后决定在后续的谈话中应强调的内容，或采取补救措施，以便加深对方的理解，消除误会。

（4）交谈中应避免唠叨不休。有些人在交谈中常常口若悬河、滔滔不绝，内容琐碎而无中心，让人没有插话的机会。这种谈话往往令人厌烦，并浪费时间。

（5）交谈中应避免不合时宜的打岔。交谈时要避免不合时宜的打岔提问，尤其是在对方讲得最感兴趣的时候打岔，这往往会使交谈的对方失去继续交谈的兴趣。

三、演讲

演讲是面对公众借助语言、手势、情态的相互配合表达思想观点的艺术性讲话。这是人们交流思想感情、传播信息的一种社会活动。在现代社会里，演讲的才能对于组织和个人都是非常重要的。演讲是公共关系的一种重要工具，组织若能自觉利用演讲为组织形象进行宣传，定能取得预想不到的效果。

同样，演讲对于个人的事业也有很大的帮助，人们通常将"口才"作为衡量一个人能量大小的标准。因此，演讲在现代社会中占有极其重要的位置，它是一个组织或个人树立形象、获取信任和支持的强有力的传播手段。

（一）演讲的三要素

▶ 1. 演讲的内容

演讲的内容即演讲者所要传播的信息。演讲者只有将演讲内容组织得精彩、生动、易于理解，才能说服听众接受演讲者的观点，达到演讲的目的。而对于听众来说，听演讲是为了获取对他们有用的信息和知识。因此，内容是演讲的中心环节和首要要素。

▶ 2. 演讲者的个人因素

演讲者是演讲内容和听众之间的传播媒介。演讲的内容必须通过演讲者的演说才能传达给听众，如果演讲者具备较高的演讲技能和个人魅力，在演讲时又有适当的动作和表情，那么，演讲的内容通过演讲者的解说和表演，必然会给听众留下深刻的印象，并使听众信服；反之，无论演讲内容如何好，由于枯燥无味的叙述会导致听众厌烦，使演讲失去效力。因此，演讲者个人的素质极大地影响着演讲的质量。

▶ 3. 演讲的听众构成

每一次演讲必然有一定的听众，不同类型、不同职业的听众，对演讲的内容会有不同程度的理解，会产生不同的效果和反应。因此，在演讲前必须了解听众的构成，根据不同听众的特点，有的放矢地进行演讲，才能达到预期的目的。

（二）成功的演讲应具备的条件

▶ 1. 充分的演讲准备

一次成功的演讲无一不是经过认真准备的。所谓准备，最重要的是演讲稿的准备。在准备演讲稿时，必须根据演讲的目的确定适当的主题。只有明确目的，才能突出主题，掌握整个演讲的脉络。另外，听众的构成也是演讲稿准备过程中应该注意的一个方面。演讲稿必须在了解听众构成的基础上完成，否则，演讲稿过于深奥，或过于肤浅，不适合听众的文化水准，则达不到演讲的预期目的。

▶ 2. 成功的开场白

开场一定要精彩，先概括地介绍整个演讲所要讲的内容、重点，谈一些对听众有用的信息，这是为了掀起一个高潮，吸引听众的注意力，使他们对演讲的内容感兴趣，有继续听下去的愿望。如果开场不好，刚上台就不着边际，拖泥带水，含糊不清，使听众不能抓住演讲的主题，那么，听众就会失去兴趣和耐心，导致演讲达不到预期的效果，甚至出现反作用。

▶ 3. 演讲中适当地运用幽默法

幽默是语言传播中的高超技艺，也是个人的一种良好修养。在演讲中，幽默会使整个演讲轻松、愉快，可以缓解人们的紧张情绪。当然，幽默也要适度，要根据不同的听众、不同的内容来运用幽默。

▶ 4. 好的结尾

结尾时，必须对整个演讲进行一番总结。结尾的总结是为了帮助听众把所讲的主要内容联系起来，理出一条清晰的线索，加深对主题的印象，达到强化演讲的目的，有助于收到演讲的预期效果。

(三) 演讲时应注意的问题

▶ 1. 从始至终要充满自信

演讲者的精神状态对演讲的成功与否有着密切的关系。演讲者要在精神上占有优势，要有征服听众的力量。当然，必要时也可适当迎合听众的心理，吸引他们的注意力，要让听众对演讲者产生好感和兴趣。但是，切忌讲不必要的谦虚话，使听众对演讲者失去信心，或产生虚伪的感觉。

▶ 2. 说话要清楚、有力，速度不可太快，要有抑扬顿挫之感

演讲时的语言要清晰、有力、速度适中。当讲到重点时，应当加重语气或重复，但不要过于激动或歇斯底里地大喊大叫。总之，声调要适度，不要让人感觉做作或哗众取宠。

▶ 3. 演讲者要适当地运用面部的表情，特别要发挥"心灵窗户"眼睛的作用

面部表情能把你的感觉和感情传达给听众，尤其是眼神，具有威慑和吸引的力量，使被注视者不自觉地受到震慑。因此，演讲者在演讲时，应配合内容适当地运用面部表情这种无声的语言去影响听众。演讲时，眼神要经常移动，不要长时间看着某一个或一部分听众。

▶ 4. 除了表情语言之外，还要适当注意体态语言的表达

演讲时要注意姿态优美、动作协调、适度，并要与讲话的内容、情感相一致，要让表情、动作等体态语言表现出风趣、幽默、富有感染力，要充分发挥体态语言的作用。

虽然演讲的才能受着一定天赋的影响，但是，后天的培养、锻炼也是很重要的。只要经过正确的训练，多学习、多锻炼和总结经验，人人都可能成为一名出色的演讲者。

四、电话

电话是公共关系人员使用频率最高的现代通信工具之一，以声传情，是一种同时异地的特殊双向交流。正确使用电话，能提高工作效率，创造友好的气氛，给人留下良好的印象。

▶ 1. 电话内容要简洁

要做到这一点，通话前要做好准备工作，必要的准备工作是核对对方的电话号码、单位名称、通话者的姓名，写出谈话及询问的要点，准备在应答中的便签纸和笔，准备必要的资料和文件。通话时，无论是接电话还是打电话，都要先自报家门，避免不必要的时间浪费，注意使用正确的语言，避免同音异义或易混淆的词语。如果同时有几件事情要谈，首先罗列各事的大致内容，再逐一说明或询问，事情内容重大或复杂时，说完之后要复述要点。

▶ 2. 打电话时要注意礼节

通话对方主要是根据声音来理解和接受信息，一般难以看到对方的表情和姿势，因此，电话语言要富有"磁性"，即用周全的礼节吸引和感染对方。敷衍了事、语言粗鲁、粗

心大意、满不在乎，这都是打电话的大忌。通话时声音要显得愉快热情，给人留下良好印象。在倾听对方讲话时，应仔细认真并不时予以应诺，给对方以积极的反馈。如果对方打电话没能马上接听，一定要向对方道歉，说"对不起""让您久等了"等客气话。要小心处理代传或留言。在电话中接到对方邀请和各种会议通知时，应热情致谢。

结束电话前，应礼貌寒暄。应让对方先挂电话，并不要忘记说声"再见""欢迎再来电话"之类的话。

第三节 公共关系的非语言传播

一、非语言传播的特点

非语言传播，是利用人体动态和表情显意的无声语言，包括人的动作、姿势、体态、表情等，通常又称身体语言、体态语言、动作语言等。一般来说，当人们采取行动时，伴随而来的就是动作和表情，没有动作和表情的行为是不可想象的。从这个意义上说，动作与表情是行为形成的基础，也是行为的表达方式。专家学者经过研究发现：人们的一举手、一投足并非偶然的、随意的，而这些动作行为自成体系，几乎像有声语言那样有一定规律，具有传情达意的功能。于是人们用眼神、面部表情、手势、体态动作来交流思想、表达感情、传达信息，进行社会交际活动。

美国心理学家爱德华·霍尔（Edward Hore）曾经指出，无声语言所显示的意义要比有声语言多得多，而且深刻得多。因为许多有声语言往往把所要表达的意思的大部分甚至绝大部分隐藏起来，如失恋、家庭破裂、事业失败等。遇到这种事情时，许多人不是用语言诉说，而是通过他的动作、举止等表达出来，如心情闷闷不乐、少言寡语、烦躁不安等。因此，要了解说话人的深层心理，单凭语言是不行的。人类语言所表达的意识大多属于理性层面，经过理性加工后所表达出来的语言往往不能直接地表露一个人的真正意识，这就是所谓说出来的语言并不等于存在于心中的语言。因此，人们的动作有时比语言更能表现人的情感和欲望。

非语言传播有以下几个特点。

▶ 1. 真实性和可靠性

因为，一方面人的行为动作是其性格思想和人格特性的反映；另一方面人体的动作是其大脑活动的外露。也就是说，人体语言大都发自内心深处，是难以压抑和掩盖的。因此，它比有声语言更具有真实性和可靠性。例如，胆怯、性格内向的人讲话时，往往双肩紧并、下垂、腰部弯曲，一副紧张、自卑的模样。而果敢、外向的人在讲话时往往挺胸、收腹，一副泰然自若、信心十足的样子。

▶ 2. 感染力和吸引力

在交往中，一个人显示给他人的第一印象是十分重要的。第一印象的好坏常常取决于一个人的风度和气质，包括面部表情、动作和手势。然而，一个人的风度和气质大都是由动作语言表达出来的。在我们生活的世界里，虽然没有长得绝对一样的人，但是大多数人都是大同小异。即使有一些人长得基本相似，也有人一看上去就很潇洒，而有人却显得呆板无神；有人风度高雅，有人则萎靡不振。这种印象和形象都是由非语言传播显示出来的，因此我们说，非语言传播更具有感染力和吸引力。

▶ 3. 强烈的表现力

有时人的某一动作可以同时表达出几种不同的信息，甚至可以在几秒钟之内表达出此时无声胜有声的特殊功效。例如，一对经历坎坷的夫妇久别重逢时，双方很可能一句话也说不出来，然而他们可能会突然落下热泪或者紧紧拥抱在一起，这时的热泪和拥抱就把各自心中的千言万语于刹那间全部倾诉给对方。可见，这种信息传递、情感表达的迅速性和深刻性是有声语言难以比拟的。

在公共关系的人际传播中，通常是以语言为基本载体的，主要包括口头语言、书面语言和身体语言。在公共关系活动中，公共关系人员经常运用口头语言进行表达，并需要辅以身体语言，如交谈、演讲、谈判活动中的表情、动作、姿势等，都能起到加强表达、渲染气氛的作用。

对公共关系人员来说，非语言传播具有三重意义：其一，非语言传播能帮助公共关系人员表达思想、沟通信息、交流情感，与口头语言表达相配合，有效地进行传播。其二，通过交流双方说话时的表情、动作、姿势、体态，公共关系人员可揣摩对方的心理活动，把握其思想意向，从而以妥当的方式应对。特别是在辩论、谈判等活动中，可以从对方身体的细微表现来判断他是真心实意，还是口是心非；是理直气壮，还是言不由衷、虚张声势，从而采取对策。其三，非语言传播是公共关系人员必须具有的语言修养，可显示公共关系人员的个性、品质和自控力，既代表公共关系人员的个人形象，也代表着公共关系人员所在社会组织的形象。因此，公共关系人员必须正确掌握非语言传播技巧，善于运用身体语言，具备多方面的表达能力。

二、身体语言

身体语言是以身体姿势的变化来传情达意。人们利用颈、肩、胸、腰、臂、腿等部位组合变化而形成多种姿势和体态，以表达丰富复杂的含义。在交际活动中，人们常常以一种姿态到另一种姿态的变化来表现思想的变化从而进行心理暗示，以增强表达的效果。例如，在谈判中，对方突然或一再提出苛刻条件，我方无法接受，又不愿破坏友好关系，即可采取突然背往后靠、双臂环抱的姿势，暗示自己的耐心是有限度的。又如，在演讲、交谈中，讲到紧要之处由坐姿改为站姿，暗示讲话的重要，引起听众或对方的注意。

公共关系人员在掌握和运用姿势语言的过程中，首先要重视的是坐、行、走的基本姿势，以文雅、大方、端庄、自然的姿势和体态出现在公众面前。

（一）坐姿

坐姿可分为严肃型、随意型、半随意型三种。

严肃型坐姿：身体挺直，双腿并拢或略微分开（女性双膝并拢或脚踝交叉）正襟危坐。

随意型坐姿：背靠沙发或坐椅，两手置于沙发或坐椅扶手上，或双手交叉靠在头后，两腿自然落地。

半随意型坐姿：介于前两者之间。

公共关系人员要根据环境来选择坐姿：在谈判、重要会议等隆重场合，宜用严肃型坐姿；在交谈接待、庆典联谊会等场合，宜用半随意型；在非正式场合，交流双方非常熟悉、了解、亲近，才可用随意型坐姿。

（二）站姿

站立的基本姿势是：两腿并拢或与肩同宽，腰背端直，挺胸收腹，双手自然下垂，双目平视。这样的站立姿势显得精神振作、充满自信、庄重沉稳。当然，交际场合不同，公共关系人员的站姿可以不断变化，表现出不同的气势和心理。

三、情态语言

情态语言是运用面部器官等生理功能传情达意的方式。面部是身体语言中最丰富、最复杂的传情区，可以表达愉快、惊奇、恐惧、愤怒、悲伤、厌恶、感兴趣、迷惑不解和刚毅果断等感情。公共关系人员的情态语言主要是目光语和笑容语。

（一）目光语

"眼睛是心灵的窗户"。眼睛是身体语言中最富有魅力的传情器官，从眼神中可以看出恐惧、紧张、愤怒、厌恶、疲倦、烦恼、轻蔑、爱慕等感情。在交际中公共关系人员的目光应传送出友好、理解、尊重的信息。

（二）笑容语

笑容是面部肌肉运动所形成的一种表情。笑是情绪的一种反映。因肌肉的纹路变化不同，笑又分为很多种，有苦笑、傻笑、狂笑、奸笑、佯笑、狞笑等多种情态的笑，表现出人不同的内心世界。在众多的笑态中，以微笑最为神秘，最有魅力。公共关系人员应该经常以微笑作为交际的手段，因为它能使人产生良好的第一印象，使人觉得快乐、成熟、有安全感；微笑能形成融洽的交际气氛，使人感到心灵相通、相近；微笑能表示出对他人的尊重，显得谦虚、随和、礼貌而又自信；微笑能打破交际场合的僵局，它可以缓和矛盾，化干戈为玉帛。因此，公共关系人员在联系工作、洽谈事宜、商讨问题时，应善于运用微笑语。

第四节 公共关系的书面传播

一、书面传播的特点

书面传播是以文字为媒介的传播。书面传播是人类社会信息交流最重要的工具和手段。公共关系活动常常要借助于大众传播媒介来进行，如新闻稿的撰写、广告语的设计、宣传资料的制作等。此外，公共关系的其他一些项目，如礼仪请柬往来、一般文书的起草、通告或通知的编写等，也是一种书面文字传播活动。因此，如何根据书面文字及其传播特点，如何在公共关系活动中，通过书面文字传播取得效果，便成为一个专门研究领域。

书面传播有以下特点。

▶ 1. 书面传播对传播者与受传者的文化要求较高

因为文字的制作和理解相对比较困难，所以书面传播对传播者与受传者的文化要求较高。语言传播是人际交谈的最基本手段，也是人们日常生活所不可缺少的，因此，即便是文盲也很容易借助语言进行信息传播活动。然而，文字的制作及其传播需要有一定的文化基础，文字水平的高低会直接影响书面传播的效果。因此，文字传播者必须具有相当的文化知识，尤其是要熟悉文字、词汇、语法和修辞方面的专门知识。另外，从接受者角度来看，理解文字一般比理解语言困难，首先得识字，而要更准确地了解文字传播的信息，则需要更高的文化修养。

▶ 2. 书面传播的手段比较单一

文字本身只是抽象的符号，书面传播无法借助于具有丰富表现力的表情、动作及音调等因素，这是书面传播的不足之处。

▶ 3. 书面传播可以长期保存

文字可以记录下来、保存起来，甚至可以写成书面材料散发出去，因此文字传播打破时空局限性，可以在较长的时间和较广的空间发生影响，这是书面传播的最大特点。此外，由于书面材料可以长期保存，所以具有正式认可的价值，与语言传播相比，书面传播更具正规性。谈判需要签书面协议，政府或其他社会组织的重大决策需要形成书面文件，就是这个道理。所谓"口说无凭"，就是说明书面传播在长期保存方面的重要性和特殊功能。

二、报纸和杂志

（一）报纸

报纸是世界上最古老、最具有影响力的新闻媒介。它种类繁多，发行量大，在大众传播媒介中运用最广。

▶ 1. 报纸的优点

（1）报纸的信息容量相对比较大。报纸虽然受篇幅的限制，但它种类繁多，可以提供尽可能多的信息。它不但可以报道新闻事件的本身，而且还可以报道新闻事件的背景和详细情节，增加新闻报道的深度和广度。

（2）能给读者自由选择的余地。读者可以根据自己的兴趣、爱好选择其中内容。他既可以详读，也可以略看；既可以快阅，也可以慢赏，甚至有些内容可以不看。报纸还打破了时间限制，可以随时随地拿来阅读。总之，读报者可以自由选择阅读内容和阅读时间，不受限制。

(3) 便于检索和保存。报纸是使用文字传播信息的,而文字本身可以客观地存在。因此,如果读者想长期保存需要的内容,可以剪贴、复印、摘录,作为资料保存下来,以备将来重复阅读或检索。

(4) 费用较低。报纸属于印刷品,制作比较容易,费用不高。

▶ 2. 报纸的不足

(1) 传播信息的速度较慢。报纸必须经过编辑、印刷、发行等环节才能将信息传播出去。无论怎样缩短发行间隔,都无法消除事件发生时间和报道时间上的差距,而电视和广播却可以做到报道和事件的同时性。

(2) 传播信息的形式不够生动。报纸以文字传播为主,不能直观地报道新闻事件,因此缺少感染力。虽然可以在版面上附有图像、照片,但不如电视那样活泼,那样引人入胜。

(3) 对读者的要求较高。一般来说,人们看电视、听广播的兴趣比阅读报纸浓厚。在同样条件下,人们更倾向于电视和广播节目。而且阅读报纸的人必须有一定的文化水平和理解能力,这在一定程度上也限制了报纸的传播范围。

(二) 杂志

作为印刷媒介的杂志为不同读者提供着不同的需要,它不但可以提供给人们新知识与新技能,而且还起着教育和娱乐的作用。

▶ 1. 杂志的优点

(1) 杂志所拥有的恒久性是其他媒介所无法比拟的。杂志尽管在信息传递时间上无法与电视、广播甚至报纸相比较,但电视、广播是瞬时的,报纸又限于篇幅,对事情的分析缺乏系统性。书籍虽有恒久性,但在编写时间上比杂志要慢。而杂志在设计、内容、印刷等方面具有较强的伸缩性,它既可以做得像书籍一样考究,也可以制作得简单一点,供人们重新装订、保存和查阅。

(2) 除书籍外,杂志是最有深度的传播媒介。杂志可将事情的前因后果原原本本地传达给读者。尤其是专业性杂志,可以提供或传达最新的专业知识和见解。

(3) 杂志既具有印刷媒介的特点,又具有专业化的功能。印刷媒介的优点是可以随心所欲地阅读其中的内容,既可重复阅读,也可选择性地阅读。综合性杂志可以给人提供多方面最新的知识,并且兼有娱乐、消遣的功能。科技杂志则向人们提供最新的发明和发现。总之,有些办得好的杂志,以其严肃性和权威性受到人们的信任和好评。

▶ 2. 杂志的不足

杂志的不足之处与报纸基本相同。

三、其他印刷媒介

除报纸和杂志外,印刷媒介还包括公共关系简报、传单、海报、广告等。

公共关系简报是一种定期出版的综合性文书,它经过良好的设计,用简明的词语及时把社会动态、本组织的经营成果和企业文化反映出来。

海报是一种用于公开张贴的就某件事情向公众报告的通知，适用于开放性质的"事件"，也就是知道的人数越多越好。

第五节 公共关系的电子传播

一、电子传播的特点

电子传播主要指以电波形式传播声音、文字、图像，运用专门的电器设备来发送和接受信息的广播、电视、网络等。因为电子传播是以电波作为信息载体，所以它具有传播迅速的优点。

电子传播的特征如下。

▶ 1. 时效性强

电子运行速度和光速一样快，再加上它能穿山越洋，因此，电子传播具有最好的时效性。例如，利用计算机联网，可以把上海、深圳的股市行情同时传播到各联网城市。

▶ 2. 远距离传播

电子信息通过电波可以进行远距离的传播，不受时空的限制，不受气候的影响，即使与事件的发生地点相隔遥远，信息的报道也能做到同步进行。

二、广播、电视和网络

(一) 广播

广播是我国最普及、最方便、最实惠的大众传播媒介。晶体管的发明，使收音机具有轻巧灵便、使用寿命长的优点。人们可随时随地利用收音机收听音乐、气象、新闻、广告等，甚至在工作的同时也可以收听广播。

▶ 1. 广播的优点

(1) 传播迅速、覆盖面广。广播是以电波作为信息载体，传播速度非常迅速，信息发出后即可为听众所接受，在时间上具有播放的同时性。由于广播覆盖面广，拥有的听众人数极多，影响非常广泛。

(2) 具有较强的感染力和说服力。广播是以语言和音响的形式进行传播的，在传播过程中除了向听众传递信息外，还能够利用语调的喜怒哀乐和声音的抑扬顿挫表达感情、渲染气氛，以打动听众。而且广播还可以进行现场直播，其感染力和说服力明显强于报纸和杂志。

(3) 具有主动"进攻"性。广播在传播信息的过程中，可以主动向听众"进攻"，只要打开收音机或扩音设备，声音就会主动侵入人的耳朵里，使人无法抗拒。

(4) 无独占性。一般在看报纸或杂志时必须要专心致志，才能领会其中内容，但听广播时，人们却可以同时从事一些其他的工作。广播这种无独占性的特点是其他传媒所不具备的。

(5) 听众面广，易听懂。广播是以声音而不是以文字为媒介，而且使用的词汇多口语化，通俗易懂。所以不论听众文化水平高低，一般都可以了解其内容。

▶ 2. 广播的不足

(1) 受时间的限制。广播节目播放有固定时间安排，听众不能随意选择，不如看报纸杂志那样灵活。而且广播的传播速度很快，稍纵即逝，一旦有听不清楚的地方，难以再听第二遍。

(2) 不能简略。在听广播时，要了解某一信息，必须按播音顺序来听，往往需要听完或至少要听完大部分后，才能做到全面了解。这就不如报纸、杂志方便。

(3) 信息不易保存。广播的传播速度快，即便使用录音设备也难以对信息进行保存。

此外，广播没有图像，不能展现图像和画面，在这方面不如电视。

(二) 电视

电视是一种现代化的传播媒介，也是一种非常受欢迎的传播媒介。电视是由文字、声音、图像和色彩等多方面功能相结合的技术。电视不但能在视觉和速度上满足公众的需要，亦能提供逼真的现场情景，同时给人们带来视觉与听觉的双重感受。电视媒介所占的优势非其他媒介所能比拟，因此，电视能在短短的几十年内迅速发展起来，而且拥有比报纸还要多的公众。

▶ 1. 电视的优点

(1) 生动形象。电视是一种综合性传播媒介，它兼具文字、音响、图画和色彩等多方面的功能。因此，它传播的信息生动形象，不仅可以使观众兼收声、色、美和视听之妙，而且能给人们一种身临其境的真实感，引发人们的爱好，从而给人们留下深刻的印象。

(2) 传播速度快、范围广。电视与广播一样，都是以电波作为信息载体，所以它的传播速度也是非常迅速，在时间上具有传播的同时性。电视已普及到千家万户，拥有数量庞大的观众。人们在业余时间收看丰富多彩、妙趣横生的电视节目，很容易受到感染，引起共鸣。因此，电视的影响范围广，能掀起巨大的社会舆论。

(3) 不受文化水平限制。电视传播以视听为主，具有大众性、易懂性，不论人们的文化水平高低，都可以看懂。

电视在今天已经成为人类生活的一部分，它提供了快速的传播服务，增长了大众的知识。当然，电视也有其副作用，尤其是商业电视。

▶ 2. 电视的不足

(1) 观众选择的余地小。电视节目播放的时间和内容是固定的，虽然也可以临时增减或更换内容，但总体来说，观众处于被动地位，不能像看报纸、杂志那样随心所欲地进行选择。

(2) 不便于保留信息。电视和广播一样传播速度快，没有记录性，不便于保留和查找。

(3) 耗时费资。电视占据人们太多的时间，容易使人们成为电视的俘虏。此外，电视节目制作时间长、成本高，播放、接收设备的费用也很昂贵。

(三) 网络

网络给现代社会生活带来了全新的面貌，也给我们的公共关系活动提供了一个新的活动阵地，使得公共关系主体可以通过网络论坛、邮件清单、新闻组等中介场所与公众进行交流和沟通。可以说，网络的运用使得现代公共关系有了不同于传统公共关系的新特点。

▶ 1. 互动互通性强

因为网络具有互动互通的特性，使得信息的交互性大大增强，从而使网上公关主体拥有了传统公共关系(指通过报纸、杂志、广播、电视等传统新闻传播形式进行的公共关系)中所没有的主动性，使组织在网上开展公共关系活动的每一个环节都能发挥主动作用。与传统公关相比，这一特征是网络公关更具优势的根本原因。

在传统的新闻传播中，编辑、记者、导演等人往往充当了"守门人"的角色，他们决定某一组织的新闻、消息是否能见诸报纸、杂志或电视，他们甚至还决定这则消息的表达风格和隐含内容等。与传统新闻传播的这种局限性相比，网络使组织可直接面向公众发布新闻而不需要其他媒体为中介成为可能，这是一个极为重要的革命。这项革命克服了传统传播中存在的消极的人为因素，使组织能有效地掌握公共关系的主动权，能对公众产生直接影响。

同时，网络即时互动的特性使网上公关还具有创建组织和公众间"一对一"关系的优势，增加了组织和公众间的直接交流与沟通，使组织能及时、充分地接收公众的反馈信息，了解公众的个性化需求，把握公众对组织的评价，维护公众和组织的良好关系，从而提高公关活动的实效性。

▶ 2. 即时性强

网络信息传播的高速度使得组织的公共关系活动具有即时性的特点。传统传播媒介有一定的发行周期，而在网上可以全天 24 小时随时发布消息，且可随着形势的发展随时更新消息，公众也可以全天候不限时地进行点击。网络的这种特点对组织公关活动的开展既是机会又是挑战，组织有机会随时发布消息，但也使公关工作的节奏大大加快，一些不利于组织形象的负面信息可能在几分钟之内就传遍世界各地，这就需要公关人员同样利用网络的即时性对事件进行及时有效的处理。

▶ 3. 广延性强

网络的全球互联性使得网络公共关系在空间上拥有了传统公共关系所没有的广延性，组织公关活动的受众无限扩大，全世界的上网公众都有可能接收到组织在网上发布的新闻，克服了传统公共关系活动在地区上的限制。同时，网络给组织的公共关系活动提供了无比广泛的活动空间，组织可以通过网络论坛、当地电子公告板(BBS)、新闻组、网络会议、网络广播台及节目、网络电视等各种形式向公众发布新闻或开展其他公共关系活动，从而扩大了组织的活动范围。

三、微信

微信以其零资费、功能多、种类全、方便快捷等优势迅速地获得了广大用户的好评，它的病毒式的传播特性扩展着其用户群，实时交互信息的能力使得用户之间的距离变得更近，微信用户群以一种前所未有的速度增长，是亚洲地区最大用户群体的移动即时通信软件。

（一）传播特性

▶ 1. 病毒式的用户推广

通过手机通信录添加好友或与腾讯QQ软件绑定是微信用户注册登录的主要途径，这两种方式都给微信用户们提供了先天的优势，即无论是手机通信录还是腾讯QQ软件，用户们都拥有广阔的交友圈，用户登录微信时就有了大量的好友，用户在使用微信时，可以利用微信的功能，迅速传递给好友。

微信利用病毒式推广方式，使得用户在网络上形成自发传播的推广方式，通过用户与用户之间的传播，让传播数量呈几何倍数地增长。

▶ 2. 交互跟随性

微信是一款基于智能手机的移动通信软件，随着移动通信技术的发展和智能手机的普及，手机不离身成了当今社会的真实写照。随手拍美景、拍美食、拍新闻等成了全民记者的生动体现。移动网络的覆盖为微信的信息传递提供了保证与支持；微信的图片、语音、视频等上传功能为信息的迅速传播提供了功能支持；微信的好友交流、实时传递功能又为微信内容的即时传播提供了渠道保证。这就使得微信内容在极短的时间内实现交互跟随性。

（二）传播模式

▶ 1. 自媒体传播

自媒体是指为个体提供信息生产、积累、共享，传播内容兼具私密性和公开性的信息传播方式。它由传统的点对面传播发展为点对点传播。如今，媒体的定义早已广泛化，只要你拥有信息，拥有内容，借助微信，你自己就可以成为一个信息平台，成为一个媒体。平民化是自媒体传播的一个重要表现，只要你愿意就可以成为信息传递过程中的参与者、传播者。

▶ 2. 群体传播

群体传播也被称为小团体传播，其传播范围介于人际传播与组织传播之间。每一位成员拥有相对平等的社会地位、分享相对平均的传播资源，每个小组成员均可以充分发表自己的意见，并能够体现在最后的决策中。

微信是基于手机通信录或绑定腾讯QQ软件获取好友的移动通信软件，用户可以通过语音聊天室和一群人语音对讲；用户使用朋友圈可以跟朋友们分享生活点滴；用户可以通过扫描二维码，加入群聊。微信的这些功能都为用户们的小团体传播提供了便利。

群体传播的内容具有高度的相关性，即传播的内容与小组的每个成员都息息相关。例如，用户使用微信可以将与群体内各成员的利益高度契合的内容发到微信上，群体成员可以通过语音聊天、分享评论等方式参与到互动中。

3. 大众传播

大众传播是指媒介组织生产信息并将其传播给广大受众的过程，也是指受众寻求、利用、理解、影响这些信息的过程。大众传播具有公开性、非强制性、单向性等特点。传统的大众传播媒介主要包括书籍、报纸、杂志、广播、电视台、互联网等，微信公共平台的出现为大众传播媒介提供了一种新的形式。通过微信公众平台，名人、政府、企业、媒体等机构或个人用户可以对自己的粉丝进行分组管理，通过消息发送、素材管理和实时交流等渠道将品牌推广给微信用户，减少宣传成本，提高品牌知名度，打造更具影响力的品牌形象。

（三）微信传播的正负效应

1. 传递信息

传递信息是大众传播的最主要的功能。在知识经济时代，人们改变了信息的传播过程只是单向地由传播媒介向受众传输的观念，信息传播过程是传播者与受众之间信息互通和信息共享的过程。传播媒介在社会生活中发挥着组织、协调、沟通和监督的作用。传播媒介与受众之间相互影响、相互作用，共同完成信息的传播、交流、互通等过程。

2. 休闲娱乐

随着社会生产力的发展，人民的生活水平与文化水平得到了长足的发展，人们有了更多的时间用来享受生活。微信的推广与发展既为用户提供了休闲娱乐的技术支持，又为用户参与休闲娱乐提供了广阔空间。微信平台可以传输视频、上传图片、实时对讲等，这些都满足了自媒体时代用户传播信息的心理需求，同时也使得用户的娱乐生活更加丰富多彩。用户之间可以通过摇一摇与陌生人之间建立联系，带有各种心愿的漂流瓶还可以将心语传递给远方的有缘人，这些都满足了用户的娱乐心理诉求，增强了社交的可能性与主动性，有效地拉近了用户之间的距离。同时，也为微信的进一步发展奠定了良好的口碑与广阔的用户群基础。

3. 伦理约束力

微信的推广与发展给广大用户提供了极大的通信、休闲娱乐的便利，但是由于监管不到位、用户使用微信心态等媒介素养缺乏培养的问题也给用户带来极大的不便。随着微信的蓬勃发展，利用微信犯罪的案件也呈逐步上升的趋势。犯罪主体主要是年轻人，他们利用微信可以约陌生人的功能实现与受害者的联系，有的案件使受害者钱财受损，有的则给受害者带来了终身的遗憾。上述部分用户利用微信获取受害人信息，进而犯罪，这在一定程度上也说明了整体性的伦理约束力量跟不上技术对个人化的支持。

摇一摇、漂流瓶、定位等功能是微信最主要的陌生人交流平台，微信在提供了这些基础服务的同时也应该在用户使用该功能时做些善意的提醒，这不仅是出于伦理道德的层面对运营商的要求，更是从法律的层面上对其做出的政策性指导。

4. 传播倾向庸俗化

传播形式不断丰富，传播内容的精神意义明显削弱。大众传播中为了提高用户的阅读、观看兴趣，众多的传播内容显得通俗化、游戏化，利用媒体对受众进行精神麻痹，影响人们的思考能力，这就使一些原本应该庄严、崇高的精神意义大大弱化。

微信作为一款手机即时通信软件，本身没有高雅与庸俗之分，探讨微信的传播特色也要将其置于大众传播的大环境下，分析其传播过程遵循了怎样的网络伦理规范。

微信的多种传播模式满足了不同群体之间的交流与沟通需求，同时还满足了同一群体之间的交流与沟通需求，这就不断强化了用户与客户端间的黏性，使用户成为其忠实粉丝。微信的社会功能总体来说是积极、有益的，为用户提供了信息和娱乐平台，改变了人们传统的交流方式与获取信息的途径。

四、其他电子传媒

除广播、电视、网络以外，电子传媒还包括录音录像、电影和幻灯片等。其中，新闻记录电影也是大众传播和公共关系活动的重要手段之一。

第六节 图像和标识

图像和标识也是公共关系活动的常用媒介，其中包括摄影与图片、商标与装潢等。

从古到今，图画中就蕴含着许多真理，当今社会尤以视觉为主导。因此，众多的公共关系刊物都以摄影或其他图形为主要宣传方式。

图像和标识所提供的信息比语言和文字更直观、更可靠，因此，也更能打动公众。文字和语言是用来描述客观事物的，生动的语言和文字能够活灵活现地表现各种客观事物的各种特征。但从公众的角度考虑，公众一般更希望看到社会组织的真实面貌，而并不希望仅仅通过文字和语言来了解社会组织及其产品。因此，图像传播就显得更真实一些。

图像展现在公众面前的是多种手段综合组成的生动丰富的真实形象。因此，图像传播比语言和文字传播更能吸引公众。图像传播并不是简单的图片阅览，通常都要营造和烘托气氛，如产品的装潢等辅助装饰，这样对公众就更具吸引力。

一、图像

照片作为图像的一种，一方面可以发挥传播媒介自身应有的作用；另一方面新闻稿件配以照片，更有可能被新闻单位采用。对于新闻报道而言，照片可以是一种装饰性补充，用来支持和帮助对文字的理解，甚至在有些情况下，照片与文字具有同等的作用。大多数公众对照片都非常信任，认为照片所反映的内容更真实、可靠。

在公共关系工作中使用照片，一是为了迅速沟通信息；二是为了引起公众的注意而又不使公众明显察觉出拍照人所持的立场；三是为抽象概念提供形象化的具体例证，如市场接受力、领导风格、现代化制作技术、动态管理等。抽象概念配以反映具体事例的照片更易为公众理解。

照片和说明文字经过精心选择，它们相互协调、相得益彰，其整体效果远远大于它们单独出现的效果。

在公共关系工作中，一般都是讲求实效的，一切公共关系媒介都服从于沟通这一神圣使命，图像自然也是如此。图像的选用至少应是对文字内容的一种补充，较理想的效果是使文字内容得到进一步扩充和升华。

计算机作图已成为潮流，计算机对图像处理的过程之快、功能之多，也是无与伦比的。在广告宣传和公共关系活动中，计算机作图的优势更是得以体现。随着计算机制图艺术的不断普及，计算机作图势必还会得到更多、更广泛的应用。

二、标识系列

标识系列主要是指组织及其产品的名称、招牌、徽记或标志、商标、包装、建筑物，以及人员的装束、用品上的代表色等。标识系列通过特殊文字、图像、色彩的设计，向公众提供本组织及产品的特殊信息，以区别于其他的组织和产品。标识系列作为本组织及产品独特的形象标志，是组织的有机组成部分，具有特殊的传播功能。

第七节 传播的效果

传播的效果是指传播活动对传播对象的实际影响、实际作用，以及传播对象的具体反应。传播效果是一个很复杂的问题，它涉及传播理论，受传者的情感、态度、行为等各个方面。

一、传播效果的理论

（一）无限论

传播效果无限论（也称枪弹论）认为大众传播所传递的信息，就像枪弹一样，威力无比，即可通过大众传播媒介轻而易举地改变社会公众的立场、观念，并操纵他们的态度和行为。实践证明，这种论点是脱离实际的，不是科学的传播效果理论。

（二）有限论

传播效果有限论认为，在大多数情况下，传播对象的固有观念不会轻易被传播信息所左右，这是因为：第一，受传者面对大量传播信息，总愿意接受与自己固有观念一致的或自己关心、需要的信息，尽力回避与自己观念相抵触或不感兴趣的信息，这叫作选择性接受和理解；第二，受传者只容易记住自己喜欢或愿意记住的信息，而极易忘却那些自己不喜欢的事物，这叫作选择性记忆。当然，对受传者的反复长期宣传，也可改变受传者的固有观念。因此，传播效果是有限的和潜移默化的，是需要公共关系人员长期努力的。

二、传播效果的评估

对公共关系传播活动进行科学的总结和评估，是公共关系活动中一项非常重要的工作。

（一）效果评估标准

对公共关系传播的评估必须有一定的标准。评估标准的确立决定了评估结果是否科学，是否符合实际。现行的效果评估标准包括以下内容。

▶ 1. 了解信息的公众数量

公共关系活动的目的之一是增加目标公众对组织信息的认识、了解和理解。公众在没有了解或不完全了解组织的情况下，就会影响到他们对组织的看法和行为。要评价公众在公共关系传播活动中了解到了什么，公众所掌握的有关组织的情况是否通过传播得到了新的补充，就要对公共关系传播活动前后对组织的认识、了解和理解等变量进行比较。使其数据既可在同一组公众中进行重复测验，也可分组进行对比测验。

▶ 2. 改变观点态度的公众数量

改变观点、态度的公众数量，这是评估传播效果的一个高层次的标准。因为态度所涉及的范围广，内容丰富而复杂，而且不容易在短时间内发生变化。评价公众的态度，要根据一段时期内所有有关问题的立场和观点，而不能仅凭一时一事判定一个人的态度发生变化与否。

▶ 3. 发生期望行为的公众数量的改变

人们行为的改变受到多种因素的影响，行为发生变化的人们在行为发生变化之前，一定接受了某些信息或在某方面被说服了。在掌握了发生期望行为的公众数量之后，还应注意了解重复期望行为的公众数量。评估一项公共关系传播活动改变人们行为取得的效果，需要长时间的观察，并取得足以说明人们行为调整后不断重复与维持期望行为的有力证据。

（二）效果评估的方法

传播效果的评估方法有三种。

▶ 1. 组织内部成员自我评估法

组织内部成员自我评估法是公共关系人员请组织内部参加这次传播活动的人员自己评定对这次传播活动的效果是否满意。这种评定方法的缺点是，有可能产生不真实的测量结果。

▶ 2. 专家评估法

专家评估法是由组织聘请公共关系和有关方面的专家来审定公共关系传播效果，对开展公共关系活动的对象进行调查，与公共关系人员及公众交换意见，最后撰写出评估报告，鉴定公共关系传播活动的成效。专家评估法的价值完全取决于专家是否具备专业的知识，因此，采用专家评定法时，一定要聘请知识丰富，熟悉本组织情况的公共关系专家。

▶ 3. 公关人员评估法

公关人员评估法是指由公共关系人员经常对公共关系计划实施的效果进行评估。这种评估能够及时地利用实施过程中的实际情况对组织该项活动的影响效果进行判断。这种方法的缺点是公关人员对其实施的计划可能会尽量隐恶扬善，会对公共关系传播效果的真实性有所影响。

在进行效果评估时，应注意每项公共关系传播活动的开展总是处于一定的社会环境之中，它所产生的影响可能是传播本身引起的，也可能是与其他社会因素相互作用引起的。科学的效果评估，应尽量排除传播活动以外的因素，以显示出公共关系传播活动真正的影响力。

| 思考题 |

1. 为什么说传播是连接公共关系主体与客体的桥梁？
2. 传播的主要方式有哪些？
3. 目前最主要的传播媒介是什么？
4. 微信传播有什么特点？
5. 如何对传播效果进行评估？
6. 传播模式主要有哪几种？

第六章 公共关系的主要职能

> **学习目标**
> 1. 掌握组织形象的构成要素、协调沟通的方法和内容。
> 2. 熟悉咨询建议的内容。
> 3. 了解如何对内、对外进行教育引导。

公共关系以树立社会组织的良好形象为工作目标，围绕这一目标所开展的具体活动和工作，便形成了它的职能范围。它是指在一定的社会经济条件下，社会组织及其成员对整个社会所担负的职责和所发挥的最基本的功能。公共关系之所以越来越受到各界管理者的重视，主要是由于它在现代管理中有多方面的职能。

公共关系的职能广泛而复杂，概括地说，主要包括以下几个方面：第一，收集信息，监测环境；第二，树立组织形象，建立社会信誉；第三，协调沟通，争取相互谅解；第四，咨询建议，参与组织决策；第五，教育引导，服务社会；第六，推动业务，全面增进效益。

第一节 收集信息，监测环境

公共关系信息是指组织在开展公共关系活动中，为了塑造自身良好的形象、全面推进各项工作的开展，以取得预期的成果而收集、整理、传播、应用的各种信息。随着现代信息技术和信息产业的迅速发展，信息的收集和应用已经渗透到社会生活的各个方面。同时，信息量的急剧增加也促使商品经济以前所未有的速度向前发展，造成了组织之间异乎寻常的竞争。信息就是金钱，信息就是资源，信息就是效益。信息就是我们这个时代整个社会运动存续的"血液"，是每一个组织运转的生命线。一个组织是否能够及时、准确和大量地收集有关信息，是决定其生死兴衰的主要因素。

一、采集信息

现代社会组织的生存和发展离不开信息，信息是组织机体运动存续的"血液"，也构成了组织发展的环境。组织的公共关系无疑具有收集信息的功能。只有及时收集与组织发展有关的信息，对组织的环境变化做出科学的评价和预测，使组织管理者和员工对环境保持清醒的认识和敏锐的感觉，才能合理地制定和执行组织的目标。组织公共关系工作的活动周期一般都是从收集信息开始的。

（一）公共关系信息的特点

组织的管理工作所需信息是多方面的。组织的许多职能部门其实也都在收集和处理大量的信息，公共关系信息具有以下几个特点。

▶ 1. 综合性

公共关系信息最大的特点是综合性，它综合了社会生活的各个方面，如经济趋势、政治动态、外交格局、战场风云、流行时尚、公众心理等，从而形成了公共关系独特的信息系统。组织的生产经营活动需要大量信息，作为一项塑造组织形象的活动，组织公共关系收集的主要是与组织形象有关的信息，一般包括产品形象信息、组织形象信息、公众需求信息、有关公众的信息、社会舆论对组织的反映和评价，以及其他有关信息。

▶ 2. 零次性

公共关系信息通常并不集中，而且没有固定载体，报纸社论、广播新闻、电视采访、专题简报、会议发言、顾客投诉以至街谈巷议，都可能包含对组织有用的信息，都需要纳入公共关系的信息系统中。这就要求公共关系工作人员善于捕捉、发现，从平凡的事件中、零散的文字中去收集信息。

▶ 3. 隐蔽性

公共关系信息一般不能像财务信息、工程信息那样可以用精确的数字或图表表示出来，只能曲折、隐蔽地显示某一种趋势或趋势的转折。例如，职工对领导的不满不一定表现为顶撞领导，有时可能表现为不遵守纪律或消极怠工。因此，收集信息时不要为表面现象所迷惑，有时需要进行多方面深入地了解，透过现象看本质。

（二）组织公共关系信息的内容

组织所面对的信息极其广泛，从公共关系的角度来看，下列信息要优先收集。

▶ 1. 组织公众的需求信息

公众需求是组织生存和发展的依据和动力，也是公众利益和兴趣之所在，是公众态度和意见的基本出发点。组织要与公众建立良好的关系，不了解公众的需求是难以成功的，只有重视并尽可能地满足公众的需求，才能赢得公众。组织公众的需求有目前需求和将来需求，收集并满足公众的目前需求是组织的责任和义务。收集、预测公众的将来需求，组织才能开发新的服务项目，增加竞争力。目前许多组织都预测到它未来20年或更长的时间里消费者的需求变化，并以此提出相应的对策。

2. 组织形象的信息

社会组织作为公共关系的主体，它在公众心目中的形象将影响其自身的发展，甚至决定组织的兴衰存亡，公共关系人员应采集的组织形象信息应是综合性的、全方位的。

公众对组织在运行中所显示的行为特征和精神面貌的反应就是组织形象信息。组织公共关系的目标之一是建立组织的良好形象，因此，组织形象信息的采集是公共关系活动过程的重要环节。组织的形象信息包括以下内容。

（1）公众对组织机构状况的看法和评价的信息，包括机构的管理体制、领导水平、工作能力、工作效率等方面。

（2）公众对组织管理水平评价的信息。组织的管理水平高低如生产管理、人事管理、制度规定等方面直接决定产品和服务的质量，决定组织的发展。

（3）公众对组织人员素质评价的信息。组织人员包括领导及各类工作人员，他们的素质体现在多个方面，如文化程度、道德修养、工作能力、服务态度等。他们的素质高低决定了其在工作中表现的好坏。

（4）公众对组织服务质量评价的信息，包括公众对组织服务态度、售后服务水平、咨询建议态度，以及对用户责任感等方面满意程度的信息。

（5）公众对组织的整体评价信息。组织的内外部公众通过与组织的接触、交往，会对组织形成一定的看法、评价，如组织机构设置是否合理，组织的决策是否符合社会需要，组织内部分工是否合理，领导者或管理者的能力、威望、德行、知识、创新意识、用人水平怎样，组织的一般工作人员的素质、工作态度、团队合作精神怎样，组织服务水平、办事效率、工作作风怎样，组织的外在形象怎样，等等。在此基础上，公众形成他们对组织的态度。

（6）组织的产品和服务评价的信息。公众对产品和服务的评价是多方面的，如产品和服务的价格、性能、质量、用途、包装、售后服务等。产品和服务评价信息是组织生存和发展的关键。收集这方面的信息，能帮助组织了解市场变化和公众的意见，及时改进产品和服务。

产品形象是组织实现自己目标的关键。如果一个组织的产品名誉扫地，那么也就意味着它已经到了山穷水尽的地步。社会组织的多种多样决定了它的产品也是形形色色的，例如，消费品是企业的产品，学生是学校的产品，政策、法规是政府的产品，等等。无论哪种组织的哪类产品，如果没有好的形象就没有社会需求，组织就难以生存下去。如果有好的形象，就会受到社会的欢迎，组织就有发展扩大的后劲和动力。在公众心目中，产品的质量是影响产品形象的第一因素，同时，产品的设计、功能、包装、商标、品牌、价格等方面也不同程度地影响产品的形象。公共关系人员要时刻注意公众对产品各方面的反映，广泛收集各类公众的信息，以便组织制定正确的策略和采取有效的措施，完善产品形象。

3. 组织外部环境信息

组织生存在社会大环境中，收集社会环境及其变化的信息是组织公共关系的重要内容。这些信息包括社会的经济发展状况、政治生活氛围、国民素质状况、社会文化心理、国际环境变化等。组织应根据外部环境的变化调整自己的战略和策略。

4. 其他各方面信息

公共关系人员除了大量收集以上各方面的信息给组织决策部门外,还要注意收集政府部门信息,掌握国家各项方针、政策、法律、法规及其对组织的影响;收集竞争对手信息,掌握竞争对手的历史、现状、生产技术水平、销售状况等,做到知己知彼,百战不殆;收集市场信息,掌握本组织产品的市场占有率、发展前景、消费者需求状况等。

总体来看,公共关系人员应为组织广泛收集信息,通过去粗取精,去伪存真,加工处理,及时为组织提供真实可信的情报。

(三) 信息的采集与处理

1. 信息的采集

信息的采集方式有直接采集和间接采集两种。

(1) 直接采集是指组织及其公关人员通过调查、走访、听取汇报、接待来访、专线电话、协商对话等途径直接收集所需信息,以求了解最新情况,掌握第一手材料,及时解决问题。直接采集信息的方式有很多优点:信息交流迅速,信息内容丰富、生动,信息失真率小,直接采集信息本身就是一种与公众沟通的手段,有利于融洽关系。但是,直接采集信息的对象一般不广,典型性和代表性不足,耗费时间、精力、财力较大。

(2) 间接收集是指组织公关人员通过大众传媒、简报、情况综述、内参、人际传播等途径收集经过处理的第二手信息资料的方法。间接收集的主要途径是大众传媒。间接收集方式收集的信息面广、量大、接收率高,但由于受沟通主体自身的经验、阅历、理解表达能力的限制,信息内容容易受沟通主体的主观意志影响,失真的可能性较大。

2. 信息的处理

信息的处理是一个复杂而又十分重要的过程。这一过程主要包括以下步骤。

(1) 选择。面对纷繁复杂、真伪并存的信息,组织及其公共关系人员依据一定的标准进行选择、取舍,以免信息过量影响决策。

(2) 归类。按一定的标准,如时间、空间、事件、问题、目的、要求等对信息进行梳理、归类,以便进一步分析。

(3) 比较。通过对信息进行分析,得出信息的真伪、主次、信息价值的大小、信息之间的内在联系,从而使信息选择更为准确。

(4) 综合。在分类、比较的基础上,站在一定高度分析信息,得出信息的整体价值。

(5) 研究。对信息进行深入的分析,从信息材料中得出新的见解,提出新的方案,为决策提供参考。

(6) 编写存档。将信息及结论汇总、编写成册,作为历史材料保存,并供随时查阅。

(四) 采集信息应注意的问题

信息的采集应当讲究策略和方法,而且必须通过各种有效渠道并运用各种传播媒介,同时还要注意以下问题。

(1) 应当重视公众的反应。

(2) 重视新闻媒介的社会舆论。
(3) 政府有关部门和上级主管部门以及同行的意见也十分重要。
(4) 内部公众的各种意见同样需要认真听取。

只有这样，采集的信息才是比较全面、可信、有用的，尤其要重视公众对社会组织的各种建议和批评，特别是要注意捕捉那些看似微不足道的批评社会组织的街谈巷议。

二、监测环境

所谓监测环境就是通过对信息资源的把握，对公共关系的主体和客体的行为态度做出监视和预测。它是通过对信息的采集、处理和反馈来发挥作用的，具体地讲，监测环境可以分为对内监测和对外监测两个方面。

（一）对内监测

对内监测是指公共关系对其主体的监测功能，它通过不断的信息采集、处理和反馈，掌握组织内部和外部的各种变化和最新信息，对组织的状态和组织目标实现的可行性进行监测。

对内监测需要采集和处理组织内部和外部公众两方面的信息。采集内部公众方面的信息可以发挥其监测组织运行状态的作用；采集外部公众方面的信息则可以发挥预测组织运行发展趋势和组织目标实现的可能性的作用。因此，只有同时注意采集组织内部和外部公众两个方面的信息，公共关系的对内监测功能才能充分发挥。

（二）对外监测

对外监测是指公共关系对其客体即公众对组织的态度的监测功能，它通过各种传播媒介不断把握与组织有关的社会信息，以监测和预测公众的态度及其变化方向，其目的是使组织在运行过程中，能预先采取必要的对策，以防止当公众意向发生变化时出现心中无数、束手无策的局面。

第二节 树立组织形象，建立社会信誉

"形象"一词的本意是指人或物的形体、相貌、外观。组织形象是公众对社会组织的总体评价，是社会组织的特征与表现在公众心目中的反映。

一、树立组织形象

在现代社会，组织形象是一个十分重要的问题。有了良好的组织形象，就能赢得公众的理解和支持，就能增强组织的凝聚力，组织的目标就能够顺利实现。

组织形象是主客体的统一。首先，公众对组织的印象不是凭空产生的，而是源于组织的表现和具体实践，是组织的客观存在；其次，组织形象的评定者是公众，公众的价值观、思维方式、主观喜好都影响对组织形象的评价。因此，一个组织在不同的公众心目中会有不同的形象。

(一)组织形象的构成

组织形象的构成包括两个方面：一是组织的内在特征和风格；二是组织的外在特征和风格。

▶ 1. 组织的内在特征和风格

组织的内在特征和风格是组织在运行中所表现出来的基本态度、办事风格、服务质量和水平等。具体来说，包括以下几方面。

(1)组织提供服务的质量和水平。这是组织形象的重要支柱，组织只有向公众提供优质的服务，才能赢得公众的认同和信赖。

(2)组织的精神和理念。这是组织的灵魂，它决定组织在运行过程中的其他方面的表现。

(3)组织的管理制度和凝聚力，即组织内部有一套科学合理的制度和运行机制，员工有较强的归属感和团队精神。

(4)组织的实力，包括组织的社会地位、资金和人才等方面的实力。

(5)组织的办事风格和效率，即组织及其工作人员处理业务的态度、作风、方法、效率等。

▶ 2. 组织的外在特征和风格

组织的外在特征和风格是组织向公众所展现的外观形象，如组织的标志、标准字体、标准色、象征图形、组织造型等视觉符号，组织的建筑物，组织的卫生环境美化状况，组织的员工仪表、精神面貌，组织对外的办公用品及标识等。组织的外在特征可以使人一目了然，容易在公众中形成鲜明的形象。

外在特征和风格与内在特征和风格构成组织的总体特征和风格，即组织的形象。内在特征和风格是组织形象的支柱和根本，决定了外在特征和风格的取向，但它比较含蓄。外在特征和风格是内在特征和风格的直接表现，很直观，易形成第一印象，可以使公众迅速了解组织的特色。如果一个组织的内在特征和风格与外在特征和风格相一致，且两者都处于较高的水平，那么这个组织的形象一定很好。如果内在特征和风格与外在特征和风格不相一致，组织的形象就会表现出一定程度的不平衡性，形象就不够完美。有的组织只重视内在特征和风格而忽视外在特征和风格的塑造和建立，那么组织要赢得公众就要付出更多的努力，甚至可能因为外在特征和风格的不完善而导致公众对组织的全面否定。相反，有的组织不注重内在特征和风格而大肆做外包装，想以此来吸引公众注意，这样做可能一时奏效，但终究不能持久，最终会失去公众对它的信任。因此，在塑造组织形象时应处理好内在特征和风格与外在特征和风格的关系，做到两者兼顾。

(二)组织形象的意义

▶ 1. 良好的组织形象是一笔巨大的无形资产

有人说，形象是继人、财、物、信息之后组织的第五大资源。良好的组织形象有利于维护组织的信誉，良好的组织形象有利于进一步实现产品和服务的附加值，即组织形象是影响产品和服务品牌的重要因素。良好的组织形象有利于拓宽组织的生存空间。

2. 良好的组织形象是组织竞争的锐利武器

良好的组织形象能增强组织的人才竞争优势，增强投资者、捐款人的信心，赢得公众的信赖。20世纪90年代美国哈佛商学院的汉斯教授曾说："过去各公司在价格上进行竞争，今天在质量上进行竞争，明天将在形象上竞争。"果然，形象的竞争成为当今各种组织竞争的主题，而且竞争几乎达到白热化，组织形象的竞争日益激烈。

3. 良好的组织形象是协调内外关系的纽带

良好的组织形象有利于改善和加强组织与社会公众的关系，有利于发挥员工的主人翁精神。

（三）组织形象的分类

组织形象按不同的分类方式划分，可以分为单项形象和整体形象；实际形象和期望形象；有形形象和无形形象。

1. 单项形象和整体形象

单项形象是针对组织形象的某一个方面，组织所留给公众的印象，如某组织的优质产品或良好的服务态度等。组织的单项形象是组织改善自我形象的切入点，是构成组织整体形象的基础。

整体形象是由各个单项形象构成的，组织呈现在公众面前的总体形象。良好的组织整体形象是现代组织的一种无形资产，它与组织的资金、技术和人才并列，是当代管理的"四大支柱"。评价组织整体形象最基本的指标是知名度和美誉度。

2. 实际形象和期望形象

实际形象是为社会公众所普遍认同的形象。组织的实际形象一般是用形象调查的方法测得，其目的是了解社会公众对组织的真实看法，从而有的放矢地开展形象塑造工作。实际形象不仅是形象塑造过程的起点，而且是影响组织生存和发展的最实际的因素。

期望形象是组织期望在公众心目中所树立的形象。期望形象是组织发展的内在动力，对自我期望形象的要求越高，自觉做出努力的可能性就越大。任何一个社会组织要塑造自己的形象，都要设定自身的期望形象，并策划具体的执行计划，使之成为组织开展公共关系工作的努力目标。

3. 有形形象和无形形象

有形形象是通过人们的感觉器官直接感受到的组织实体的形象，一般包括三个方面：品牌形象、人物形象和环境形象。

构成品牌形象的有产品的名称、商标、包装、外表形状、内在质量、售前售后服务以及广告设计等内容。构成人物形象的有组织领导者的形象和员工形象等。构成环境形象的有内外空间设计、装饰、色彩、环境绿化等。构成有形形象的所有方面，都具有物质化的特性。因此，组织的有形形象具有很强的识别性和感受性。

无形形象是通过人们的记忆、思维而抽象升华的组织深层的形象，一般包括组织的信誉、组织的风貌等。

组织的信誉是组织无形形象的核心内容。它体现在一个组织的经营管理或对外服务等整个过程之中。组织的信誉是靠组织长期积累、不断培育而形成的,并非是朝夕之功所能换来的。因此,对于组织来说,信誉是一笔无价的财富,必须很好地维护它。

组织的风貌一般表现为组织的风格、风气及精神面貌。一个组织是否具有良好的风貌,对组织内员工的工作追求、工作干劲、创造力,以及组织的凝聚力等都有直接的影响。虽然它们本身并无明显的直观性,但能够影响组织在社会公众心目中的形象。

无形形象是建立在有形形象的基础上的,一个完整的组织形象是有形形象和无形形象的综合。因此,对一个组织来说,塑造自己的形象,两者都要兼顾。

(四) 组织形象的评价指标

评价组织形象最基本的指标有两个:知名度和美誉度。

知名度是一个组织被公众知晓、了解的程度,也就是说,组织在多大范围被多少公众所知晓。这是评价组织"名气"大小的指标。

美誉度是一个组织获得公众信任、赞许的程度,是评价社会组织形象好坏程度的指标。

组织形象是由组织行为而产生的,由公众舆论所判定。从量化标准看,组织形象可以用知名度和美誉度来表示。知名度和美誉度从不同的角度来评价组织形象,这两者有时可能不统一。一个组织知名度高,其美誉度不一定高。同样,美誉度高,不见得知名度就高。美誉度是组织形象的基础,没有美誉度,知名度是毫无意义的,甚至是有害的。没有美誉度的组织,知名度越高越有损于组织形象。因此,组织应该在提高美誉度的基础上提高组织的知名度。当然,知名度是组织形象的条件。市场经济条件下,组织要注重宣传自己的形象,让公众知晓、了解。"酒香不怕巷子深"的观念在市场经济和信息技术时代已不再适宜。分析知名度和美誉度的关系,可以得出组织形象的以下几种情况。

▶ 1. 知名度很高,美誉度也很高

这是组织形象的最佳状态。在这种情况下,组织应不断努力,维护组织的知名度和美誉度,建立组织的品牌优势,积累组织的无形资产。

▶ 2. 美誉度较高,但知名度更高

这种组织的形象可能名过其实,组织可能过分注重宣传炒作,放松了内在的管理。在这种情况下,组织应减少宣传,苦练内功,挤掉泡沫,向社会公众提供更优质的服务。

▶ 3. 知名度很高,美誉度低

这种组织的形象名不副实,是一种通过炒作而"吹"起来的品牌泡沫,一旦泡沫破灭,组织就会出现严重的信任危机。因此,应引起组织的高度重视,停止炒作,重塑形象。

▶ 4. 知名度高,美誉度为负数

这种组织可以说是臭名远扬。组织应极力避免进入这一区域。有时过分炒作,不顾社会公德，就有可能进入这一区域。

▶ 5. 美誉度高，知名度不高

这种组织的形象已经有了一个良好的基础，只要注意适当的宣传，提高自己的知名度，组织就能很快进入知名度和美誉度和谐统一的最佳境界。

（五）组织形象的树立

树立组织形象首先要准确定位。组织形象定位，就是组织要在公众心目中确定自身形象的特定位置。这个特定位置通常是特定组织与其他组织相比较而确定的。因此，组织形象定位总是根据组织自身的特点、同类组织的情况、目标公众的情况等要素来确定。组织形象的定位主要在于其目标、宗旨是否符合社会利益，因此，首先，要符合社会需要，只有这样才能立足；其次，组织通过实现其目标来树立形象，组织实现其目标、体现其宗旨的过程就是形象的树立过程；最后，要借助公共关系手段来塑造形象。

树立形象，是组织各个部门共同努力的结果。但是要提高组织的知名度和美誉度，仍然需要依赖于公共关系的积极活动。只有既宣传自己，又能提供优质产品和优质服务，才能赢得社会声誉。

二、建立社会信誉

信誉是组织在社会上享有的声望，是社会公众对组织的信赖程度，也是一个组织良好公共关系的集中表现。

组织良好的社会信誉必须首先建立在为公众提供优质服务的基础上。但是，在当前的社会形式下，一个组织仅仅为它的公众提供优质服务是不够的，还应该在社会上树立并维护本组织的形象，为此，应遵循以下原则。

（一）整体性原则

整体性原则是指把组织的一些不自觉、独立、不连续的公共关系工作提高到一个系统的整体水平上。

▶ 1. 形成建立信誉的整体性观念

要想开展建立组织信誉的工作，既要有规章制度作为保证，又要建立在全体员工自觉的基础上。一个组织要在社会公众心目中建立良好的信誉，首先要了解组织所面对公众的需求状况，以采取相应的措施，最大可能地满足公众的需求，使服务对象在接受服务的过程中对组织产生好感和满意。这就要求组织必须有一定的规章制度，同时要求全体员工在工作中时时刻刻以组织的整体荣誉为原则，自觉维护组织形象，从而形成建立信誉的整体观。

▶ 2. 制定统一的公共关系政策

公共关系政策体现了组织对公众应负的责任。它是根据每个组织自身的实际情况，在对周围环境和公众态度进行深入研究的基础上制定的，包括总的政策和一些具体政策，其目的是在社会公众中建立自己的信誉。

（二）竞争性原则

竞争性原则是指组织应该随时与自己竞争对手的整体形象进行比较，不断学习和吸收他们的方法和经验，力争在信誉上赶上和超过竞争对手。

在当前竞争如此激烈的市场上，一个组织如何树立良好形象，以赢得社会公众的信任，这是所有社会组织都在研究的课题。

(三) 形象性原则

组织的信誉总是同自身的形象联系在一起，为了建立信誉，就需要通过各项公共关系活动的开展，在社会公众中树立本组织的良好形象。

▶ 1. 应用组织的象征性标志

随着公共关系的重点由建立商品信誉转移到建立组织信誉，因此，公共关系工作更要重视应用象征组织整体形象的标记，如组织的徽记、名称等。在组织标记的信誉价值中，它不仅包含商标信誉价值，同时还凝聚着组织在改善内外公共关系方面付出的所有努力。

组织的商标、名称还应该广泛应用在与内外公众交往的用品上，如礼品、名片、信纸、信封、制服、广告、纪念册等，从而进一步加深外部公众对本组织的印象。同时可以增进内部职工的责任感和荣誉感，使每一名员工都能意识到自己负有建立和维护组织信誉的责任。

▶ 2. 突出组织特色

组织的特色往往会给公众留下深刻印象。因此，公共关系在塑造和宣传组织时，需要重点突出其特色，并使公众产生认同感。

▶ 3. 开展专门的公共关系活动

由组织发起或参与的具有广泛群众基础的社会活动，是组织向社会公众显示其经营宗旨、经营实力，并赢得社会公众好感的一种常用方法。这种专门性的活动在公共关系工作中占有重要地位，是塑造组织整体形象和信誉的重要手段。

(四) 长期性原则

一个组织要在社会公众心目中始终保持良好的形象就必须根据周围环境的变化、公众的需求变化，来不断地调整自身的行为，使之符合公众的利益和要求。根据公众的需求和意愿来设计自身的形象，使组织的方针、政策、产品或服务更加符合公众的利益。只有长期这样，才能建立社会信誉并得到社会的承认。

第三节 协调沟通，争取相互谅解

组织生存在社会大环境中，必然要同周围环境发生广泛联系。组织与公众彼此利益相关，又同在一个环境之中，难免会产生某些误解、矛盾以至冲突。有人说公共关系工作实际上就是"消防队"的工作，既要有防火意识，又要有灭火意识。也就是说，公共关系既要防患于未然，预防可能发生的种种纠纷，又要在纠纷发生后，积极予以补救，防止事态扩大，这就有赖于协调沟通，以达成相互谅解。因此，协调沟通组织与环境中各因素的关系成为公共关系的又一个重要职能。

一、协调沟通

协调沟通，是指通过有目的、有计划的双向信息传播，使组织内部以及组织与外界环境之间形成一种良好的合作气氛，增强组织活动的同步化与和谐化。

协调，即配合得当。沟通是信息发送者凭借一定渠道，将信息发送给特定对象（接收者），并寻求反馈以达到相互理解的过程。任何良性沟通都是双向的。组织在与其公众的沟通过程中，既要将组织的信息传递给公众，让公众知晓、理解、参与，又要及时反馈公众对组织的信息，并据此调整政策。这样，组织与公众就能良性互动、配合得当。组织与公众关系协调，组织就有了和谐的发展环境。组织与公众的协调沟通一般包括两个方面：组织内部的协调沟通和组织与外部的协调沟通。

（一）协调沟通的范围

▶ 1. 组织内部的协调沟通

组织要想在激烈的市场竞争中具有较强的竞争力，就必须在平时的工作中善于协调自身各相关部门的关系，不仅强化管理部门之间的关系，而且还要使管理部门同各个部门加强联系。在相互交往中，公共关系人员要积极地为各部门提供有利于合作的信息，加强相互联系和了解，形成一种互相配合、精诚合作的良好内部环境。

组织内部有各种各样的关系，如人与人的关系、部门与部门的关系、上下级关系、平级关系。组织内部公共关系工作就是要协调好这些关系，营造组织内部和谐团结的氛围。

（1）组织内部领导者和员工之间的协调沟通。一个职工在组织中的工作表现取决于多种因素，其中组织的上下级关系、平级关系是否融洽，在很大程度上左右着职工的行为和选择。任何组织的上下级关系结构都是上小下大的金字塔形式，下级总占据多数。如果上下级关系不协调，就会产生组织重心不稳的现象。组织重心不稳，就会影响组织的正常运转。当然，组织内部管理者与职工的关系协调，需要组织有良好的管理制度、分配制度和合理的机构设置、人员配备。在具备这些基本条件的情况下，组织的公共关系工作对协调沟通起着举足轻重的作用。公共关系人员应该努力协调好组织内部的上下级关系，一要在管理者与职工之间建立沟通渠道，提醒管理者抽出时间深入到员工中，倾听员工的意见和要求，解决他们的具体问题；二要及时注意员工的情绪，了解员工的思想动态，收集员工的建议，把这些信息及时反馈给领导，供管理者决策参考，以满足不同层次职工的需要；三要积极做好上情下达的工作，及时向员工宣传组织的政策、措施、成就、难处和管理者的意图，了解本组织的现状与发展动向，通过组织与职工之间的信息分享，缩短两者之间的心理距离，从而消除误解和疑虑，避免因内部摩擦而影响组织的工作效率；四要通过开展内部的沟通联谊活动，活跃气氛，联络感情，融洽关系。

（2）组织内部员工之间的协调沟通。公共关系工作还要协调沟通组织内部员工之间的关系。员工关系是影响组织凝聚力的重要因素，如果组织内的员工关系协调，员工就能精诚团结、同心协力，使组织成为凝聚力较强的有机整体，维持组织的良好形象。要协调好内部员工之间的关系，组织管理者就要努力培育组织文化，培养团队合作精神。组织职工之间由于在目标、任务、职责、分配等方面会发生这样那样的摩擦，产生各种各样的矛盾，公共关系人员要从中协调沟通，使职工之间增进了解，共同合作，避免出现内部矛盾而影响士气与团结。

（3）组织内部各部门之间的协调沟通。组织内部各部门之间如果都以组织的整体利益为重，协调一致、相互支持、积极配合地工作，组织的效率一定很高。如果各部门都从本部门的利益出发，有利益就争，有责任就推，管理者和员工大多数时间都陷入矛盾冲突和调解中，组织的正常工作势必受到影响。要协调好组织内部各部门之间的关系，必须要保证内部机构设置合理、工作分配合理、信息沟通渠道畅通和相互支持合作的气氛。组织内部各部门间只有互助合作，才能发挥各自的职能和组织系统的整体效应。在日常的管理活动中，由于观察和处理问题的角度不同，常常会出现一些程度不同的冲突，影响组织的正常运转，这多数是由于各部门间缺乏信息沟通而造成的，这就要求公关人员从互通情况入手，帮助领导者加强各部门、各层次间的联系，形成一种相互谅解、相互信任、相互支持的团结互助关系，从而保证组织整体目标的实现。

▶ 2. 组织与外部的协调沟通

任何组织都是存在于一个动态的开放的系统中，无时无刻不与外部环境发生着错综复杂的联系。组织在生产经营活动中，不仅要处理同政府的关系，而且还要处理同顾客、协作单位、社区公众的关系。在相互交往中，没有误解、矛盾、分歧是不可能的，这些问题总会在一定程度上表现出来。为此，公共关系人员要及时地了解情况，通过协调，使矛盾和分歧降到最小的程度。一个组织的公共关系人员能否有效地开展组织外交，协调沟通与外部的关系，为组织谋求"天时、地利、人和"的外部环境条件，使组织保持与外部环境的动态适应与平衡，直接关系着组织经营的成败和兴衰。组织每天要面对各种外部公众，其外部公众可能是组织的服务对象，也可能是组织的管理者、监督者，还有可能是组织与公众之间的媒介。他们对于组织的评价直接影响和决定着组织的生存和发展。组织就要做好这些外部公众的协调沟通工作，减少与外部公众的摩擦和冲突，即使发生冲突，也能迅速协调沟通解决，这样组织就有一个和谐的外部环境。一般情况下，公共关系的外部协调沟通工作要把与组织目标直接相关的公众作为重点，有的放矢地进行信息沟通。例如，企业作为营利性的社会组织，顾客是其最重要的外部公众，公共关系人员平时要注意收集顾客信息，了解顾客心理，组织适销对路的产品，处理好顾客纠纷的善后工作，求得顾客的信任与支持；在与政府之间的协调沟通中，主要是及时向上级领导部门汇报本组织的经营情况，争取政府的了解和关心；与社区公众之间的协调沟通，主要是让社区公众了解本组织对社会的贡献，并为社区提供一个好的社区环境；与新闻媒介之间的协调沟通，主要是努力为其提供真实的有价值的新闻信息；与合作者之间的协调沟通，主要是采取互惠互利的原则，相互协作、相互信任，达到共同发展的目的。

组织外部公众的协调沟通一靠提供良好的服务；二靠畅通的信息传播；三靠组织对社会的贡献和高度的责任感。当然，组织在不同时期，协调沟通的重点和方法也不同。当组织与公众处于和谐状态时，沟通的重点就应是通过不断传播组织的业绩来保持和强化公众对它的良好形象。当组织与公众处于不和谐状态时，沟通的重点应是找出原因，加以改进，并保持与公众接触，消除误解，重塑形象。当组织刚刚建立，与公众关系不明朗时，组织应积极宣传引导，吸引公众，使潜在公众成为行动公众。

（二）协调沟通的内容

▶ 1. 组织在初创时期协调沟通的内容

这一时期，公共关系的目标是充分利用公众心理的首因效应，通过各种宣传和交际手段，在组织的外部形象上下功夫，力求以新颖、独特的外部形象设计与介绍，广泛引起社会公众的注意，以新产品、新服务为信息载体，给公众留下美好的第一印象。这要靠公关人员的开拓创新能力，才能使组织一鸣惊人。对内部公众主要是宣传组织的经营宗旨和远大目标，以共同的价值取向和道德规范激励协调职工的行为，形成团结和睦的风气，增强职工的凝聚力和进取精神。

▶ 2. 组织在发展时期协调沟通的内容

这个时期协调沟通的重点通过不断传播组织所取得的成就来保持和强化公众方面的良好印象。一个组织的形象和声誉就如做学问一样，不进则退。公关人员要有长远的计划，把组织在发展时期的重大举措与成功，及时传播给公众，利用社会性公关，显示组织的雄厚实力，树立可以信赖的良好形象。对组织内部，要及时向员工汇报组织经营、技术、财务等方面的状态，满足员工的主人翁心理需要，激励员工把个人的前途、发展和组织的壮大联系在一起，共同向更高层次迈进。

▶ 3. 组织在遇到困难挫折时期协调沟通的内容

组织在发展进程中，难免会遇上许多困难，或与公众发生冲突等。处在这种关头，协调沟通的重点是迅速澄清事实真相，及时采取措施，挽回组织的声誉，重新树立组织形象。如果是由于内部原因引起，公关部门应本着诚实、坦率的态度，首先纠正错误，然后可以利用适当的方式向公众致歉，并把改进情况与补偿内容做出通报，求得公众的谅解和信任。如果是由于外部公众的误解或其他组织的不正当行为造成了对本组织形象的损害，应联合有关部门，查明原因，采取果断措施，并把事实真相向公众做必要的解释，以消除误解。组织遇到困难和挫折时，公关人员应保持冷静的态度，解释组织政策，使内部员工能团结一致，共渡难关。

（三）协调沟通的原则

通过对国内外一些社会组织的成功案例分析可知，社会组织或个人要想在协调关系方面收到一定的成效，必须把握以下五个原则。

▶ 1. 服从全局，总体为重

组织协调关系的目的，不仅是要形成外部和谐的相互关系，而且要推动组织自身的全面发展。为此，协调必须以组织的总体利益为重，服从服务于组织的方针目标。在处理相互关系时要注意以下三点。

（1）要有利于国家政策法令的贯彻。在处理与公众的关系时，凡是国家政策法律允许做的，要积极、主动地去做；凡是国家法律政策不允许做的，即使对自己、对本组织有很大的好处，也坚决不能做。

（2）要有利于组织总体目标的实现。要通过协调把能代表组织长远利益、根本利益的内容提炼出来，并不断落到实处。

（3）任何部门不能因局部利益而冲击总体利益。在发生矛盾时，要自觉在协调中放弃局部利益，并保驾、推动和促进总体目标的实现。

▶ 2. 注重实效，及时沟通

当组织同内部公众或外部公众发生矛盾时，要主动地加以协调。在发现矛盾的萌芽时，要调查了解，找出症结，通过必要的对策加以解决。切不可对出现的问题或矛盾视而不见，听而不闻，造成矛盾的复杂和激化。

▶ 3. 客观公正，一视同仁

组织在协调各种关系时，要做到客观、公正，不以关系的亲疏，印象的好坏，作为思考问题的焦点，而应在协调中，注重调查研究，按照客观事物的本来面目，公正地处理问题。

▶ 4. 公布结果，高度透明

协调关系必须注重对结果或相关事宜的公开，提高透明度。在组织与公众关系紧张的众多因素中，神秘性、封闭性与随意性极为明显。适度增加透明公开的力度，是协调关系的重要原则。公开的内容一般包括组织权限、管理程序、政策方针等。

▶ 5. 利益一致，共同发展

协调关系要善于运用利益这一杠杆，不断寻求主客体双方的一致性。正如有的企业家所说，利益互补、共同发展，是未来企业联络沟通的基础。没有这一原则作为基点，不可能有组织公共关系活动的深入发展。

（四）协调沟通的方法

▶ 1. 自我约束法

组织与公众之间有时因为关系处理不当而引起种种矛盾，如组织内部领导与职工的矛盾，部门之间的矛盾，组织与外部社区及政府之间的矛盾，等等。在处理这些问题的过程中，组织要善于自我约束，严于律己，发现问题自行纠正。做到外圆内方，对己方行为要严格规范，对他方比较包容随和，能与之融洽相处。

▶ 2. 统一认识法

协调组织与公众关系，最重要的是要有共同的认识。如果相互之间发生了矛盾，出现了行动上的不协调，那么就要在坚持以诚相待、互惠互利原则的基础上，通过相互交流促进彼此了解，统一认识，建立稳固的友好合作关系。

▶ 3. 感情疏通法

尽管组织与公众关系主要是利益关系，但组织与公众之间又往往表现为情感关系，特别是具体主管和办事人员之间关系友好，事情就能顺利办成；感情不和，就会造成一定的阻力。因此，公共关系人员要重视心理情感的协调，善于运用情感疏通法来拉近公众与组织的心理距离。周到的服务、情感的协调，是建立组织与公众良好关系的有效途径。

任何组织都是一个开放的系统，与社会之间存在着千丝万缕的联系。系统内各要素之间，以及系统与外界环境之间，都需要相互沟通、相互协调，只有这样才能达到动态的平衡。协调沟通是公共关系的重要职能之一，主要是指通过有目的、有计划的双向信息传播，使组织内部以及组织与外界环境之间形成一种良好的合作气氛，增强组织活动的同步化与和谐化。

二、争取相互谅解

虽然组织有目的、有计划地与公众进行双向信息沟通，可以使组织内部以及组织与外界环境之间形成一种良好的合作气氛，增强组织活动的同步化与和谐化。但是在当今社会，每个组织所面临的各种关系千头万绪、非常复杂，并处在不断变化中。因此，组织与公众之间难免发生公共关系纠纷，如果把这种纠纷比作是组织遇到"火灾"，那么，争取相互谅解则是组织具备的"消防"功能。

（一）强烈的"防火"意识

▶ 1. 常见的公共关系纠纷

（1）组织内部公共关系纠纷。这是由于组织内部领导和员工之间、员工和员工之间、各部门之间的关系处理不当，而发生的公共关系纠纷。

（2）与服务对象之间的纠纷。服务对象是我们通常所指的顾客，与顾客之间的纠纷，是一种最常见的公共关系纠纷。它是被服务对象认为在接受组织的服务过程中，对组织的服务质量或其他方面不满意，或认为组织损害了自己的利益而产生的纠纷。

（3）与政府之间的纠纷。组织与政府部门之间的纠纷，是政府有关部门认为组织存在违反政策，或有违法乱纪行为，要求组织进行纠正，组织对此处理不当而引发的纠纷。

（4）与社区之间的纠纷。这是由于组织周围的社区公众认为组织在运行过程中的某些行为或做法损害了他们的利益，而引发的纠纷。

▶ 2. "防火"意识的主要内容

（1）自律意识。组织的自律意识，是指组织在运行过程中对于自身的行为，应自觉主动地进行约束，不要使本组织的行为与国家的政策、法律法规相违背，不要有损害社会公众利益的行为发生。实际上，这是一种自我控制的意识。

（2）公众利益至上的意识。任何一个组织要想生存和发展，必须取得社会公众的支持。因此，组织在运行过程中，必须把公众的利益放在首位，一定要兼顾组织利益、国家利益和公众利益。当组织利益与国家利益或公众利益相冲突时，应舍弃自身利益，而顾全国家利益和公众利益。

（3）尊重公众舆论的意识。舆论是围绕客观事件而形成的，包含了公众情绪、意见、行动意向的先兆和反映。任何一个组织都应当尊重舆论，主要表现在主动收集公众的各种反映，认真对待公众的投诉和新闻媒体的各种报道等。

（二）科学的"报警"意识

一个组织要想防止或减少纠纷的发生，就必须建立一整套科学的"报警"系统。

1. 建立信访制度

信访制度是组织防止公共关系纠纷发生的重要措施，也可以看作是公共关系纠纷的"报警员"。做好信访工作，是发现纠纷前兆的措施之一。通过信访工作，可以发现组织存在的问题，并给予及时的解决，以避免纠纷的发生。

2. 建立自查制度

组织应建立自查制度，首先要建立自查项目，定期按照这些项目检查组织是否存在损害公众利益的行为。

3. 建立公共关系调研制度

组织的公共关系调研制度包括民意测验和监测新闻媒介两种手段。民意测验是检查公共关系状况，并从中发现问题的方法，监测新闻媒介是了解社会舆论的手段。

4. 建立公共关系预测制度

建立公共关系预测制度是由于组织的公共关系问题与社会问题密切相关。因此，通过分析社会发展趋势，可以发现某些能够引发组织发生公共关系纠纷的线索，从而预测该组织将会遇到的问题和可能发生的纠纷，并制定多种可供选择的应急方案，以防止纠纷的发生。

（三）妥善的"灭火"方法

公共关系纠纷一旦发生，公共关系部门应该及时帮助组织的决策者妥善解决问题，使纠纷对组织形象的损害降到最低点，这也是公共关系的"灭火"职能。

1. 听取意见

公共关系纠纷发生后，不论公众采用何种方式对组织提出严厉批评，也不管是否存在偏见，公共关系人员都应当代表组织认真听取公众的意见，安抚和平息公众的情绪，以防公众对组织采取过激行为。

2. 查清事实

公共关系纠纷的发生总是有原因的，因此，查清纠纷发生的原因是解决问题的关键。但是对纠纷原因的调查应本着实事求是的原则，必要时可以委托第三方进行调查。

3. 交流意见

在查清事实的基础上，组织应与公众进行意见的交流，本着相互谅解的原则，求大同存小异，达成统一认识。必要时，可以请新闻媒介参与，也可以请第三方主持。总之，目的是得到公众的谅解，避免事态的进一步扩大，给组织造成更大的损害。

4. 信息反馈

在纠纷双方达成谅解或纠纷解决一段时间后，组织应采取各种方法对公众进行调查，以了解公众对纠纷引起的原因和纠纷解决结果的看法，从而总结经验、发现问题，为下一步的工作奠定基础。

总之，在处理组织与公众纠纷的过程中，公共关系人员应遵循的原则是：实事求是、少说多听、积极行动，妥善解决公共关系纠纷。

第四节 咨询建议，参与组织决策

一个组织的决策关系到该组织的生存和发展，而决策的正确与否则取决于对信息资料的掌握和分析的程度。帮助组织的决策层及时了解组织内部与组织外部环境的各种情况，并针对这些情况制定出相应的措施以供决策时参考，这是公共关系的一个重要职能，即咨询建议，参与组织决策。

一、咨询建议

公共关系作为一种管理职能，其重要意义还体现在对组织经营管理的决策发挥参谋助手的作用上，这种职能就是咨询建议职能。它是指公共关系人员依据公关原理和科学方法，通过对相关信息的研究，提出问题，分析原因，进而为领导者和管理决策部门提出推动组织发展的有关意见和建议。公共关系的咨询建议功能在变化和动荡的环境中显得更为突出和迫切。20世纪70年代末以来，国际公共关系界特别强调"问题处理"和"危机处理"这两个问题。"问题处理"是指公共关系部门对于那些富于争议的、将要进入立法程序的问题以及这种问题对组织的潜在影响进行分析、预测并制定应变对策和方案，使组织在社会变动中保持主动性和应变力。而"危机处理"是指发生意外事件、面临危机时，如何帮助组织在社会动荡中保持平衡状态，渡过危机。随着市场经济的不断发展，各个社会组织面临着极其复杂的环境，竞争对手数量大量增加，公众的要求越来越高，新的问题层出不穷，单凭领导层和管理部门的知识、能力和经验做出科学的决策显得相当困难。因此，有人称公共关系专家是企业的"军师"，是一个组织的社会问题顾问和参谋。

美国著名的管理学家西蒙曾指出："管理就是决策。"现代管理是一项极其复杂的科学和艺术。由于现代组织活动的规模较大，社会联系较广，运用的科学技术涉及面宽，以及信息量膨胀，单靠领导者个人的决断来进行管理已经不太可能，靠个别谋士出谋划策也无法适应现代组织经营管理的需要。因此，需要各方面的专业人员来为组织领导的决策提供情况咨询和决策建议。公共关系工作性质不同于组织的其他部门，受组织具体业务和利润指标的影响较小，比其他部门更关注公众利益。因此，在领导决策时提供公众需要、公众心理和舆论方面的信息，提出自己的见解和意见，敦促领导从公众利益出发予以考虑，就成为其职能之一。此外，公共关系部门由于工作需要，广泛接触内外公众，在接触各类公众过程中掌握和积累了大量信息，清楚组织存在的差距和问题，了解员工的愿望和要求，为了帮助领导全面掌握情况，充分发挥手中信息的作用，应该主动为领导提供咨询和建议，从而使领导做出的决策更具有科学性、客观性、民主性和可行性。

公共关系的咨询建议与收集信息是密切相关的，收集信息是咨询建议的前提，咨询建议是信息收集的延伸与目的。只有掌握足够的信息，并向组织提供可靠的情况说明和意见，才能发挥公关的参谋功能。

咨询建议可以帮助组织降低决策的随意性、盲目性和个人主观臆断造成重大失误的可能性，帮助组织发现存在的问题，调节不当行为，改善组织形象。

（一）咨询建议的作用

公共关系的咨询建议与信息沟通是密切相关的。获取信息是咨询建议的前提，没有足够的信息沟通，一切咨询建议都只是空谈。信息沟通只有通过向组织提供咨询和建议，才能发挥其参谋功能，实现其价值。

▶ 1. 公共关系的咨询建议能够促进组织决策的民主化

许多组织的公关部门通过合理化建议、意见箱、举报箱、民意测验等形式，收集了大量的信息，把这些信息加工整理，提出共性的问题，供组织决策人员参考，有力地推动了组织决策的民主化，同时也很好地改善了组织内部的公共关系。

▶ 2. 公共关系的咨询建议可促进组织决策的科学化

面对竞争激烈，瞬息万变的信息时代，许多组织中单靠领导者拍板决断的方法难免会存在主观性。而公关人员依靠收集到的信息、征集到的意见和建议，可以为组织的决策提供科学的依据，弥补领导者的知识、经验、能力等方面的不足与缺陷，这也符合现代经营管理的发展趋势。

▶ 3. 公共关系的咨询建议可促进组织形象完善化

一个组织形象的完善要看它是否顺应社会发展，是否符合民意。公共关系的咨询建议部门要从社会变化的需求和公众利益出发，本着协调关系的原则，向领导者和决策者提出合理化的建议，使决策实施的效果有利于组织形象的不断完善，有利于树立组织的良好形象。

（二）咨询建议的内容

公共关系的咨询建议，是指公共关系人员就某个或某些问题向组织的决策者提供可靠的情况、说明和意见，它包括以下几方面的内容。

▶ 1. 关于组织形象的咨询建议

在市场竞争日益激烈的情况下，组织形象越来越成为促进或制约组织发展的重要因素。在广泛收集信息的基础上，公共关系人员对组织在公众心目中的形象、地位应做出客观评价，做出定性的结论和定量的说明，找出组织的自我期望形象与实际社会形象之间的差距，为领导层提供咨询和建议。公关人员作为组织的决策参谋，其首要职责就是要全面搜集公众对组织形象的评价信息，客观地进行综合分析、诊断，为塑造组织形象提出合理化建议。组织形象是综合了许多方面的因素形成的，如组织外貌、规模、满足公众需求程度、服务质量、对社会的贡献等，公关人员应根据收集到的有关本组织各方面的信息，进行分析整理，向领导者提出准确有效的建议，如哪些方面需要改进、哪些方面需要继续保持，以此不断完善组织形象。因此，公共关系人员要全面搜集公众对组织形象的评价信息，加以慎重分析，及时向组织决策层提供参考。当组织的形象不清晰或难以界定时，公共关系人员就要考虑为组织界定角色、确定身份，对组织的所有目标形象要进行全盘或局部改造，并根据具体情况导入企业识别系统（CIS）战略，以重塑一个在公众心目中和市场上具有适当位置的、个性鲜明而统一的全新形象。从这一角度来说，公共关系人员又是组织决策部门的形象顾问。

▶ 2. 关于产品形象的咨询建议

公关人员要充分利用与公众的广泛联系，从各方面收集有关产品的评价信息，向组织提供如何提高产品质量、改善性能、扩大用途等方面的咨询建议。只有产品被接受、被认可，组织存在的价值才能得以体现。因此，公共关系人员要与公众广泛联系，从不同渠道收集对有关产品的评价，进行综合分析后，提供给组织决策部门参考。

▶ 3. 提供公众需求意向的预测咨询

公众的需求意向是组织管理决策、确定新目标、开发新产品的依据，因此，公关人员要经常了解、分析公众的消费需求意向，向生产、科研和销售部门提供预测咨询，帮助组织制订新的生产、科研、销售计划和实施方案。

▶ 4. 提供市场发展趋势的预测咨询

公共关系的咨询参谋功能在变化和动荡的环境中显得更加突出和迫切。在市场经济条件下，能否迅速预测和准确把握市场的发展变化趋势，直接关系到一个组织生存和发展的前景。因此，公共关系人员要凭借自己广泛的活动能力和丰富的经验，密切注视市场行情的变化，及时准确地捕捉市场信息，根据已获得的大量信息，综合分析组织存在的潜在危机，预测市场发展趋势，向决策部门提出建议，帮助组织在社会及动荡的市场中保持平衡状态，并始终保持主动性和应变力。

▶ 5. 公众心理咨询

公众是组织公关的特定对象，没有公众，也就没有组织生存的基础。对营利性的组织来说，消费者公众对其影响最大。消费者对组织产品或服务的需求和认可，在一定程度上决定着组织的兴衰成败。消费者的心理影响消费者的行为，组织公关人员要在对公众信息收集和积累的基础上，对公众心理特征及时进行分析和做出预测，如公众的现实需求、潜在需求、物质需求、心理需求等，并向组织的决策层通报。

▶ 6. 领导决策咨询

公关人员不仅要向组织提出一般的咨询建议，而且要直接参与决策，为领导者选择和确定最佳实施方案提供必要的信息建议，这才是公共关系咨询建议的高级形式。特别是当组织为了新业务的开展，需要进行某项专门的活动，或者突发事件需要处理时，就要求公关人员能审时度势，广泛收集公众意见，提出切实有效的行动方案，推进本组织公共关系工作的开展。许多人评说我国公共关系活动的现状是处于低层次的操作，存在请吃酒宴、迎来送往、交际应酬等现象，仅就公共关系角度来讲，其原因就在于公关职能贫乏化、低级化，把公关仅限于一般的协调关系，而没有上升到对组织战略决策的咨询建议职能层次上来。

▶ 7. 提供防御性建议

当组织与公众关系紧张，并有摩擦苗头时，则需要及时调整组织结构、产品或服务结构，以及方针政策等，以适应公众的要求。因此，公共关系人员要以积极的态度和进取的精神，为组织出谋划策，协助有关部门协调各方面关系，以防止发生失误，使组织形象受损。

▶ 8. 提供进攻性建议

当组织面临新的发展机遇或外部环境发生某些变化时，公共关系人员要抓住有利时机和条件，以积极主动的方式向决策层建议，改变组织对原有社会环境的依赖关系，创造性地借助政府组织、信息机构、高等院校的帮助，提出务实的构想和方案，不断拓展新的产品和市场，树立良好的组织形象。

二、参与组织决策

决策，在公共关系看来是指确定组织运行具体目标及实现目标的方法步骤，是组织对自身条件和外界环境经过缜密考虑比较所做出的决定性选择。由于组织的自身条件和外界环境都包含了公众因素，因此，在组织的决策过程中，公共关系的参与是理所当然的，并且它在这里还发挥着相当重要的作用。可以说，公共关系的决策参谋作用贯穿于组织决策的全过程。

（一）参与决策的内容

公共关系参与组织决策的内容包括很多方面，我们只从参与决策全过程的几个环节上进行概括，简单介绍如下。

▶ 1. 帮助组织获取决策信息

在社会组织面临复杂的情况和多种决策选择的矛盾时，社会组织中不同处境、不同地位的决策人，往往从不同的立场和角度上寻找决策的问题。这时，就需要公关部门和人员利用与外界的广泛联系，为决策提供外界的第一手准确信息。同时，利用与内部各部门和人员沟通的渠道，为决策提供内部各方面的准确信息，从而使决策准确无误。

▶ 2. 帮助组织确定决策目标

决策目标的确立要反映公众的需要，因此，组织的决策目标要与公众的需求保持一致。确立目标首先要找出需要解决的问题，从公共关系的角度去发现问题，主要通过两个途径：一是要站在公众的立场上去观察组织，从公众的意见特别是顾客公众的意见中发现问题；二是在与同行业的比较中发现问题，寻找差距。对任何一个组织来说，只有取人之长，补己之短，才能不断提高自己的管理决策水平和业务技术水平。

社会组织的决策是根据组织各部门的自身任务和组织总任务的规定来确定方案。现代组织决策的日益专门化，一个组织往往由多个职能部门组成，使整体决策目标往往被分解为各个职能部门的专门决策目标，如生产决策目标、技术开发决策目标、财务决策目标、市场营销决策目标等。各职能部门的专家或管理人员往往将决策的焦点高度凝聚于本部门的决策目标，难以从全局和社会的角度去考虑整体决策目标。因此，需要公共关系部门和人员站在公众和社会的立场上，对各职能部门的决策目标进行综合评价，敦促有关部门或最高决策层，依据公众需求和社会价值及时修正可能导致不良社会后果的决策目标，使组织决策目标既能反映组织发展的要求，也能反映社会公众的需要。换句话说，组织的公共关系部门能协调组织与公众利益，把组织引向利益交汇点，而不是冲突点。

▶ 3. 帮助组织拟订决策方案

公共关系部门参与决策方案的制订有利于公共关系目标在方案中得到落实。公共关系部门本身有良好的公众基础和调查、设计方案的系统，能帮助组织设计、拟订、比较、选择方案。

决策方案是保证决策目标得以实现的各种措施的总和，必须包括公共关系的目标。在总体决策方案的制定过程中，有两个重要环节：设计方案和选择方案。在设计方案这一环节中，公关部门和人员应力促公共关系目标在方案中得到落实。同时，提醒设计者要考虑各类公众需要的变化，制定灵活的应变措施。在选择方案这一环节中，公关部门和人员应力主把公共关系原则放进方案选择标准中，因为这一原则就是衡量决策方案是否符合社会的总体利益，是否满足公众的要求，是否能使本组织员工感到满意，以及是否会给公众造成危害等。如果忽视了公共关系原则，就难以选择出最佳决策方案。

▶ 4. 参与决策方案的评估和选择

决策方案拟订以后，需要对各种方案进行评估，以便择优实施。在这个决策的环节上，公共关系人员的参与起着重要的作用。这是因为：一是评估决策方案必须征求公众的意见，"从群众中来，到群众中去"，以使决策者得出比较中肯、全面的结论；二是评估决策方案必须考虑公共关系原则，即方案是否符合社会的总体利益，是否满足公众的需求，是否能使本组织工作人员满意等。假若方案评估、优选时忽略了公共关系原则，决策就可能出现偏差。

▶ 5. 帮助组织实施决策方案

公共关系部门作为组织的重要组成部分，要具体实施组织的决策，同时，它通过内部协调机制，协助组织把决策方案传达到各个部门甚至每一个员工那里，帮助他们理解决策方案。公共关系部门还能对方案实施效果进行观察、分析、评估，并将这些信息及时反馈给决策层。

帮助组织实施决策方案，公关部门和人员主要承担两方面的工作：一是协助组织把决策方案传达到各个部门，甚至每一位员工，帮助他们评价、理解决策方案；二是对决策方案的实施效果进行观察、搜集、分析和整理，并及时反馈给决策部门，以便对原决策做出必要的调整，或为新的决策提供信息。

（二）参与决策的意义

公共关系部门和人员参与决策的主要目的就是使组织的决策者在制定决策时能够站在公众立场上发现决策问题，使公众利益进入决策的视野，在决策中确立下一步的公共关系目标。

▶ 1. 使决策更加民主和科学

由于公关部门和人员所从事的工作是从公众的立场和需要出发的，它能够促使决策者站在公众的角度去进行决策，使决策具有民主性。同时，由于公关部门和人员提供了内部和外部各种准确信息，使决策更具科学性，这就保证了决策的完善和正确。

▶ 2. 使决策更符合公众利益

在社会组织决策过程中，如果没有一定的约束就容易产生只顾自身利益而忽视公众利益的倾向。因此，在决策中应建立相应的约束机制，这种约束包括外部约束和内部约束。公关部门和人员就是代表公众从组织内部对社会组织及其决策进行约束，它要求社会组织在决策中，必须考虑公众的利益，必须反映公众的利益和需要，以避免造成组织决策只顾自身利益的错误，这是社会组织生存和发展的重要条件。

组织的领导人在决策时，往往容易仅从本单位的条件、要求出发。而公关人员一般是站在公众的角度上看问题，因而他们参与的决策可能较为公正和全面。

在参与决策的过程中，公关人员常能起到为组织的长远发展指明方向的作用。有专家认为，公共关系是通向变革的桥梁。由于公关人员是从总体上看问题，而不仅仅是从本组织的狭窄角度看问题，这样他们往往成为社会变迁的最先发现者，并能及时提出适应此种变迁的计划。公关人员也推动着社会的变迁，为这种变迁创造条件，因而他们参与决策常具有预测未来的特点。

第五节 教育引导，服务社会

公共关系是组织全体成员的公共关系。每个员工都是组织的形象代表，都是组织对外宣传的窗口。因此，组织要做好对外的宣传引导，必须先做好对内部员工的教育引导，要不断地将组织的宗旨、文化、方针、政策等对员工进行宣传教育，使组织的理念变成员工的自觉、主动行为甚至是习惯行为。让员工知晓、理解、参与组织的重大活动项目，体会主人翁精神。对员工进行公共关系教育，增强公共关系意识，使组织从最高领导者到一般工作人员都养成自觉珍惜组织声誉和形象的职业素质。当组织遇到危机事件时，尤其要注意对内部员工的宣传引导，使内部员工与组织同舟共济，渡过难关。同时，还可利用内部员工的人际传播来扭转对组织的不利舆论。只有这样，组织才能更好地为社会公众服务。

因此，公共关系的另一个职能是通过教育引导来保持组织内部的团结。公共关系教育是借助内在的感情交流和心理趋同来实现组织成员对其组织的权利和义务，以便更好地服务社会。为了有效地达到组织的公共关系目标，组织还必须及时地对公众进行教育，对舆论进行制造、强化和引导。不断地传播和推广有利于组织的相关信息，以赢得社会公众对组织的信任和好感，从而不断地提高组织的知名度和美誉度，创造有利于组织生存和发展的环境和时机，这就是公共关系在组织管理中发挥的教育引导的职能。公共关系的这一职能主要表现在对内和对外两个方面。

一、对内教育引导

在现代社会中,一个组织的活动状况在很大程度上取决于该组织成员的水平与状况。在科学技术日新月异的今天,对员工进行教育、培训已成了当务之急。公共关系部门和公共关系人员担负着配合组织领导开展对员工进行教育培训的任务。

(一)唤醒主体责任感

所谓主体责任感,也就是主人翁的责任感。行为科学研究表明:通过物质奖励和严格管理只能发挥人们60%的工作能力,而其余的40%的潜在工作能力则需要用精神鼓励的方法才能激发出来。所以,精神鼓励是激发工作潜能的有效手段。精神激励的特点在于引导员工寻求工作本身的乐趣,培养员工对组织的自豪感和责任心,也就是要唤醒主体意识,并充分调动员工的积极性。

▶ 1. 实行民主管理,建立员工的责任心

组织的民主管理内容包括:员工有权参与组织的决策、参加组织的管理;有民主选举权及税后利益分配的权利等。公共关系在此的任务是建立多种渠道,并使之畅通,定期向员工通报组织的经营状况,广泛听取和收集员工的合理化建议,积极推动民主管理的实施。使每一个员工都能认识到自己的局部工作在整个组织活动中的地位、作用,以及本组织对社会的贡献,从而激发员工的责任心。

▶ 2. 尊重人才,培养员工的自尊心

充分了解员工的特点和长处,尽量把工作需要和个人能力相结合,为员工提供一个展示自己才能的机会,并能够尊重他们的劳动成果,做到人尽其才。

▶ 3. 宣传组织形象,树立员工的自豪感

为了培养员工对组织的自豪感,首先,应向社会大力宣传本组织,使员工以成为该组织的一员为荣;其次,应从物质利益和精神鼓励两方面使员工对组织的关怀有具体的感受;再次,组织应经常开展丰富多彩的文娱活动,在内部营造轻松和谐的气氛;最后,建立平等友善的人际关系,给员工创造一个和谐、愉快的工作环境。

公共关系部门运用这些方法可以促进组织内部员工之间的团结和互相理解,激发其潜在的工作热情,以积极主动的态度为组织工作,为社会公众服务。

(二)强化员工的公关意识

所谓强化公关意识,就是强调对全体员工进行公关教育,树立正确的公关意识。每个组织都具有自己的目标和方向,要使这种目标和方向能反映和符合公众的利益,就需要组织的决策者和全体成员具备浓厚的公共关系意识,并在决策和工作中尽力将公众的利益放在第一位。而这种全员公关意识需要不懈地灌输、培养和教育,公共关系就承担着这样的工作。

教育引导组织中每一个人重视组织形象和声誉,要使广大员工懂得公共关系与组织的生存和发展密切相关,而良好的组织形象的建立绝不是少数领导者和公关人员的事情,它必须经过大家的共同努力。公关人员平时要培养全体员工的主人翁精神,并向其传播公共

关系的思想和技巧。

公关意识的主要内容有：①培养员工对组织的责任感、归属感，使他们关心、重视本组织的形象和声誉；②培养积极、主动、负责、勤劳的工作态度；③培养坚韧不拔、勇于和善于克服困难的奋斗精神；④培养组织性纪律性，使员工遵守组织规范；⑤培养道德观念，使员工能成为品德高尚的人；⑥培养团结互助的合作精神。总之，一切有益于组织运行和组织形象的内容，都属于教育引导的范围。

(三) 教育员工要有危机意识

公共关系各项职能的发挥，都是为了塑造良好的组织形象，为组织的生存和发展创造有利条件。但是，在当前比较复杂的社会环境中，组织会因关系处理不当而与周围环境发生冲突和纠纷，或由于突然事件而使组织处于危难之中。危机的发生对组织十分不利，如处理不当，轻则可使组织形象声誉受损，经济效益下降；重则导致破产倒闭，惨遭灭顶之灾。因此，对危机的防范和处理是公共关系的一项特殊职能。作为公共关系部门和人员应时刻提醒员工要有危机意识，并使其认识到组织的兴衰与自身利益密切相关。

通过对员工进行公关教育，使组织的全体员工都能够认识到自己是组织形象塑造队伍中的一员，并时时刻刻想到组织形象，这样组织才能更好地为社会公众服务。

二、对外教育引导

为了有效地达成组织的公共关系目标，组织还必须及时地对公众进行教育，对舆论进行制造、强化和引导。不断地传播和推广有利于组织的相关信息，以赢得公众对组织的信任和好感，从而不断地提高组织的知名度和美誉度，创造有利于组织生存和发展的环境和时机。这就是公共关系在组织管理中发挥的教育引导的职能。

对外，组织公共关系就是将本组织的情况、观念和意图，真实有效地传播给特定的公众，对他们进行教育引导，以增进了解，保持和谐良好的关系。人们常说"公众永远是对的"，这是从服务的角度将"正确"让给对方，但客观地讲，公众不可能永远正确，而是需要加以引导、协调、沟通。公关人员要经常把组织的决策、计划的执行等情况告诉公众，并向组织反馈公众的信息，使组织及时根据反馈信息来调整自己的行为，使组织与外部公众之间建立一个互相了解、互相信赖、利益一致的关系共同体。

(一) 对公众进行消费教育

消费教育现在已受到世界各国的普遍重视，它具有说服公众接受政府或组织的方针政策、提高公众的素质、维护自身的权益，以减少盲目性、提高消费效益等功能和益处。根据消费经济学的理论，消费教育有三种形式。

▶ 1. 灌输性教育

灌输性教育是指向消费者普遍、经常地灌输消费方面的经济知识、技术知识和法律知识。

▶ 2. 规劝性教育

规劝性教育指用规劝的办法说服、教育消费者进行或不进行某些消费。

▶ 3. 惩戒性教育

当消费者的消费行为妨碍他人利益或公共利益、公共秩序时，应对其进行强制或处罚性教育，以制止不良行为并使之不再发生。

在对公众进行消费教育时，以灌输性教育和规劝性教育为主。公众在消费过程中，随着消费需求的不断个性化和多样化，政府的各种消费政策及社会组织的各种产品或服务将相应推出，其中有些政策或产品的内涵和功效，公众并不清楚，这就需要组织或公共关系机构对公众进行教育与引导。

（二）对外部公众的宣传引导

公众舆论亦称为公众的意见，是指公众对组织的评价和意见，体现了组织在公众心目中的形象，也是组织所面临的舆论环境。公共关系工作既要向组织提供和解释公众对组织的评价和意见，还要通过具有说服力的宣传来影响和引导公众的评价和意见。因此，分析和影响公众舆论是公共关系的重要工作。

组织所面临的环境是不断变化的。在不同的舆论环境下，组织的宣传、引导工作的侧重点不同。一般来说，当组织初创时或组织推出新的产品或服务项目时，宣传的侧重点在于建立组织的新产品或服务项目的良好声誉，所以要加大宣传力度，吸引公众注意。当组织的产品或服务项目信誉已建立，处于顺利发展时，宣传的侧重点在于保持和维护对组织有利的舆论环境，同时寻找新的宣传契机，进一步扩大组织的影响，提高组织声誉。当组织处于逆境或某产品及服务项目遭受危机时，宣传的侧重点在于扭转不利舆论，形成有利舆论，争取公众支持。此时，组织应向公众坦诚说明事实真相，宣传组织的危机处理或补救措施，树立组织对公众负责的形象，从而引导社会公众客观、全面、公正地评价组织，重塑组织形象。

第六节 推动业务，全面增进效益

公共关系职业的日益兴起与国际上越来越重视社会组织对社会整体的效益有关。公共关系部门通过对信息的采集、分析和利用，来为组织和社会增进效益，这是公共关系的最终目的，也是重要职能之一。所谓全面增进效益，是指公共关系部门借助各种业务活动所获得的经济效益、社会效益和生态效益等整体结果。

任何社会组织，如果它的发展是以损害社会利益为代价的，那么，这种发展绝不可能持久，必然会受到公众的反对。公共关系工作实际上起着权衡社会组织的整体效益的功能，它们从各个角度考察组织与社会的联系。这些联系主要包括以下五个方面。

（1）经济联系，即组织与社会环境在物质上联系，包括生产资料、生活资料，以及生产经营活动方面的联系，并由此产生的经济效益。

（2）人员联系，即组织所需的人员来自社会，组织也可以为社会输送人员乃至人才，并由此产生人的效益。

（3）社会活动联系，包括组织在政治、社会秩序、社会生活、人际交往等众多领域中与社会环境发生的交往关系，并由此产生的社会效益。

（4）文化联系，即组织对社会文化领域的影响，并由此产生的文化效益。

（5）自然环境联系，即组织与社会自然环境的交互影响，并由此产生的生态环境效益。

公共关系人员就是在考虑上述各方面效益的基础上，来增进组织与社会的整体效益。

思考题

1. 公共关系的主要职能包括哪些内容？
2. 为什么说公关工作能起到"消防队"的作用？
3. 组织如何对内、外部公众进行教育引导？
4. 公共关系职能部门如何对决策者进行咨询建议？咨询建议的内容是什么？
5. 社会组织获取的效益包括哪几个方面？

第七章 公共关系工作的程序

> **学习目标**
> 1. 掌握公共关系的四个工作程序，以及它们之间的相互关系。
> 2. 熟悉公共关系调查的主要内容。
> 3. 了解如何对公共关系工作进行评估。

公共关系作为一种旨在树立良好组织形象，以获得公众支持与合作的现代职业化活动，应该具有科学、合理、规范的工作程序。公共关系活动本身是有规律性的活动，并非是杂乱无章、任意进行的。斯科特·卡特里普、阿伦·森特和格伦·布鲁姆三位美国公共关系学者合著出版的《有效公共关系》一书中指出，从公共关系作为一种"艺术"的起源开始，这一活动现在已经进入了它的成熟阶段。在这一阶段，从事这一行业的人已经不再是凭直觉和个人经验进行摸索和操作的公共关系活动，相反，公关从业人员一般是依照、遵循一定的工作程序开展工作的。卡特里普等认为，公共关系活动的过程有四个基本步骤：界定公共关系问题、制订计划和方案、行动和传播、评估方案。这一认识大体反映了公共关系活动的基本规律，得到了国际公关界的认同，被称为"公关四步工作法"。

公共关系的实践和理论也都表明，一个相对完全且富有成效的公共关系工作程序，通常包含四个相互联系、相互衔接的基本程序，即公共关系调查、公共关系计划的制订、公共关系计划的实施、公共关系工作的效果评估，它们构成了公共关系工作的基本运行模式。

第一节 公共关系调查

任何组织在开展每一项公共关系活动之前，都必须收集有关资料和事实依据。只有迈开了公共关系活动的第一步，组织才能开始筹划决策和战略，以开展有效的信息交流项目。因此，公共关系调查研究是整个公共关系工作的第一步，同时又贯穿于公共关系工作的全过程。在公共关系工作的初期，全面深入的公关调研可以为公共关系活动方案的确立提供可靠的依据。在计划实施过程中，公关调研又反馈来自周围环境的信息，不断调整组织在公共关系活动中的行为。

公共关系调查作为公共关系工作程序的起点，可以确定社会组织面临的公共关系问题，以便制定公共关系工作目标。而要准确地发现和确定问题，则需要进行深入细致的公共关系调查。

一、公共关系调查的含义及意义

公共关系的调查同一般的社会调查不同，它是指通过各种有效的方法和手段，获取社会公众对本组织各个方面的意见、态度和反应等信息资料，从而对组织的形象进行分析测定的活动。

进行公共关系调查的目的就是掌握与组织活动和政策相关的公众的认知、观点、态度和行为。这是帮助组织发现潜在问题或准确把握现有问题的重要手段，是组织有效开展各项公共关系实务的基础。

公共关系调查无论是对组织的生存和发展，还是对整个公共关系工作程序的顺利进行都具有十分重要的意义。它能使组织及时获取公众关于组织的各种信息，准确、具体地掌握本组织的实际形象状况，能为组织的决策提供有效的咨询和科学的依据。它可以监测组织的环境变化，帮助组织根据各种环境变化不失时机地调整自己的行为，增强组织的适应能力和应变能力，并提高公共关系工作成效，促进组织与外部、内部之间的信息交流，扩大组织的知名度。

二、公共关系调查的原则

为了保证公共关系调查的科学性，调查人员必须遵循以下原则。

▶ 1. 全面性原则

公共关系调查的全面性原则要求在调查对组织形象的评价时，必须搜集各方面公众的意见。这里应注意两点：一是调查对象必须能够代表公众。所以，必须运用严密的科学方法搜集有代表性的调查对象的客观态度。二是调查所得的资料必须全面。既要有正面意见，也要有反面意见，应注意全方位了解公众的意见，并把各种意见联系起来，不能以偏概全。

▶ 2. 客观性原则

调查人员在调查过程中应从客观实际出发，要注意区分公众的客观态度和主观臆想，这样才能对公众的有关评价做出科学、准确的结论。此外，切忌主观性，不可随心所欲地给客观事实加入主观猜测的成分。不能回避更不能掩盖事实，以保证调查结果的可信度。

▶ 3. 计划性原则

因为公共关系调查具有动态性，必须不断地进行。因此，应把公共关系调查工作列入组织的整体运作计划中，使之制度化、规范化。这不仅可以使组织适时得到有价值的信息，而且也可以不断总结调查的经验，提高调查工作的质量。另外，就一项具体的调查工作来说，事先必须制订一个完整、严密的调查计划。对调查任务及完成任务所需的人力、物力做出合理的安排。对调查中可能会遇到的各种问题及其对策都要考虑周全，并列出时间进度表，以保证调查的顺利进行，提高调查工作的效率。

▶ 4. 时效性原则

时效性原则是指调查的结果只表明某一特定时期内公众对组织形象的评价，因此具有很强的时效性。这一原则要求公共关系调查必须坚持经常性和反复性，任何一次调查都不能一劳永逸。遵循时效性原则，有利于及时地收集信息并不失时机地做出果断的决策。

三、公共关系调查的内容

公共关系调查的内容，不仅包括公众对社会组织的意见、评价和态度趋向，而且还包括对社会组织的自身状况及其所处的公共关系环境的调研，以及对组织可能遇到的问题的预测、公共关系活动效果的评估等。其调研范围与调研深度，同组织的自我期待、组织所处层次的高低、活动半径的大小，以及视野广阔程度、业务范围有关。一般而言，大至社会文化，小至受众个体，凡是与该社会组织有关的因素，都可以纳入公共关系调查的内容。

公共关系的调查之所以与一般的社会调查不同，就在于其内容的特殊性。这些内容包括组织的形象、有关的背景资料及公共关系工作的环境与条件等。其中，组织形象是公共关系调查分析的主要内容或实质性内容。

▶ 1. 组织基本情况调查

组织基本情况包括组织的业务目标、社会效益目标、组织的管理状况和特点等。具体到一个组织，公关人员还要对诸如组织的目标市场状况、市场占有率及市场竞争情况，组织的产品、服务、价格等特点，以及组织的外观、名称、商品的包装、商标等进行调查研究。

组织基本情况调查还包括对内部员工队伍的基本情况调查。对内部员工队伍的基本情况调查，是指对一般工作人员和重要骨干、主要负责人的状况调查，包括年龄结构、性别结构、文化知识结构、婚姻情况、家庭组成、专业特长、兴趣爱好等。

▶ 2. 组织形象调查

组织形象有好坏优劣之分，衡量的标准是组织的知名度和美誉度。这两项标准可以通过调查分析的方式获得。组织形象及其衡量标准和构成要素之间有着内在的联系。组织形象是由组织的知名度和美誉度来表示的，而知名度与美誉度又是由具体的组织形象要素来确定的。

因此，公共关系调查的实质内容就是通过各种行之有效的方法，收集社会公众对组织各方面情况的看法或态度，进而对其进行分析加工，以确定组织的知名度和美誉度，为组织的形象状况进行定位。

组织形象的具体构成要素通常包括公众对组织的性质、经营宗旨、服务精神、资信情况、规模、名气、生产管理水平、产品质量、产品价格、商标、规格、性能等情况的具体看法。不同的组织由于性质各异，其组织形象的构成要素也不尽相同。但是，凡是社会公众的看法涉及本组织的生存和发展的都应该被视为组织形象的具体构成要素。

组织形象的具体构成要素一般分为以下几类：组织成员形象、组织管理形象、组织实力形象、组织产品形象。进行组织形象调查，是指针对具体的形象进行调查。

（1）组织成员形象调查。主要包括以下内容。

① 员工的形象。员工是组织主体形象的主要代表，良好组织形象的建立，要靠全体员工的共同努力。通过对员工的调查，了解员工的基本形象，包括他们的知识结构、精神面貌、服务质量、服务态度及仪表等。

② 员工对组织形象的期望。通过对员工的调查，了解他们对组织形象的期望，例如，员工对组织形象的评价，希望组织具有什么样的形象？怎样才能激发起员工强烈的归属感和自豪感等。

③ 决策者的形象。组织的决策层是组织形象的代表，决策者的形象是组织形象的一个主要方面。首先，要看决策者是否重视树立良好的组织形象。一个好的领导者应重视组织形象的树立，加强内部的公共关系工作，与公共关系工作人员共同策划、设计组织的完美形象。在管理过程中，逐步提高自身的政治思想、业务素质、管理水平，以自身带动全员，进而赢得公众对组织的好感和支持。其次，要看决策者是否有明确的组织形象期望。只有良好的组织形象愿望是不够的，应该有具体的目标、具体的计划、具体的措施，这些内容不明确，树立良好的组织形象就是一句空话。公共关系人员应了解决策者的具体期望，并以此作为设计组织形象的重要依据。最后，要看决策者是否有自觉的公共关系意识。决策者在决策目标和拟订方案中，能否将树立良好的组织形象作为出发点和落脚点，这决定了公共关系活动的目标能否实现。

（2）组织管理形象调查。组织的管理是一种系统性的控制，其目的在于发挥组织的整体功能，更好地实现组织的管理目标。组织的管理形象一般都能较全面地反映组织内部管理的优劣程度。如果组织内部各个子系统互不协调、相互推诿、职责不明、分工不清，其管理肯定是不成功的，必然导致不良的组织管理形象。只有当组织内部各个子系统都能充分发挥作用，并达到和谐一致时，才能体现出组织较高的管理水平。

（3）组织实力形象调查。组织的实力通常指反映组织人力、物力、财力等组织自身的物质基础和技术力量，如决策层的素质、组织成员的文化层次、知识结构、组织的技术力量、工作环境、设备水平、员工的福利待遇等，这些都是组织赖以生存和发展的基本因素。具备先进的物质设备、现代化的办公设施，并且使用效率高，有明显的社会效益，是组织实力强大的表现；组织成员的工资有保障、福利待遇好，说明组织的生产经营有方，有雄厚的经济实力来改善员工的生活；拥有大批懂技术、专业知识丰富，有实干经验的科技人员，是组织的又一宝贵财富，也能反映组织的实力形象。

（4）组织产品形象调查。产品有自身特定的形象，它与组织的管理和技术水平等密切相关。组织的产品形象是较直观的形象，易于影响公众，为公众所识别和评判。良好的产品形象，是组织获得公众信任与好感、树立良好形象的重要因素。

产品形象调查主要包括以下几个方面。

① 产品基本情况调查，主要包括产品质量、功能、实用性、使用周期、产品价格、外观设计、商标、包装、服务等。

② 产品在消费者和社会公众心目中的地位调查，主要包括产品在消费者心目中的形象、产品是否畅销、消费者对产品是否满意、有哪些意见和要求、产品滞销及市场占有率低的原因等。

③ 产品竞争地位的调查，主要包括：产品在市场上的占有率和排名，与同类产品的质量、包装、价格的比较，并找出优势及差距。

▶ 3. 组织实际形象指标的调查

评价组织实际形象的指标是组织的知名度与美誉度。知名度是指一个社会组织被公众知道、了解的程度，及社会影响的广度和深度。知名度的高低与社会组织优劣并不等同，同是高知名度，可能是誉满全球，也可能是臭名远扬。美誉度即一个组织获得社会公众信任、赞美的程度。

知名度和美誉度是衡量社会组织形象的基本指标。两者反映了社会公众对一个社会组织的看法和评价。通过对知名度和美誉度的调查和分析，可以了解组织在社会公众心目中的真实形象。

▶ 4. 相关公众情况的调查

(1) 公众背景资料的调查。这一调查的目的是为组织形象的定位提供充分证据，内容包括被调查者的年龄、性别、职业、文化程度、经济状况、住址等资料的调查，它可以帮助组织更深入地分析公众对组织形象的评价的不同特点。

(2) 公众构成调查。开展公众构成调查有利于确定公共关系工作的基本范围和重点对象，避免盲目性。调查内容主要包括：①内部公众构成情况，如组织成员的数量构成、专业构成、年龄构成、性别构成、文化构成、职务、职称构成等；②外部公众构成情况，如外部公众的数量构成、空间构成、特征构成、需求构成、观念构成等。

(3) 公众需求构成情况调查。开展公众需求情况调查，可以掌握公众需求情息，不断设法满足公众的合理需求。调查内容主要包括：①公众的物质需求状况，如对改善物质生活环境的需求、对获得物质产品的需求等；②公众的精神需求情况，如对组织接纳的需求、对合法权益的需求、对获得组织重视的需求等。

(4) 公众态度意向的调查。这是公共关系调研中最重要的内容。公众态度分为认知和评价两部分。认知包括公众对组织的了解和认识，反映了组织的知名度，是公众对组织产生态度的前提；评价则是指公众在对组织有所了解的基础上做出的带有主观色彩的判断，反映了组织的美誉度。因此，通过对公众意向的调查，可以判断公众对社会组织的认知和评价，帮助组织了解其在公众心目中的实际形象，并以此与组织的自我期望形象进行比较，找出差距及存在的问题，并确定组织即将开展的公共关系活动的对象和目标。

▶ 5. 社会环境调查

任何组织总是生存于一定的社会环境之中，其公共关系工作的成败都离不开环境因素，随时监测组织外部环境的变化是公共关系的重要职能之一。因此，社会环境调查也是公共关系调查的重要内容之一，主要包括政策环境、社会文化环境、其他组织公共关系工作的进展情况等。

所谓社会环境的调查，第一是对国家的政治经济形势、政策方针、法律法规进行调查，即社会组织可以在什么样的法规和政策允许范围内从事活动，组织开展的业务会受到怎样的保护等；第二是对市场发展趋势、社会文化及心理等方面进行的调查分析（如重大事件、社会时尚、舆论热点、风俗民情、教育科技发展等），其目的在于考察特定的公关工作是否合乎时宜；第三是对技术环境进行调查分析，是指进行某项公共关系工作时，应对时间、空间及物资设备等要素进行调查分析，以确定此项公共关系活动此时此地进行是否可行及效果怎样。

▶ 6. 传播媒介情况的调查

要做到有效地利用传播媒介来开展公共关系活动，就必须对传媒的有关状况进行调查。传播媒介情况调查的主要范围如下。

（1）大众传媒情况调查。大众传播媒介影响范围广，传播效率高，深受社会组织重视。对大众传播媒介的调查包括大众传播媒介的分布情况、功能作用情况、所需信息情况等。

（2）专题活动媒介情况调查。专题活动是现代公共关系活动中一种具有特殊作用的信息传播媒体，掌握此媒体的特点，可以决定组织是否参加某专题活动或参考某专题活动来自办专题活动。对专题活动媒体的调查包括专题活动筹办情况、专题活动效果评估情况等。

公共关系调查是社会调查的一种表现形式。它是运用科学的方法，有步骤地去考察社会组织的公共关系状态，收集有关资料，进而分析各种因素及其相互关系，以达到掌握实际情况、解决面临问题的一种实践活动。

总之，一项公共关系工作要取得成功，一定不能闭门造车，而应当对有关的内容进行调查分析，否则便很可能导致失败。

四、公共关系调查的基本步骤

公共关系调查的步骤可分为三个阶段：准备阶段、实施阶段和分析阶段。

（一）准备阶段

▶ 1. 确定调查主题

确定主题包括确定调查的目的和内容。组织应根据公共关系工作的实际需要确定不同类别、不同时期的公共关系调查的主题。

▶ 2. 确定调查范围

调查范围的确定包括两个方面：调查对象的确定和调查对象范围（即样本数）的界定。组织应根据调查主题的需要和力所能及的条件来确定调查范围，并应确保调查结果具有一定的代表性、客观性和全面性。为保证调查范围更为科学合理，在确定调查范围时，应注意收集以下资料。

（1）调查对象的背景资料，是指被调查者的年龄、性别、住址、职业、文化程度、收入水平、家庭情况等。

（2）调查对象对组织的认知情况，主要包括对组织的基本情况、经营状况、开展的主要活动等是否了解，以及了解的程度等。

（3）调查对象的态度情况，是指被调查者对组织的方针、政策、各项工作及发生的问题与事件所持的态度。从心理学上讲，态度是公众对于组织所持的主观上的内在意向，它是公众的认识、情感和行为习惯的综合反映。公众态度从形式上划分，可分为支持、不支持、中立、反对、敌意等多种；从持续时间长短来划分，可分为持续性态度和即时性态度两种。

（4）调查对象行为情况，是指调查者受自身态度支配所采取的行为，如接纳组织及其产品或服务，不接纳组织及其产品或服务，是否对组织施加某种压力，等等。

▶ 3. 确定调查方法

根据不同的调查主题和公众范围，确定相应的调查方法，并着手调查前的准备工作，如调查问卷的设计、与调查者对象之间的联络等。选择确定方法时应考虑以下问题。

（1）用什么方法才能获取尽可能多的情况和资料。

（3）用什么方法才能获取更为客观的调查结果。

（3）用什么方法才能以最少的成本获取最好的调查效益。

（4）确定调查负责人员、地点、日期、费用及其他重要事项。

（二）实施调查阶段

以上准备工作完成后，就可进入实际调查。实施公关调查的过程，就是获取大量信息资料的过程。有时，可以通过收集文献、分析文献资料的方法，来获取信息资料，此方法经常使用，是一种通过第二手资料来了解信息的方法。如需要更广泛、更深入地了解社会公众对组织形象的认识及社会环境变化的资料时，仅仅依靠搜集现成资料还是不够的，还必须通过实地调查，如观察、访谈、抽样调查等方法，搜集第一手的原始资料。实地调查应根据调研方案中所确定的调研方式、时间安排和经费预算统筹安排，有条不紊地进行。

（三）分析阶段

实际调查结束后，公共关系人员要对大量的资料进行整理、记录、统计和分析，以便得出有价值的数据资料和相关信息，作为公共关系决策的依据。

（四）撰写调查报告

调查报告是公关调查的最终成果，是对调查研究的问题进行系统的分析，得出结论后撰写的书面报告。这是公共关系调查最后阶段的主要工作。调查报告的内容一般包括三个部分：第一部分是前言，包括调查的意义和目的，调查的对象和范围，调查方式和方法，调查的进程等说明；第二部分是报告的主体，包括调查获得的信息和分析说明；第三部分是调查的结论、意见和建议。

五、公共关系的调查方法

确定什么样的调查方法，是公共关系调查的关键环节。科学正确的调查方法能够确保获取的信息准确而可靠，并能使调查取得事半功倍之效。公共关系调查方法将一般的社会调查方法结合公共关系实际，在实践中逐步形成了许多具有公共关系特点的调查方法。具体来讲，公共关系调查最常用的方法有以下几种。

（一）文献研究法

文献研究是一种收集、保存、检索、分析文献资料的方法。此方法经常使用，是一种通过第二手资料来了解信息的方法。具体工作包括以下几项。

（1）收集资料。公共关系人员要及时收集有关的信息资料，包括出版物，如书籍、报纸、刊物等；档案，如文件、报表、简报等；个人文献，如私人信件、笔记、契约等。

（2）保存资料。对收集的资料进行科学的分类、保存，建立分类检索系统。

（3）检索分析资料。在检索出所需资料后，还需对资料的真实性、可靠性、发展及其相关因素进行分析研究。

（二）媒介分析法

媒介分析法是指调查人员对各种媒介（报纸、杂志、广播、电视、网络、电影、书籍等），所传播的有关组织形象的信息进行调查分析的一种方法，它是对各种媒介所传播信息的内容、数量、质量、时间、频率等进行数据整理和分析，从中挖掘出对组织有用的信息。一般来说，某个组织的信息被媒介引用、报道的次数越多，它的影响就越大，知名度就越高。媒介分析法是组织有目的、系统的情报收集和调研活动。

（三）访谈法

访谈法是指调查人员通过直接与调查对象进行交谈，收集口头资料的一种调查方法。根据访谈人数又可以分为个别访谈和集体访谈两种。访谈法不仅适用于搜集用户意见，还可以通过对政界代表、社会名流、新闻工作者、权威人士、协作单位和关键人物的访谈来广泛地收集信息。访谈法具有直接性、灵活性和适应性的特点。访谈法的优点是：获得的信息内容详细，问题讨论透彻、准确，一次面谈不够的，还可约请多次面谈，也可请对方写成书面材料补充。其缺点是效率较问卷调查低，费用开支较大，标准化程度低。

（四）问卷调查法

问卷法也称调查法，是调查者运用统一设计的问卷向被选取的调查对象了解情况或征询意见的调查方法。

问卷可分为开放式问卷和封闭式问卷两种。开放式问卷是对所调查的问题不做答案限制，由被调查者自由回答的问卷。它的优点是回答自由，填答者能深入、详尽地阐述自己的意见。缺点是结果不好分类，难以统一标准衡量，不便于统计处理。封闭式问卷是对问卷中所提问题给出几个可能的答案，填答者只能从中选定答案。它的优点是分类明确，便于统计分析，信度较高。缺点是难以得到深入具体的建议，不利于发现新的问题。为了弥补各自的不足，必要时应把两种问卷结合起来成为混合型问卷，用开放式部分来辅助分析和了解封闭式问卷中的更深层次的问题。

（五）抽样调查法

抽样调查法就是科学地从调查总体中选取一部分作为调查样本而进行实际调查的方法。样本应能代表总体又能说明总体的情况。因此，样本的抽取是否科学是抽样调查方法的关键。在公共关系调查中，常用的抽样方法有随机抽样、分层抽样、区域抽样和定额抽样等。

▶ 1. 随机抽样

随机抽样就是不加任何分组、排队，而从总体中完全随机地抽取样本。总体被抽中的机会是均等的。

2. 分层抽样

分层抽样就是将总体按其属性特征分为若干层，然后在各层中随机抽取样本单位，而不是从总体中直接抽取样本单位。这是一种限制性随机抽样方法，它能提高样本的代表性，而又不至于给调查结果带来偏误，尤其适用于总体情况复杂、各单位间差异较大、单位数较多的情况。但要注意分层的数目不宜过多，层次的划分必须界限清楚，必须知道各层中的单位数目和比例。

3. 区域抽样

区域抽样就是在总体中先选取若干地区（如城市中的街道、县中的乡等），然后再从选取的地区内用随机抽样的方法抽取实际调查样本。这种方法类似于分层抽样方法，适用于调查总体很大、实际调查很困难的公共关系调查。

4. 定额抽样

定额抽样是一种靠调查者的判断来确定样本的方法。为了保证样本的代表性，调查者对样本的选择也有一定程度的控制。但这种代表性在实际上如何判定，只是调查人的看法。这种方法选取的个体在总体中没有均等被选取的机会，一般多用于探索性研究。

（六）跟踪调查法

跟踪调查法就是公共关系调查人员选择一些特定的对象进行定人或定产品的深入、连续的调查，时间短则几月，长则几年。其优点是更能深入了解特定对象的思想、态度的变化过程，掌握其心理特征，探索工作经验，同时也可以联络感情，形成较稳固的信息渠道。缺点是开支较大。许多组织包括一些企业和医院开展的"用户意见跟踪卡"就属于这一种。

（七）系统调查法

运用一次抽样调查中的样本，按一定时间进行定期调查或长期调查就形成了系统调查。定期调查可以根据需要，分别在每周、每月、每季、每半年进行一次。长期调查一般是指连续一年以上至多年的调查，如统计局进行的居民消费品价格指数的调查。系统调查的优越性是资料连续、可比性强，能够看出同一样本的前后变化，而且节省人力和时间。缺点是时间过长，样本可能会发生变化或老化，被调查者也会出现厌烦情绪，使调查失去意义。

总体来说，公共关系调查的性质是认识社会组织的公共关系状态的一种实践活动。公共关系调查的任务，是考察与收集社会组织公共关系状态的各种资料并加以分析和研究；公共关系调查的中介，是一定的科学方法和技术手段；公共关系调查的目的，是要了解和掌握社会组织所处公共关系环境及状况，找到社会组织面临的问题，减少组织的盲目性和随意性，不失时机地调整组织的行为，增强适应能力和应变能力。

公共关系调查，无论是以什么方式进行，收集到的大量资料都不能说是完全正确或有用的，这其中就存在一个分析过程，即去粗取精、去伪存真。公关调研是运用定量分析和定性分析的方法，全面、准确地了解社会组织的公共关系现状，预测公共关系发展的趋势，为社会组织的决策提供科学依据，并对公共关系活动的效果进行评估。而在某一社会组织面临具体的公共关系问题时，或该组织策划具体的公共关系活动之前，公关调研可以帮助公关人员监测社会环境，及时把握公众舆论，认识公众的态度，并在此基础上制订切实可行的公关计划，实施有效的传播与沟通，以解决组织面临的具体问题，塑造良好的形象。

第二节 公共关系计划的制订

当发现和明确了组织在公共关系方面存在的问题之后，并不能马上实施具体的公共关系活动。现代公共关系问题的复杂性，要求在具体实施一项公共关系活动之前，必须有一个科学的、尽可能详尽的计划方案，以确保公共关系活动的进行。因此，公共关系活动的第二步程序是制订公共关系计划。

一、确定目标

公共关系工作与其他工作一样，应当具有明确的目标。公共关系活动目标是组织在一定时期内或通过某项活动所要达到的目标。它常常表现为组织良好形象的构成要素。在公共关系计划工作中，首要的一件事就是确定公共关系的目标。没有明确的公关目标，公共关系计划便等于失去了统率和灵魂。应当明确，找到了组织的形象差距以及面临的一些需要解决的公共关系问题，并不等于就确定了公共关系的目标，而仅仅是为目标的确定奠定了必要的基础。公共关系目标是在分析了有关的公共关系问题及其相互关系，以及它们与组织总目标之间的关系之后才产生的。例如，分析公共关系问题的实质是什么？它们之间有何内在的联系？哪个问题是其中的关键，主次关系如何？它们对组织总目标有何影响等。只有对上述问题进行分析与综合，才能确定公共关系的目标。

公共关系的目标应当是具体而明确的。它们不是公共关系活动的根本目标，而是这个根本目标或总目标在某一方面的具体化。这种具体化的内容要视组织的性质、宗旨、特定环境条件下面临的有关问题而定。只有目标明确，公关人员才能规划出详细的行动方案，做出较为准确的经济和时间预算。按照公关目标的时间划分，可以分为长期目标、短期目标、项目目标。长期目标也称为战略目标，长期目标的确定主要根据国家经济发展大趋势，社会能为组织发展提供的环境条件，组织自身发展达到何种程度，公众意向的变化及其趋向等。短期目标一般体现在公共关系的日常工作、定期活动等工作中，是组织在具体实施长期目标过程中所面临的分阶段目标。项目目标是为专门的公共关系活动而制定，其时间是没有限制的，视专门的公共关系活动自身起止时间而定。公共关系专题活动有其必须取得的特定效果，要制定具体的目标和行动方案。在确定目标的过程中，公关人员应遵循以下原则。

（一）一致性原则

一致性原则包含了三重含义。

▶ 1. 公共关系工作的目标必须与组织的整体目标相一致

任何组织的公共关系活动都不是孤立进行的。公共关系人员和部门在制订某项公共关系活动计划时，应该时刻认识到，自己的活动不但是组织整体活动的一部分，而且是为组织的总目标服务的。因此，公共关系活动的目标实际上是活动对象的要求和本组织总目标相结合的产物。在确定活动目标时，公共关系人员不应就事论事地去设计目标，而是应该对本组织的活动方式和目标有一个全面透彻的理解，对组织形象的设计有一个通盘的考虑，再决定在什么时机、什么地点、以什么方式解决什么问题。在很多情况下，社会公众的要求是多种多样的，公共关系人员在制定活动目标时，往往会感到顾此失彼，众口难调。但是，如果以组织的总体形象作为前提，考虑公共关系活动的目标，就能够确定明确的目标为塑造组织的总体形象做出贡献。

▶ 2. 整个公共关系活动目标前后一致，各子目标之间相互协调

公共关系目标的实现是通过在时间序列中的活动达到的，并由多方面的具体活动相互配合完成的。有些大型公共关系活动历时几年，投入大量人力、物力和财力，这就要求在活动的各个阶段，参与活动的组织的各部门和人员，始终围绕活动计划的最终目标开展各项工作。在整个活动过程中，应自始至终地实行目标管理，严格控制和矫正偏离最终目标的局部活动，牢牢树立整体和全局的观念。

▶ 3. 公共关系工作的目标必须与公众利益相一致

公关人员在制订计划时，必须使组织利益与公众利益相一致，如果仅仅顾及组织单方面的利益，做出有损于公众利益的决定，必然会影响组织的声望，这是有悖公共关系工作的初衷的。

（二）明确性原则

明确性原则是指公共关系活动所确定的目标，应当方针明确、主题鲜明、简单明了。既容易为所有参与活动的部门和人员所理解、牢记，又容易吸引公众的注意力，获得公众的支持，从而具有广泛的动员力量。因此，活动目标往往表现为一条用简单明了的语言来表达的方针或主题，常常采用口号的形式。这一方针和主题在所有的公共关系活动中都应有所体现，例如在广告、宣传品、讲演等活动中。恰当的、反复出现的方针和主题，使所有分别进行的活动都有了"灵魂"，会产生极大的影响力。

（三）可行性原则

可行性原则是指组织制定的目标要具有可行性，不能脱离现实而好高骛远。在确定公关目标的过程中，公关人员必须对组织各种主客观条件进行通盘考虑，对各种可能影响目标实现的因素要有清醒的认识。有些目标可能十分诱人，但是实现这样的目标的条件尚不具备，实施过程可能存在不少难以控制的因素。因此，这样的目标应及时摒弃。影响可行性的因素很多，公关人员只有对这些因素进行了认真分析后，方可制订公共关系计划。公共关系计划是实施具体公共关系工作的行动指南。

公共关系计划的制订，其正确与否、合理与否，直接关系到今后公共关系工作的成败。公共关系计划是公共关系工作程序的第二步，也是最难的一步。国外公共关系专家对

此进行过测算,在各种公共关系活动中,有50%左右因计划不当而失败。要制订一套良好的公共关系计划方案,主要是确定目标、编制计划。在认真分析和研究之后,才能确定一个较为切实可行的目标。同时,制定目标时一定要留有余地,以保证应付可能发生的临时性危机或条件变化而能灵活适应。

（四）具体性原则

具体性原则是指在制定公共关系目标时,应注意使目标明确具体。不能含糊不清和空泛抽象,无法进行验证和监督、控制。明确的目标有助于公关人员在错综复杂的问题面前明确方向,而只有内容翔实、具体的目标才能向有关人员明示其努力方向。明确具体的公共关系目标不仅能提高工作效率,也是活动效果评估的重要尺度。

（五）有效性原则

有效性原则是指所选择的目标应当能够最及时、有效地解决组织当前最主要的形象问题。至于什么是组织当前最主要的形象问题不能一概而论,应当视组织不同的性质、组织不同的环境、组织不同的具体时期等情况而定。

（六）限度性原则

限度性原则是指在一个特定的时间里,组织在公共关系方面面临的问题可能是多种多样的。如果试图在有限的公共关系活动中全部解决这些问题,必然会分散人力和财力,使得每一个问题都得不到真正的解决。因此,在一项具体的公共关系活动中,活动目标必定是有限的。公共关系部门和人员在制定目标时,应该分清轻重缓急,确定一两个重点目标并集中力量解决。另外,有些问题也许是非常重要的,但由于各种条件的限制,例如经费、渠道等困难也许在一定时期不可能得到解决。在这种情况下,如果勉强为之,又不拥有达到目标的有效手段,反而会使原有问题难以解决。因此,目标限度既包含目标的重要性程度,也包含解决问题的深浅程度。这些都应在制定目标时事先给予考虑。

（七）分解性原则

分解性原则包含了两方面的含义。

（1）一个组织的总目标可以分解为不同的子目标、阶段目标。因此,公共关系活动的目标也应与之相适应,按照时间顺序、目标层次来确定。这样,可使每一项公共关系活动目标更加明确,又使连续不断的活动构成一个有机联系的整体。从时间效用方面来看,公共关系活动的目标可以分解为长期目标、中期目标和近期目标,既不可急功近利,也不能对眼前的急迫问题视而不见。从目标层次方面来看,公共关系活动的目标可分解为基本目标、各级子目标,还可分解为地区性的目标、全国性的目标,以至世界性的目标。针对不同的目标,可有不同的公共关系活动内容和方式,也可达到不同程度的效果。将上述目标混同起来会影响某项公共关系活动的针对性。

（2）目标的具体化,即尽可能将目标及其实现程度量化,例如通过数字、百分比使目标的要求更加明确,这样,人们在开展活动中不但可以做到"心中有数",而且有利于对活动成果进行最终评价。

（八）沟通性原则

沟通性原则是指公共关系部门和人员在制定目标时,需要在组织内部做的工作。公共关系活动虽然主要是由专职人员去做的，但目标的实现则有赖于组织全体成员的共同努力。目标沟通包含两个方面：一是专职人员在制定目标时，应广泛征求组织成员、特别是负责人员、与外界联系较多人员的意见，让他们协助公共关系部门和人员确定目标，他们因工作特点往往会对要解决的问题提出有益的建议；二是在目标确定之后，应该尽可能让组织成员知道和了解，获得广泛的认可，这样，整个组织实际上都不同程度地参与目标的实施，从而可以更好地保证目标的实现。

二、编制计划

在确定了公共关系目标之后，就要制订一个良好的具有较强操作性的公共关系计划。

（一）公共关系计划的基本要素

各组织的公共关系计划虽然各不相同，但一般都包含五个最基本的要素。

▶ 1. 背景资料介绍

背景资料主要说明制订公共关系计划的缘由，包括组织目前公共关系状态的客观概述，说明组织需要解决的公共关系问题及需要消除的形象差距。

▶ 2. 计划的目标

这里所指的目标不仅是公共关系活动的总体目标，而且包括该目标细分之后的分目标以及由之构成的公共关系目标与指标的系统。

▶ 3. 实施计划的具体措施

实施计划的具体措施包括需要在新闻媒体上做的宣传、广告，对社会公益事业、体育比赛或文娱活动的赞助或捐款，以及价格策略等。

▶ 4. 实施计划的方法

实施计划的措施告诉我们为了实现公共关系的目标，应当着手哪些方面的活动，而实施计划的方法则表明应当"怎样做"。各种措施的推行都具有与之相应的不同方法，例如，广告与宣传同属于利用大众媒介进行传播沟通，但具体实施起来做法不同。提供赞助或捐款或采用价格策略是以某种行为来树立组织良好形象的手段，它们的做法自然与传播沟通的方法不同，并且这些手段本身的实施方法也是不同的。因此，实施计划的方法应当视计划及其实施手段的不同情况灵活选用。

▶ 5. 目标公众

组织在拟订和实施公共关系计划时应当确定目标公众的范围，作为公共关系活动的对象或客体，组织在计划中明确整个活动所涉及的所有相关的公众类别。

（二）编制计划的原则

公共关系人员在编制公共关系计划时，必须遵循下述原则。

▶ 1. 尊重客观实际的原则

编制计划的过程中，要尊重客观事实，实事求是地确定公共关系目标。否则，目标就不准确、就失去了意义。在组织运作过程中发生的事情，要做到客观、真实、全面和公正。尤其对处于不利形势下的组织更为重要，要敢于承认现实，才能做出理智的规划。

2. 公众利益至上的原则

公众利益至上是公共关系计划的重要原则。公众利益至上就是始终把公众利益放在首位，作为考虑问题、处理事务的出发点。不仅要完成自身的任务，还要重视其行为所引起的公众反应，关心整个社会的进步和发展。只有这样，才能得到公众的好评，也才能使自身获得更大的长远利益。

3. 独创性与连贯性相统一的原则

要想使组织的公共关系活动取得良好的效果，就必须根据社会环境、公众心理，以及组织内部的条件而进行精心策划，使之不仅与自己过去的活动有所不同，而且更有别于竞争对手，即要使自己的活动具有独创性。

但是，组织形象效果又具有累积性的特点，也就是说，公众是通过多次参与对组织形象的评判，才建立起较为固定的评价。因此，公共关系计划不仅要考虑到某一次活动的独创性，还要考虑到本次活动与前后活动的连贯性，只有坚持两者统一的原则，才能保持公共关系计划工作的科学性。

4. 与组织整体计划相一致的原则

公关人员应该清楚地认识到，公关计划是组织整体计划的一部分，是为实现整体目标服务的，必须与组织整体计划相一致。

(三) 编制公共关系计划的步骤

编制公共关系计划一般包括六个步骤。

1. 设计主题

公共关系的主题和公共关系的目标关系十分密切，但两者不能完全等同。公共关系目标是公共关系活动所要实现的组织形象状态，而公共关系主题则是公共关系目标的一种精练的表述，它对公共关系活动起着一种提纲挈领的作用。目标是主题的实质内容，主题是目标的表达形式。例如，日本精工计时公司在东京奥运会期间，抓住时机开展公共关系活动，确立了"让全世界的人都了解：精工计时是世界第一流的技术与产品"的公共关系目标，他们为此设计了一个十分精练的主题"世界的计时——精工表"。

公共关系的主题应具有高度的概括性、精练性和感召力，因此，主题设计应遵循下述基本要求。

(1) 公共关系的主题必须与公共关系目标高度吻合，并且能充分表现目标的实质，因为主题本身是由目标决定的，是目标的反映。

(2) 公共关系的主题所提供的信息要独特新颖，具有鲜明的个性，语言形式生动活泼，能引起公众的兴趣，打动人心，富有较强的感召力。

(3) 公共关系的主题应符合公众的心理需要，其形象既使人感到真实可靠，容易引起公众的认同，又要富有激情、耐人回味，激发公众的激情和想象力。

(4) 公共关系的主题一定要高度凝练、朗朗上口、便于记忆，切忌使用冗长拗口的词句，否则会令人生厌且难于记忆。

2. 建立目标指标体系

在公共关系计划中，应当将一次公共关系活动的总体目标细分为一系列的分目标和指标,使之构成一个有序的系统。这样才能通过一项项分目标或指标的完成,最终达到总目标的实现。相反,不经细分的总目标是根本无法实现的。

▶ 3. 分析确定目标公众

任何公共关系计划都应当围绕公共关系目标来确立总体和具体公共关系工作的对象,即活动所针对的公众。

在某种意义上说,公共关系活动就是针对公众所进行的活动。但是,作为一个组织,它所面对的公众是极为广泛的,如果不就某一项具体问题针对其中一部分公众进行活动,就会丧失这种活动的意义。

组织的公众对象虽然极为广泛,但依其与组织联系程度的不同,可以划分出一定的对象层次和范围。所谓公共关系活动就是在一定的对象范围内进行,根据对象公众的特点和公共关系活动的具体目标,达到塑造组织形象的目的。

在确定了某项公共关系活动的特定对象之后,应该针对这类公众进行一系列的背景调查,以便对这类公众有比较深入细致地了解,更有针对性地开展公共关系活动。背景调查除了要掌握对象的年龄、性别、文化程度、职业、收入、家庭情况外,还应特别注意调查了解对象对组织或某一问题的态度,包括认识程度、评价程度、评价取向等,以及对象公众准备或已经采取的行为的方式、特点、影响等。当全面了解了对象公众的特点以后,就能有针对性地设计具体的公共关系活动方案了。

▶ 4. 提出实施公共关系计划的措施或手段

不管是总目标还是分目标,它们的实现,都需要相应的措施或手段,否则目标永远只能是头脑中的东西。因此,在制订计划过程中必须提出相应的措施或手段,而且应当针对不同的目标采用不同的措施或手段。例如,我国香港地区的某些高校以提供奖学金的形式来吸引我国大陆的优秀学生;为吸引投资,可采用宣传组织的良好经营状况、成果和远大发展前景的手段;为使组织的产品或服务获得良好的评价,可以通过提高质量、降低成本、降低产品销售价格的手段等。

▶ 5. 编制预算

(1) 经费预算。公关计划应当按照项目、时间进度和实施计划的措施手段等因素,进行经费预算,以便做到心中有数,避免出现浪费或由于经费不足而导致本来可以成功的计划半途而废。

① 公共关系经费预算的基本内容。在公共关系活动中,需要支出的费用大体上有七项。

一是劳务报酬。公共关系工作人员在开展公共关系活动时需要花费大量的时间,这些人的工资、补助必然成为公共关系预算中的重要部分。

二是咨询、培训费。在组织遇到难以解决的问题或重大事件发生时,委托咨询公司或聘请公共关系顾问帮助解决问题,需要支付咨询费;组织对员工进行的公共关系培训需要支付培训费。

三是办公费。为开展公共关系活动需要支付办公用品费、电话费和日常接待费等。组织的公共关系活动通常不能仅利用组织内的场所来进行，还需要利用组织外的场所，在这种情况下，还必须估计到办公室的租金、取暖、水、电、清洁等费用。

四是专项资料费。编写宣传资料、办报纸及各种刊物，以及各项专门性的公共关系活动所需的印刷费、复印费、邮资费等都应列入公共关系活动经费预算。

五是公共关系广告宣传费。包括视听广告、自制广告和委托代做广告等各种费用。

六是实际活动费。召开座谈会、招待会、宴会等，组织参观、举行大型纪念活动或庆典活动等各项活动经费，为公众免费提供的各种教育、培训和服务项目等方面的开支，以及其他各项公共关系活动所需要的经费。

七是提供赞助费。赞助社会文化活动、教育活动、各种大型的体育活动，以及参与各项社会福利事业或慈善事业所提供的经费。

② 公共关系经费预算的基本方法。公共关系经费预算的方法主要有以下三类。

一是销售额抽成法。组织按其年度计划销售额抽取一定的百分比作为年度公共关系预算经费。这种方法只能匡算出年度公共关系活动经费的总额，因此，只适用于年度公共关系预算。

二是项目作业综合法。即先列出公共关系项目计划及每项公共关系计划所需费用细目和数额，核定单项公共关系活动预算，然后将年度内各个公共关系项目预算汇总，就可得出全年公共关系预算经费总额。这种方法具体、准确，既适用于年度公共关系活动经费的预算，又适用于项目公共关系活动经费的预算。但需要留有余地，以预防意外情况的发生，通常使用列表的形式，详尽、具体地罗列各项支出。

三是平均发展速度预测法。即运用历史资料计算出公共关系经费实际开支总的发展速度，并计算出平均发展速度。按照这一平均发展速度确定计划期公共关系活动经费预算数额。采取这种方法，可以保证公共关系活动经费每年都有所增加。

由于公共关系活动是一项灵活性非常强的工作，会受到多种因素，特别是人的因素的影响，因而不可能将所用费用的细节都完全估算出来。所以，在编制预算时必须考虑到各种突发、偶然的情况，需要临时改变或增加经费。在预算中，应该对这些情况的出现有所准备，并设置临时机动费用，做到有备无患，从经费上保证公共关系活动的应变能力。

(2) 时间预算。任何公共关系活动都要在一定的时间内完成，不可能、也不应该无限期地拖延。因此，在活动方案中，必须对整个活动持续的时间有一个基本的限定。同时，对于各个子目标的实现、各个参与部门和人员的活动，也应有时间上的限定。公共关系活动具有很强的连续性，哪一个环节拖延或超前，就有可能打乱整个活动的节奏，造成混乱，影响活动的进程。因此，整个活动的实施过程要有一个明确的时间预算，应该列出工作时间表，按进度要求安排活动，使参与人员做到心中有数。这样既防止工作拖拉降低效益，丧失时间，增加费用，又可使工作井然有序，避免混乱。计划的时间安排也应该留有余地，以免意外情况的发生。

▶ 6. 计划方案的审定

公共关系计划经过上述几个步骤之后，应当见诸文字，形成公共关系计划的实施方案。一般来说，实施方案应当具有可选择性，经过评审论证之后，选择一个最佳方案作为实施计划的方案。

(1) 要对计划方案实行优化，加强方案的优点，克服方案中的缺点以增强计划方案的目的性、可行性，提高效益，降低耗费。

(2) 要对计划方案进行论证，论证新确定的公共关系目标是否明确具体，以及实现的可能性如何；论证方案的实施条件与环境是否具备，如人、财、物、时间、时机、传播媒介等条件是否具备，政治、经济形势、政策法规等社会环境是否合时宜；预测潜在问题和障碍发生的可能性和严重性，有无相应有效的应变措施；评价方案实施后综合效益的大小，论证方案有无实施的价值。

(3) 写出书面可行性的论证报告，交决策者审核批准。

(四) 编制方案应注意的问题

一个有效的方案不仅要具有完整性，还应从主题上注意以下几个问题：

▶ 1. 计划的集中性

一项计划应该集中达到几个有限的目标，而不应企图同时达到若干或所有的目标。只有将计划集中于有限的目标，才能明确地确定活动对象，有针对性地选择方法，在财力上才可能得到保证。

▶ 2. 计划的连续性

组织的公共关系问题是多方面的、随时产生的。虽然某项计划只应解决几个有限问题，但这几个问题的解决应该是上一个计划的继续和下一个计划的开端。如果不注意计划之间的连续性，这个计划解决这个问题，下一个计划解决什么问题还心中无数，到时候临时再想，这样是不会为组织塑造出一个完整形象的。无连续性的计划，使组织公共关系部门和人员对组织总目标、总形象缺乏深刻的认识，同时也体现了对存在问题不了解、不分析因而心中无底。

▶ 3. 计划的创新性

计划的创新性是对计划的基本要求，也是最高要求。无创新的计划，并非都是无效的计划，但它的主要功能在于维持。而有新意的计划，则可以扩大和塑造新的、更加光彩的组织形象。当然，要做到计划有新意，并不是一件容易的事情，但是，想方设法创新应该成为每一个公共关系活动的指导思想。

公共关系活动的各方面计划方案最后都应见诸文字形成报告，经过组织决策层审批同意后，就可以进入实际实施程序。

第三节 公共关系计划的实施

公共关系的目标是一种设想，计划是为了达到目标而制订的方案，这些内容都是相对空洞的。公共关系的目标和计划只有付诸实施，才能取得相应的效果。正因为如此，在确立目标、制订计划之后，必须要进行公共关系计划的实施。公共关系计划的实施是一种实际操作性的活动，是整个公共关系活动的中心环节，也是一个具体而复杂的关键环节。因此，实施好公关计划，将计划确定的内容变为现实，对整个公共关系工作具有十分重要的意义。

在具体的公共关系实施过程中，操作上存在着很多的变量，也可能遭遇很多传播和沟通上的障碍。如果在实施过程中，公关人员操作失当，即使设计得再有针对性、再有想法和创造力的公共关系方案也只能是"纸上谈兵"了。对于实施人员而言，必须对公共关系实施的特点、实施的原则及实施过程中可能遭遇的沟通障碍有充分的认识和准备，只有如此才能保证公共关系活动取得效果，达到组织预期的目标。

一、公共关系计划实施的特点

如果说，公共关系计划的制订是一种分析和策划的过程，那么，计划的实施则是一种行动的过程。具体地说，公共关系计划实施具有以下特点。

（一）联动性

一项公共关系方案涉及众多的因素，它会对各类公众产生广泛的影响，然而，只有在计划实施后这种影响才能真正地体现出来。公共关系计划实施所产生的联动影响主要表现在两个方面。

（1）计划的实施会对众多的目标公众产生深刻的影响。公关活动实施后，可以使对本组织持反对态度和中立态度的公众改变自己的立场。即使有时不能令目标公众从立场上进行彻底的转变，那么至少在态度等方面也会促使其产生不同程度的变化。心理学的研究表明，态度一般具有两种相反的趋向：正态趋向（了解、理解、感兴趣、支持）和负态趋向（敌视、偏见、漠然、无知）。因此，公共关系实施的任务之一，就是要使目标公众的态度从负态趋向转变成正态趋向，或保持公众态度的正态趋向。

（2）公共关系计划的实施有时还会对整个社会的文化、习俗，以及公众的观念产生深刻影响。

由此可见，一项公共关系计划的实施所产生的影响和作用往往不局限于计划本身所制定的目标，有时会对整个社会产生作用。

（二）动态性

公共关系实施是由一系列连续活动构成的过程，是一个需要不断调整的过程。这是由于：一方面，一项公共关系计划无论制订得多么周密、具体和细致，它总免不了与实际情况存在一定的差异；另一方面，随着时间的推移、实施的进展、环境的变化，实施过程中仍会遇到一些新情况和新问题。因此，不断地改变、修正或调整原订的实施方案、程序、方法，是实施过程中不可避免的正常现象。如果不考虑社会环境的发展而引起的条件变迁，一味地按一个固定的模式去机械地执行计划，那么不仅不能实现自己的计划目标，反而会给组织自身带来新的问题。当然，强调实施过程的动态性，并不意味着实施人员可以随意以一些无关大局的变化为借口而不按原计划去实施。公共关系实施的动态性与实施人员的主观随意性是不可混为一谈的。

（三）创造性

由于公共关系实施是一个需要调整和不断变化的动态过程，在实施过程中，公共关系人员需要依据整个实施方案中的原则和自己所处的环境、条件等因素进一步确定自己的实施策略，如合理地选择时机，正确地分配任务，灵活地调整传播渠道、媒介与方法等。公共关系计划实施的过程绝不是一个简单的照章办事的过程，而是一个由公共关系人员发挥主观能动性的过程。公共关系人员应该充分地发挥自己的积极性、主动性和创造性。从这个意义上说，公共关系计划实施的过程也是一个对原计划进行艺术再创造的过程。

二、公共关系计划实施的原则

公共关系计划实施是一个复杂而科学的过程，客观上需要有一套科学的实施原则作指导。公共关系实施原则是公共关系实施的工作要求，是公共关系管理人员（领导者）与操作人员在错综复杂的实施环境中，排除各种实施困难，以完成各项工作，最终实现公共关系目标的基本规定。

（一）准备充分原则

准备充分原则就是在正式实施公共关系策划方案之前，必须做好各种实施准备。实施准备是公共关系实施成功的基础和前提条件。准备越充分，公共关系计划实施就越顺利，失误就越小。因此，在正式实施策划方案之前，要用足够的时间做好各种准备工作。公共关系实施的管理人员和操作人员要严格、准确地检查每一项准备工作，把各项准备工作落实到具体的人，负责到底。

（二）策划导向原则

所谓策划导向原则，就是公共关系人员必须严格按照既定的策划方案开展实施工作的原则。策划导向要求公共关系人员在公共关系实施过程中，不断将实施的阶段性结果与目标要求相对照，保证不偏离既定的公共关系目标。当然，在实施过程中，由于环境的变化，需要对活动方案进行相应调整，但这些调整不能改变原来的目标和组织的总目标。

（三）控制进度原则

控制进度原则就是必须按照公共关系实施方案中各项工作内容、实施时间进度的要求，随时检查各项工作内容的完成进度，及时发现各种可能影响实施工作进度的因素，针对这些因素采取有效的预防和应急措施。由于公共关系人员的分工不同、能力差异及环境影响，在公共关系计划实施的过程中，会出现工作进度快慢不一致的情况，有时会造成工作的脱节。控制进度，就是要使工作协调、平衡地发展，并确保按时完成。

（四）整体协调原则

整体协调原则是指在公共关系实施过程中，要使工作的各个方面达到和谐、互补、配合、协调的状态。公共关系实施是一项系统工程，各项工作只有相互配合才会达到整体效果，各自为政，相互矛盾，只能增加困难，严重时必然导致公共关系实施的失败。因此，一旦出现矛盾，实施机构就要及时协调，这样才能提高工作效率，减少或杜绝人力、物力和财力的浪费，保证公共关系目标的实现。

（五）反馈调控原则

由于环境和目标公众是复杂多变的，在公共关系实施过程中，必须不断地把公共关系计划实施的结果与活动目标相对照，及时发现公共关系实施中的方法偏差甚至错误，并及时地进行相应的调整。由于各种因素干扰，或由于策划设计错误，以及实施环境突然发生变化，使原来设计的实施方法无法操作，或者由于实施人员的素质问题，不按照既定工作方法实施的情况也会时有发生，这些都是实施中的严重问题。因此，实施机构要建立一套灵敏的监督反馈机制，及时发现问题，并立即采取有效措施调整实施方法。

此外，由于传播、沟通本身的障碍，加上社会及公众的复杂性，某项计划、某个行动的执行可能会受到谣言的干扰，引起混乱，混淆公众视听。为此，公共关系实施人员要敏锐地察觉并迅速将其真情向公众说明，以正视听，取得社会舆论和公众的理解与支持。在公共关系实施阶段，这种反馈调整是始终不断地进行着的，直至公共关系活动目标的实现。

三、公共关系计划实施过程中的工作内容

公共关系计划的实施过程是一个完整的过程。一般情况下，它包括以下内容：首先是实施的准备阶段，包括设计实施方案，制订对各类公众的行动计划和沟通计划，确定实施的措施和程序，建立或组成实施机构，培训行动人员并向他们介绍计划的内容和实施所必需的条件；其次是实施的执行阶段，实施机构按照已经设计好的实施计划的程序，落实各项措施；最后是实施的结束阶段，实施机构为下一步的效果评估做好相应的准备。

一项完善的公关计划，从目标的制定到计划的实施，要经过一段相当长的过程，必须经过艰苦而细致的工作，主要应抓好以下几项工作。

（一）进行试点

在计划方案正式实施前，为了减少漏洞，先将计划方案在选定小范围内的样本公众身上进行试点，待取得经验后进行反馈调整，再普遍推行。

（二）做好协调、调整和控制工作

由于公关计划的实施涉及组织的整体利益，牵涉面广，持续时间长，必须协调好各个部门之间、各个环节之间、各个项目之间，以及人、财、物等各方面的关系，使之互相配合，相互协调，避免互相脱节、互相扯皮、互相矛盾等现象的产生。

公关计划实施过程中，经常会出现客观环境、目标公众，以及内部条件的变化，或者原有计划的疏漏等，这就需要对原有计划方案或方法策略进行调整或修改，这种实施过程的动态性也说明计划实施过程是一项复杂的创造性工作。控制主要是指掌握工作进度，使各环节工作同步进行，平衡发展。

（三）掌握好时机的选择

公共关系活动是一项时效性很强的活动。任何公关方案的实施，都要受到一定时间和条件的制约。再好的设计方案，如果实施的时机不对，也不会取得预期的效果。因此，公共关系方案的实施必须善于选择恰当的时机。一般来讲，公共关系活动的实施应尽量避免

与国际性或全国性的重大事件相冲突，因为在这个时候，公众和传播媒介的注意力往往被这些事件所吸引，容易忽视组织的公共关系活动。但是，如果组织拟进行的某项公共关系活动在主题上与国际、国内重大主题相适应，则应抓住时机，积极参与或倡导，借此扩大活动的效果。善于选择和利用时机，整个活动就可能取得事半功倍的效果。

在公关计划实施过程中，为了提高计划的成功率，精心选择理想的时机是十分重要的，也是公关人员的一项基本功。

（四）重视每一个细节

公关方案中所规定的每一个步骤原则性都很强，而实施起来必定要把这些原则性的规定具体化。因此，在实施计划方案的过程中，公共关系人员应该设计出每一个步骤的细节，精心实施，才能取得预定的效果。经常有这样的问题出现，本来是一个设计得很好的计划，由于在具体实施中对细节没有注意，致使计划落空，或者达不到预期效果。

（五）随时监督检查

计划在实施过程中，需要随时监督检查实施的进程，以便能够及时调整实施过程，保证计划的实现。随时性的监督检查之所以必要，主要原因有两个。

▶ 1. 实施过程中的不可预测因素

在制订计划方案时，往往希望尽可能预先估计可能发生的问题和各种可能发生的影响因素，预先制定出解决的办法。但问题是，人们不可能将所有可能发生的因素都估计到。公共关系活动的实施环境处于经常变化之中，它不按照计划人员的意志为转移。如果不顾环境的变化而机械地执行，计划就不能得到完满实现。因此，在计划实施过程中，要不断地检查计划的实施与环境的变化，将两者不断进行对比，及时调整计划以适应新的环境因素。

▶ 2. 执行人员主观因素的影响

任何计划都是由人来制订和实施的。在这种情况，人的主观因素就有可能对计划的实施产生影响。不同的人有可能对计划的某些部分有不同的理解，有可能因主观原因的不同而使计划实施过程有所不同。为了及时发现这类问题并及时予以补救，也需要随时性的监督和检查，并及时挽回由此而造成的影响。

对计划实施过程的随时性的监督、检查，不能依赖临时性的措施，而应该建立起制度化的反馈、分析机制。最好由专人负责，将各种实施过程中出现的问题集中进行分析，以便及时地确定问题的性质和影响程度，并形成初步的解决方案。

四、公共关系计划实施过程中的障碍

公共关系计划的实施过程，实际上就是公共关系的传播过程。任何传播活动都存在障碍，使得"传而不通"，公共关系的传播也不例外。正视传播活动中存在的障碍，并消除这些障碍，是提高传播效果的必要条件，也是公共关系计划得以顺利实施的保证。

（一）障碍的类型

▶ 1. 经济障碍

日益发达的大众传播媒介对社会发挥着越来越大的影响，而电话、传真、网络及手机短信等现代通信工具，也大大加快了信息的传递速度。但是由于经济条件的限制，并不是每个目标公众都可能拥有电视机，或者有连接了互联网的个人计算机。这种情况下，通过这些媒介向这些目标公众传递信息就会受到阻碍。另外，生活在经济水平不同的地区的人们，他们的需求也不相同，自然地，他们对信息的取舍也会有所不同。

▶ 2. 语言障碍

语言是人类最重要的沟通工具，是表达思想的信息载体。因此，便产生了语言在表达思想时是否正确或恰当的问题。准确熟练地运用语言文字技巧，是每个公关人员的基本功。如果语言表达正确且恰当，就为人所理解，会引发其思想所希望产生的行为；如果语言表达不正确或不恰当，就会引起人们的误解，从而引发刚好相反的行为，导致出现传播沟通中的障碍。

▶ 3. 文化习俗障碍

文化习俗是指在一定的民族、文化、宗教、信仰等历史背景下所形成的具有固定特点的道德习惯、礼仪、审美观点等。文化习俗是具有固定特点的社会因素，各国家、地区、民族由于不同的地理、历史、经济等原因，会形成各种不同的风俗习惯等文化习俗，也会造成公共关系实施中的主要沟通障碍。

▶ 4. 观念障碍

观念是由一定的经验和知识积淀而成的，是指在一定社会条件下公众对于客观事物的根本态度和看法，是用以指导自己行动的理论和观点。在一定的条件下，人们接受、信奉这种观念并用以指导自己的行动。因为年龄、性别、教育、经济收入，以及其他社会因素的影响，不同的目标公众对待社会事务有不同的看法。多数情况下，他们乐于接受与其原有观念相一致的信息，而回避或不接受与其观念相矛盾的信息。因此，在公共关系实施过程中，一定要认真研究目标公众的观念，研究他们在各自观念指导下形成的习惯等，及时调整公共关系活动的实施策略。

▶ 5. 心理障碍

心理障碍是指由人的认知、情感和态度等心理因素所造成的沟通障碍。造成此种障碍的主要原因是，没有说明事实真相而造成公众的误解甚至曲解。遇事不冷静，态度欠佳或者情感失控，在交往中尤其是在谈判中最容易造成沟通障碍。

▶ 6. 传播时机不当引起的障碍

做任何事情都有一个时机问题，传播沟通也不例外，选择时机不当也会导致障碍。进行传播沟通时应当考虑各种相关因素，选择恰当的传播时机，否则便会引起传播中的障碍。

▶ 7. 组织方面的障碍

组织方面的障碍主要是指由于组织宏观、微观体制、组织形式等方面的因素而引起的沟通障碍，主要发生于组织传播之中。

▶ 8. 突发事件引起的障碍

所谓突发事件，一是指人为的纠纷危机，如公众投诉、新闻媒介的批评、不利舆论的冲击等；二是灾害危机，如水灾、火灾、地震、车、船、飞机的失事等。这类重大突发事件的发生对公关计划的实施干扰很大。因为突发事件一般具有突然发生、来势凶猛、后果严重、影响面广的特点，如果处理不妥，不但公关计划难以实施，还会使组织的整体形象受损。

（二）预防和消除实施中的障碍

消除计划目标障碍的根本方法是要求计划部门修正计划目标，使之正确、明确、具体。而计划实施人员必须在开展工作之前，就计划目标是否切合实际、是否可以进行比较和衡量、是否指出了期望的结果、是否规定了完成的时间、是否超越了实施者的职权范围等方面进行认真的检查，并将发现的有关计划目标方面的问题主动与计划部门联系，并督促其重新修订。

在公共关系计划的实施中，不仅要排除障碍，而且要预防障碍的发生，使公关计划的实施得以顺利进行。为此，应当注意以几点。

▶ 1. 增强信息的可信度

在公共关系计划实施的过程中，要使公众对组织产生信任感，首先，组织要给人一种诚实可靠的印象；其次，信息的发布应选择权威的媒体作为传播渠道；最后，所传播的信息一定要保持真实性、可靠性。

▶ 2. 信息内容的针对性

在公共关系计划实施过程中，信息的发布一定要有针对性，针对不同的公众（不同国家、不同地区、不同文化、不同信仰），应采取相应的传播方式进行沟通，避免引起不必要的传播障碍。

▶ 3. 信息内容应当明确

传播的信息应当清楚明确，切忌传播含糊不清、令人费解的信息。公共关系计划的实施过程，就是执行计划方案所规定的内容。如果计划目标不正确或不明确、不具体，实施人员的行动就无所遵循，就不会达到预期的效果，甚至会闹出乱子来。例如，计划目标损害了公众利益，必然会引起公众的抵制或反对；计划目标过低则引不起公众的重视，计划目标过高则又会挫伤执行人员的积极性。因此，必须排除这些障碍，才能有效地实施计划。

第四节 公共关系工作的效果评估

公共关系工作效果评估是组织根据特定的标准，运用科学的检测技术和方法对组织的公共关系工作进行检查、评价和审核，是对公共关系工作程序的各个阶段，以及公共关系计划实施总体效果的评价。它是公关活动过程的最后一个步骤。这一步骤不仅是对公共关系计划实施效果的分析和总结，而且是新的公共关系计划与方案实施的必要前提。因此，公共关系评估贯穿于公关活动过程的各个阶段、各个步骤之中，组织只有在不断评估的基础上，才能及时调整、修改公关活动计划与方案，公关活动也才能不断深化，向更高层次发展。因此，公共关系评估对于公共关系工作程序的进行具有非常重要的反馈控制作用。

一、公共关系工作效果评估的意义

评估是根据一定的标准对公共关系计划、计划的实施及实施效果进行衡量、检查、评价和估计，以判断其正误的程度。公共关系效果的评估应贯穿于整个活动过程的始终，它是社会组织对其公关活动及其效果的分析、评价和总结。搞好公共关系效果的评估，对于开展公关活动，实现预定的目标具有十分重要的作用。

第一，公共关系评估是检验公关目标、计划方案及工作实施优劣成败的必不可少的手段和步骤，它有助于组织了解公关计划与方案实施的程度，衡量公关活动的实际效果，公共关系目标计划是否准确适用，实施之后目标是否实现或部分实现，如果不实施公共关系工作效果评估这一必要的步骤，就根本不可能给出科学的、有说服力的答案。

第二，公共关系评估可以发现公共关系问题，并能帮助组织客观地分析成功的原因与存在的问题，更好地发挥公共关系优势，实现对公关活动的有效控制。同时，它能为后续的公共关系活动目标和计划的制订提供依据。评估总结可以从整个过程、各个方面进行综合考查分析，因而往往更能抓住关键问题。

第三，开展公共关系评估，有助于积累公共关系成果，保证公共关系长远目标的实现。公共关系的评估可以总结经验、吸取教训，促使公共关系工作水平不断提高。只有对每一次公共关系活动进行认真的评估才能不断地将成功的经验积累起来，加工成为一套系统的经验方法体系，成功地指导未来，只有这样才能不断地减少失误，提高公共关系水平和实际成效。组织如果不注意各个阶段性的公关效果评估，缺乏进度和阶段实施效果控制，就会导致长远公关目标的实现落空。

第四，公共关系效果的评估，有助于反映公共关系人员的工作业绩，发扬优点，克服缺点，提高其在组织中的地位和作用。

二、公共关系工作效果评估的标准

评估组织公关活动效果的标准是社会效益和经济效益。从公共关系的本质看，公关活动的效果评估标准，应以增进组织的社会效益为重，同时兼顾经济效益。

（一）社会效益

公关活动的总体目标是沟通信息，协调公众关系，树立组织的良好形象和信誉，创造和谐的公众环境和人际氛围，赢得公众的支持和好评。因此，评估公关活动的效果首先要衡量其社会效益。例如，组织通过对外开展公关活动，是否改变了公众对组织的印象，是否消除了公众对组织的误解；公众是否支持组织的决策和专题活动，是否参加组织的咨询和教育培训，是否向组织提供建议和办法等。

（二）经济效益

公共关系的社会效益最终还要表现为经济效益。因此，在重点评估社会效益的同时，经济效益也是一项重要的评估标准。例如，在商品流通过程中，运用公共关系手段打开了产品的销售市场，进而提高了产品的产量和销售量，必然增加了组织的经济效益。又如，良好形象的塑造能成为组织无形资产，会为组织扩大资金来源，这对新产品、新资源的开发是十分有利的，使组织能以强大的资金为后盾，增强市场竞争力。在公关活动中所获得的社会效益是直接的，长期起作用的；而经济效益是间接的，是社会效益产生的结果。

三、公共关系工作效果评估的工作程序

公共关系工作效果评估应当有一个合理的工作程序，这样才有助于获得相对准确、可靠的评估结论。通常情况下，公共关系工作效果评估的工作程序如下。

（一）设立统一的评估目标

要有效地进行评估，就应当有一个统一的评估目标作为基点，以后的评估活动将在这个基点上展开，评估目标所要回答的问题是：我们这次要评估什么？是计划实施之后，知名度或是美誉度的改变的状况和程度？是公众认识的改变或是行为的改变的情况？只有确定了这个基础，我们才可以进一步确定，应当从哪些方面评估，重点评估什么，以什么作为衡量标准。

（二）评估目标细分

评估目标细分就是将评估的目标分解为不同的具体目标，以便从各个方面来论证和说明评估目标。如果我们将公关计划实施后美誉度的变化情况作为评估目标的话，就应当从公众对组织方针政策的赞誉情况，对组织服务态度、创新精神、产品质量、性能、价格等方面的赞誉情况进行评估。这样，我们的评估结论才坚实可靠、有说服力，否则，评估目标将是一句空话，评估的结果也不会有什么价值。

（三）调查分析，收集资料

评估标准的建立应当以调查分析、收集资料数据为前提和基础。例如，我们认为这次公关活动提高了美誉度，那么必须知道，上一次公关活动或本次公关计划实施前的美誉度状况怎么样，其他竞争对手的美誉度状况怎么样、有哪些资料和数据可以证明，否则，我们的评估标准本身就没有标准。

（四）建立一套客观适用的评估标准

▶ 1. 准备过程的评估标准

准备过程的评估标准包括背景资料是否充分准确，公共关系工作模式是否适应形式的要求，以及检验信息的传递形式是否有效。

▶ 2. 实施过程的评估标准

实施过程的评估标准包括检查信息资料发送的数量，检查信息被新闻媒介采用的数量，检查收到信息的目标公众的数量和注意到这些信息的公众数量。

▶ 3. 公共关系工作影响效果的评估标准

公共关系工作影响效果的评估标准包括检测了解信息内容的公众数量，了解改变观点的公众数量，了解改变态度的公众数量，了解发生行为改变的公众数量，以及对社会和文化发展的影响。

（五）对公共关系目标计划及其实施过程和结果进行分析鉴定，并写出评估报告

经过上述四个步骤的工作，紧接着就可以着手进行具体的分析鉴定活动了，这个活动实际上就是围绕评估目标，按照规定的标准，从已确定的各个方面，对公共关系目标计划及其实施过程和结果进行定量和定性分析，从而做出结论的过程。通过这个过程，应当形成一系列的判断：本次活动是成功的或是失败的，成功或失败表现在哪些方面，成功或失败的程度如何？并在这些问题的基础上形成一个书面的工作报告。

（六）将评估结果向有关的组织决策者汇报

评估工作报告完成之后，应由公共关系部门的负责人将之递交给组织的决策者，必要时应辅以口头的汇报说明。这样做，可以使决策者掌握组织目前的公共关系状况，以及本组织的工作情况，作为组织总体决策中某一方面的参考依据，从而使得决策者能及时地了解和支持公共关系工作，也可以使得各部门对自己的情况有所了解，并协调好相互之间的关系。

四、公共关系工作效果评估的内容

公共关系工作效果评估主要包括以下几方面的内容。

（一）检查原有的公共关系计划是否合理

检查原有的公共关系计划是否合理主要是从已经发生的实践过程中，看原有的公共关系计划在执行中是否与组织的整体工作目标保持一致；是否与社会环境条件相适应；还要看公共关系计划是否科学，是否相配，计划的余地是否适中等。

（二）检查公共关系目标的预期效果实现程度

检查公共关系目标的预期效果实现程度主要从实际结果去看公众的态度和行为的变化与组织的期望程度是否一致，取得多大的经济效益和社会效益，对组织的长远发展是否有益等。

（三）检查公共关系工作状态

检查公共关系工作状态包括对公共关系人员的工作效率、合作精神、道德水准等方面进行检查。

（四）检查计划费用的开支情况

检查计划费用的开支情况不仅要看有无超支节余，更主要的是看开支项目是否合理。

（五）公共关系传播效果的评估

公共关系传播效果评估是一项总结性评估，它可以判定公共关系计划执行的实际效果，是公关活动对目标公众的影响程度和整个公关目标的实现程度。效果评估的重点内容包括掌握了解信息内容的公众数量，通过信息改变观点的公众数量，改变态度的公众行为产生影响的程度，发生行为改变的公众数量等项目。公共关系评估涉及所有的公共关系工

作，从组织内部公共关系到外部公共关系，从组织形象到公共关系信息传播，从公共关系调查到公共关系计划及其实施的结果，从日常公共关系活动到年度公共关系活动，以及各专项公共关系活动等，都需要进行科学的评估。在这里，评估的具体指标会因评估对象的不同而有所区别，但评估的内容均涉及以下三大方面。

▶ 1. 准备过程的评估

准备过程的评估包括以下内容。

（1）目标确定的深度与广度。

（2）计划与预计的目标是否一致，成功的机会是否为最大。

（3）确定目标公众时是否遗漏了关键公众。

（4）哪些关于公众方面的假设被证明是错误的。

（5）新闻界所需要的材料哪些没有准备充分。

（6）组织环境中的所有关键因素是否都已确定。

（7）公共关系信息资料是否符合问题本身、目的及媒介的要求。

（8）沟通活动是否在时间、地点、方式上符合目标公众的要求。

（9）是否存在对沟通信息和公共关系活动的对抗性行为。

（10）在策划活动方面做得如何。

（11）预计或实际费用是多少，可能取得怎样的效益。

▶ 2. 实施过程的评估

实施过程的评估包括以下内容。

（1）传播沟通活动是否达到预定的公众和目标区域，包括：①发送信息的数量；②信息的内容是否正确充实；③信息的表现形式（或信息的传播方式）是否恰当；④信息被媒介采用的数量；⑤注意到信息的公众数量及公众构成等。

（2）社会关系的协调是否正按照公共关系计划设计的程序进行，包括：①了解组织公共关系信息内容的公众数量；②改变观点的公众数量；③实施期望行为的公众数量；④重复期望行为的公众数量；⑤达到的目标与解决的问题等。

▶ 3. 效果评估与原因分析

（1）公共关系工作是否达到了预期的效果，存在哪些差距，主要原因是什么？

（2）实现的效果是否包括计划外的其他活动作用的结果。

（3）这项活动是否产生了预期之外的影响，为什么？

（4）成本收益状况如何，主要原因是什么？

（5）同可利用的信息与媒介资源比较，是否充分运用了这些资源。

五、公共关系工作效果评估的方法

（一）自我评估法

自我评估法指开展公关活动的组织对自己所开展的公关活动效果所进行的评估。既可以通过计划与实际业绩对比进行评估，也可以通过观察公众言行举止变化进行评估，还可以通过搜集对比各种统计数字进行评估。这种评估方法的运用，有利于提高公共关系人员的评估技术水平和自我评价的能力。

（二）专家评估法

专家评估法即邀请有关专家对组织开展公关活动的效果进行评估，包括开座谈会、专家访谈、专家鉴定会等评估方法，这些方法有利于组织对公关效果做出较为客观、公正的评价。

（三）公众评估法

公众评估法即通过公众意见调查来间接推断公关活动的效果。可通过科学的公众舆论调查、问卷调查、电话调查、抽样调查或公众代表座谈会、访问目标公众等形式进行公众评估。在调查的基础上进行分析，取得充分的数据资料，从而确认公关活动在影响目标公众和特殊公众方面取得的效果。这种公众评估方法有利于组织从多方面检测公关效果。

（四）新闻媒介推断法

新闻媒介推断法即通过新闻媒介的报道和传播来间接评估组织开展公关活动的效果。具体内容是：通过统计新闻报道的数量推测新闻界对组织的重视程度；通过分析新闻媒介的级别层次推测组织的影响范围；通过研究新闻报道的方法推测公共关系所产生的社会效果；通过了解新闻报道后的反响程度推测组织在各类社会公众中的知名度和美誉度。

（五）外部信息反馈法

外部信息反馈法即通过外部环境对组织的信息反馈来评估公共关系的效果，如利用公众意见簿、采访记录、电话访问、外部公众行为变化等途径反馈对组织公关活动的评估。

六、公共关系工作效果评估应注意的问题

（一）注意定性评估与定量评估相结合

评估中，定性评估是从价值判断方面评估公关活动的效果，而定量评估则从数据、事实方面分析公关活动效果。公关活动的目的就是改变公众对组织的态度，激发公众的合作行为。因此，在评估时，有些客观效果必须进行定性评估，如公众对组织满意的情况的定性结果。有些客观效果必须通过数量的统计反映出来，如新闻媒体对组织形象宣传的态度，一定要从新闻报道的数量、版面、重复次数等量化数字反映出来。所以，公共关系评估一定要使定性评估与定量评估相结合。

（二）注意长远效益评估与近期效益评估相结合

公关活动效果的评估除了评估近期的即时效应外，更要注重长远效益的评估。从公关效果的社会效应分析，组织更应注重长远效益，因为它能为组织的未来发展创造更为有利的条件，特别是根据组织可持续发展目标的要求，公关活动要着眼于未来，有利于社会的生态发展，决不能搞急功近利的短期行为，这有损于组织的社会形象。所以，公关效果的评估，既要评估即时效果的近期效益，又要评估持续的长远效益，这样，评估的结论才能做到全面客观，符合社会未来的发展方向。

（三）注意动态评估与静态评估相结合

公共关系活动本身是不断变化、不断发展的过程。所以，公关活动评估要把参评者和

评估对象放在整个公关活动的开放系统中进行动态评估。整个评估工作既要看到公关活动的基础，也要看到公关活动的现状，更要看到公关活动发展的态势，特别是要了解组织开展公关活动的潜能。当然，进行动态评估时也不能忽视静态的评估，要把评估对象放在一个相对稳定的状态，对其效果做相对的评价。这种把动态评估与静态评估结合起来的评估，有利于对公关活动做出一个客观的评价，才能使组织得到比较正确的关于公关活动效果的评估结论。

（四）注意全面评估与重点评估相结合

全面评估涉及评估公关活动过程的整体水平，包括组织的特性、领导的评价、公共关系人员的素质及公关目标、步骤等一系列评估内容，能对公关活动过程做出总体评价。重点评估则是在全面评估的基础上选择公关活动的某一个具体项目内容或是一个方面，进行重点的评估，从而揭示公共关系系统内部要素的相互关系及其规律。这既有利于提高对公共关系整体水平的认识，也有利于重点发现公共关系存在的问题，有针对性地采取改进措施。但是，重点评估不能代替全面评估，否则会以偏概全，只有将全面评估与重点评估结合起来，才能使评估的结论更具体、更精确、更全面、更有说服力。

公关活动计划的实施和效果评估，是一个承前启后、不断循环的过程，也是社会组织不断强化公众意识、改善社会组织公共关系状态的过程。组织对评估结果给予充分重视，并将之作为改进工作的依据，有助于提高公共关系工作效率，是增进公共关系效益的基础。

公共关系评估可以总结经验教训，完善公共关系工作。通过评估可以肯定取得的成果，总结经验，也可以检查和发现公关工作中存在的缺点和不足，为今后的公关工作提供可以借鉴的经验教训，完善公共关系工作，增强公关工作的科学性。公共关系工作在调查信息、编制计划、组织实施后，理所当然地要对前一阶段的各项工作进行评估和分析，检测其效果，这才构成一个独立完整的公共关系过程。

┤ 思考题 ├

1. 公共关系的工作程序包括哪几个相互衔接、相互依存的步骤？
2. 公共关系信息的特点是什么？如何开展公共关系调查？
3. 如何进行公共关系策划？在进行公共关系策划过程中应遵循哪些原则？
4. 如何预防和消除公共关系实施中的障碍？
5. 为什么要进行公共关系评估？评估的标准是什么？

第八章 公共关系危机

> **学习目标**
> 1. 掌握公共关系危机的概念，公共关系危机发生的原因、特点与类型。
> 2. 熟悉处理公共关系危机的基本方针和原则、处理公共关系危机的具体对策。

第一节 公共关系危机概述

现代公共关系工作重在帮助组织内求团结和外求发展。组织通过公共关系手段的有效运用，既加强了各项工作的开展，创造了良好的经济效益，又树立了组织良好的形象，创造了很好的社会效益。当前大多数组织都认识到公共关系的作用和重要性，也学会了用公共关系手段为组织服务，但由于组织在经营活动中面对着复杂的内外公众和不断变化着的内外环境，从而使组织有可能遭遇危机。面对危机，有的组织束手无策，有的则能化险为夷，这主要是由于组织解决危机的方法和手段不同所致。

一、公共关系危机的概念

危机（crisis）一词最早来源于希腊语 crimein，有决定的意思。我国《辞海》中对危机有两条解释：一是指潜伏的祸机；二是指生死成败的紧要关头。潜伏的祸机指具有危害性的事情还未发生，随时有可能发生；生死成败的关头指当危机发生后个人或者组织处在一种紧急的时刻或者状态。《辞海》在解释"危机"时，引用了《晋书·诸葛长民传》中的一句话："富贵必履危机"。《庄子·则阳》中也有一句话："安危相易，祸福相生"。《老子·道德经》中有"祸兮，福之所倚；福兮，祸之所伏"。上述是中国古人对危机的认识。对于危机，现代诸多学者也给出了不同的解释。

韦伯斯特：危机是一个更好的或更坏的转折点，一个决定性的时刻，一段至关重要的时刻，而后一个达到危急关头的情景。

芬克：危机是指事件即将发生决定性变化的一段不稳定的时间，或一种不稳定的状态。

巴顿：危机是具有下列特征的状态，一是惊奇；二是对重要价值的高度威胁性；三是需要在短时间内做出决定。

赫尔曼：危机就是一种情景状态，它使决策主体的根本目标受到严重威胁，在改变决策之前可获得的反应时间有限，其发生也出乎决策主体的意料。

斯格：危机是一种能够带来高度不确定性和高度威胁、特殊的、不可预测的、非常规的事件或一系列事件。

上述学者从不同角度对危机做了解释，从公共关系的角度来看，组织的危机可以演变为公共关系危机。

公共关系危机（public relations crisis）是指突然发生的内外环境的变化危及组织声誉和形象，使组织处于发展危机下的一种公共关系状态。社会组织时常存在于危机之中，如产品质量投诉、工伤事故、瓦斯爆炸、毒气泄漏、建筑物坍塌、人事矛盾、意外事故、同行挤压、自然灾害、舆论危机等。这些危机不仅给组织造成人财物的损失，而且会严重损坏组织形象，影响到组织对内对外关系的处理，使组织陷入困境，严重的甚至会导致组织倒闭。所以，组织必须要尽快改变公共关系的危机状态。

二、公共关系危机产生的原因

当危机事件发生以后再来解决，无论解决得如何，都难免会给组织带来某种损害。因此，最明智的做法是及时地发现能够引起公共关系危机的各种端倪和征兆，把危机化解在"萌芽"状态之中。这就需要对危机产生的原因进行科学分析，然后制定切实可行的预防措施。

由于组织所处的内外环境的复杂性，产生公共关系危机的原因很多。根据导致原因的主体和社会组织的关系，可以分为组织自身的原因和外界环境原因两大类。

（一）组织自身的原因

▶ 1. 组织行为不当引起的危机

组织行为不当引起的危机是指在社会组织发展过程中，由于组织在指导思想、工作方式、运行机制等组织本身的原因而引起的公共关系危机。一般是由于社会组织的政策失误或管理不善造成的。

▶ 2. 组织缺乏危机管理意识

社会组织应该具备危机管理意识，在危机出现之前要做到未雨绸缪，防患于未然，对社会组织可能会出现的危机做全面的分析和准备。但是很多社会组织没有忧患意识，缺乏相应的危机防范意识，或者认为危机防范和准备会花费大量的人力、物力和财力，心存侥幸心理，疏于对危机的防范和管理，从而使小问题演化成组织公共关系危机。

2008年3月31日，中国东方航空云南分公司发生了"罢工"事件。该公司共14架航班将乘客送到目的地后，没有降落，又原路返回，向公司"示威"。给乘客带来了损失，使东方航空也受到了质疑。东方航空的飞行员曾经要求改善待遇，东方航空公司领导层应该积极与飞行员进行沟通交流，避免飞行员由于要求没得到满足而可能出现的任何过激举动，但是由于组织缺乏危机管理意识，没有采取任何处理措施，最终引发了一次公共关系危机。

▶ 3. 组织活动违背"与公众共同发展"的公共关系理念

社会组织的生存和发展是以各类社会公众的存在为前提的，社会组织应当树立"与公众共同发展"的公共关系理念。但是在现代组织中，还有相当一部分管理者没有正确的公共关系理念，对社会利益、社会责任的认识仍停留在口头上，在组织利益与社会利益相矛盾时，首先想到的是如何维护组织自身利益，置公众利益于不顾，将组织利益和公众利益对立起来，从而引发公众的抵触、对抗，使组织陷入危机之中。

2008年9月爆发的三聚氰胺事件，就是由于三鹿乳品集团过度追逐自身利益，违背了"为了大众的营养健康而不懈地进取"的组织宗旨，在经营中违法使用对人体健康有害的化工物质三聚氰胺，导致若干婴幼儿患了尿路系统结石疾病，以及部分婴幼儿失去了年幼的生命，给无数家庭造成了莫大的痛苦，损害了消费者的利益，最终导致了组织的倒闭。

▶ 4. 组织的产品与服务存在缺陷

现代社会中，人们的文化水平、消费观念、环保意识、维权观念都在不断提高，对产品和服务的要求也在变化。一旦组织提供给消费者的产品或者服务有缺陷，在信息渠道无比畅通的今天极易演化成一场公共关系危机。如黑龙江某知名医院"天价医疗费"事件就是由于医院的医疗服务存在缺陷造成的。

▶ 5. 组织成员公关意识淡薄

公共关系形象的树立不仅是靠某些人或局部的工作，更是有赖于组织全体员工的共同努力，组织要想全方位树立起自己的形象，赢得社会公众的信赖，就得培养全体员工的公共关系意识，开展全员公共关系工作。

社会组织的内部成员包括管理人员和普通员工，每一个人都应该成为组织形象的代言人。尽管我国目前的组织管理趋向科学化，但还是有很多组织管理者素质良莠不齐，根据经验和个人意志行使管理职能，缺乏组织形象意识和公众权益意识，对内缺乏感召力和凝聚力，激发不起员工的工作积极性，对公众的正当权益要求不予重视，粗暴对待公众。组织成员的一言一行、一举一动都体现了组织的形象。尤其是服务窗口或者服务行业，服务人员直接与社会公众交流，他们的不当言行常常引发公众的不满，造成纠纷，若处理不当，会酿成公共关系危机。

2007年11月21日发生在北京某医院的"丈夫拒签字致孕妻死亡"事件与医务人员的言行不当有直接的关系。医院发现孕妇及胎儿生命垂危，决定开通绿色通道进行欠费治疗，实施剖腹产，出发点是好的，但是丈夫坚持妻子只是感冒，不动手术，拒绝签字。在这个过程中，医务人员粗暴地推开孕妇丈夫的手，说他不懂，并没有给予耐心的解释，最终也没能使孕妇丈夫理解医院的做法，拒签字导致母子双亡。该事件引起社会的广泛关注，又一次使医疗机构的服务态度及言行问题成为全社会的关注焦点。该事件反映了组织成员的公关意识淡薄，沟通能力欠缺的问题。

▶ 6. 组织的信息传播渠道不通畅

公共关系的信息传播是组织信息交流的重要手段，对组织的生存发展起着重要的作用，在危机出现时更是如此。只有通过信息传播，才能使组织与公众之间达成相互了解。而目前很多组织的信息传播渠道不通畅，存在的问题主要包括以下两个方面。

（1）信息不公开、不透明。尤其是危机信息，很多组织认为家丑不可外扬，拒绝新闻媒介的采访报道，总想通过遮掩回避的方式来渡过危机。这样更容易引起媒介、大众的猜测与怀疑，引发更大的社会舆论危机，对组织形象造成损害。如2006年8月21日，松花江支流遭到二甲基苯胺的严重污染，污染带长约5千米，哈尔滨出现了水危机。8月23日下午，危机本已消除，但是23日下午，哈尔滨各超市再次出现市民排队购买饮用水一幕。原来，污染事件发生后，公众第一次从权威部门了解到这一突发事件的来龙去脉，是在危机发生的60个小时以后。当地权威部门对危机信息没有做到公开、透明，当地民众仅听从小道消息，又无从得到权威部门的说法，大量储水，造成城市局部供水不足，最后再次酿成了"水危机"。

（2）只有单方面的信息沟通，不进行信息反馈。如组织所进行的广告宣传活动，仅仅投入大量资金制作播放广告，而不去进行效果评估和反馈，这样就无从判断组织在公众心中的形象，对危机的发生缺乏预见性，容易导致公共关系危机发生。

（二）外部环境原因

▶ 1. 自然环境变化

自然环境变化主要指自然界按照自己的运行规律发生的导致社会组织出现危机的变化，如地震、海啸、飓风、洪涝灾害、泥石流、火山爆发、森林大火等。这种自然界的变化是不以人的意志为转移的，而且常常猝不及防，很容易给组织带来严重的危害。2008年5月12日发生在四川省的汶川大地震，此次地震的遇难人数为69 227人，受伤374 643人，失踪17 923人，还造成了大量的房屋倒塌、基础设施损毁及道路、桥梁等的破坏，直接经济损失达8 451亿元。这次地震，不仅是某个组织某个部门的危机，更是整个中华民族的危机和灾难。

▶ 2. 同行的恶性竞争

在现实生活中，有些竞争者会用谣言故意损害竞争对手的形象，或盗用竞争对手的名义生产假冒伪劣产品，或进行比较性广告宣传有意贬低竞争对手的能力，或采取恶劣行径严重扰乱竞争对手的经营秩序等，这些恶性竞争行为，都可能导致组织严重的公共关系危机。

2006年，四川的一家食品生产企业在成都商业区举行了一个反油炸方便面的活动，他们以"拒绝油炸，捍卫健康"为由，公开向全国生产油炸方便面的企业发难，并征集100万名消费者的签名，围绕着油炸方便面是否致癌的问题的热议引起了轩然大波。虽然后来国家权威部门用科学数据肯定了方便面的安全性,但这场由组织间的不正当竞争产生的危机给全国多家方便面厂家造成了很大的损失。

3. 失实报道

失实报道主要指社会组织在运行过程中由于疏忽或其他原因造成工作方面局部失误或者是莫须有的事情而被新闻传播媒介夸大或渲染报道,使社会组织处于困境之中。社会组织在工作中出现局部失误是不可避免的,失误出现后,对社会的危害并不大,但由于新闻媒介对事实的了解不够全面,或记者听取一面之词,或主观判断,继而加以报道,结果使一件本不严重而且可以纠正的事情被报道得过分严重,使公众哗然,事态恶化,即使组织纠正了失误,也还处于危机之中。这种危机的处理是一件非常棘手的问题,因为新闻媒介的报道影响力大,公众印象深刻,而且可信度大,已经报道出去的消息再去纠正,难度是相当大的。因此,及时有效的公共关系活动就成为处理危机的重要途径。失实报道引起的危机主要有以下几种。

(1) 失实和不全面报道。新闻界不了解事实的全貌和真相,导致报道以偏概全,引起公众误解。

(2) 曲解事实。由于新科技、新思想、新方法未被广泛知晓,新闻人士按照旧的或原有的观念、态度分析和看待事件,曲解事实,从而导致组织发生危机。

(3) 报道失误。由于其他组织或人为有意地诬陷或编造,导致新闻界被蒙蔽,引起误发报道,使组织产生危机。例如,2008年2月,据法国《欧洲时报》报道,法国巴黎郊区的一家中国餐馆——福园餐馆,1月31日成为法媒体聚焦目标。调查女童爱斯黛尔失踪案的司法部门接到情报,称福园餐馆内可能藏有女童遗骸。警方立即出动,不仅逮捕10人,而且用机器挖地三尺,餐馆遭到破坏,面目全非。事后发现所谓女童遗骸原来是动物骨头。至于提供假情报者,正是电视台播出的专题片《我在亚裔黑社会卧底》的制作人西法维。这则失实报道给福园餐馆的形象造成了很大的损失,后来通过法律途径才挽回形象。

三、公共关系危机的类型

根据不同的标准,公共关系危机可以划分为不同的类型。

(一) 一般危机与重大危机

从危机危害的程度角度划分,公关危机可分为一般危机和重大危机。

1. 一般危机

一般危机,是指仅仅对组织及其公众产生局部或轻微危害的公关危机事件,主要指常见的公共关系纠纷。对一个组织而言,常见的纠纷有内部员工纠纷、社区关系纠纷、消费者纠纷、同行业关系纠纷、政府关系纠纷等。公共关系纠纷虽算不上真正的危机,但它是一个信号,一种征兆。如果处理得当,就会化险为夷;如果处理不当,就会酿成危机。轻则降低组织声誉,影响产品销售,重则可能危及组织的生存与发展。对于组织来说,组织内部纠纷不利于团结,它会挫伤组织成员的积极性,降低组织的效益。组织与外部的纠纷,可能会损害相关公众的物质利益和身心健康。

2. 重大危机

所谓重大危机,是指对组织及其公众产生重大影响,并使组织形象和利益受到严重损害的公关危机事件,如发生重大劳资纠纷、恐怖主义威胁等。

(二)内部危机与外部危机

从危机的涉及范围划分,公关危机可分为内部危机和外部危机。

1. 内部危机

一般是指由于组织内部的不良因素引发的组织公关危机事件,危机的发生主要由组织成员直接造成,危机的责任主要由组织内部成员承担。主要表现为组织内部成员关系紧张、组织涣散、凝聚力消失、员工对组织丧失信心等。内部危机具有以下特点。

(1)波及范围不大,主要影响本组织。
(2)责任归咎于组织内部部分人员。
(3)危机的主体主要以本组织领导与员工为主。

2. 外部危机

外部危机是与内部危机相对而言的,是指发生在组织外部,组织与外部公众因发生某种摩擦、纠纷、矛盾等而引发的公关危机事件,其影响广泛,危害严重,极大地损害了组织的社会形象。外部危机具有以下特点。

(1)危机波及范围较广,大多牵涉到社会公众。
(2)责任一般不在发生危机的组织及成员身上。
(3)不可控制因素较多,较难处理,须各方面密切配合共同行动。

(三)有形危机和无形危机

根据危机事件给组织带来损失的表现形式,危机可分为有形危机和无形危机。

1. 有形危机

有形危机是指会给组织带来直接而明显的损失。有形危机具有以下特点。

(1)危机的产生与造成的损失大多数是同步的。
(2)危机造成的损失明显,且易评估。
(3)危机造成的损失难以挽回。

2. 无形危机

无形危机是指由于危机事件的发生会严重地损害组织形象,若不采取紧急的有效措施,组织形象的损害最终会使组织蒙受更大的有形损失。此类具有以下特点:

(1)危机初始阶段,损失不明显,很容易被忽视。
(2)危机发生后若任其发展,损失将会加大。
(3)无形危机造成的损失有可能弥补。
(4)处理好这类危机要与新闻界多打交道,因而必须注意方式方法。

(四)人为危机和非人为危机

依据危机产生的主、客观原因,危机又分为人为危机和非人为危机。

1. 人为危机

人为危机是指由与组织有直接关系的人的某种行为所造成的公共关系危机事件。相对于非人为危机事件具有可预见性和可控性的特点。对于一个组织来说，内部管理不善，员工缺乏公关意识，或有人故意破坏，都可造成人为危机。如果平时加强管理，采取有效措施，一般都可以避免人为危机的发生。

▶ 2. 非人为危机

非人为危机主要指不是由人的行为直接造成的危机，如地震、洪涝、风灾、冰雹等自然灾害。非人为危机有以下特点。

（1）不可预见、不可控制。

（2）造成的损失是有形的。

（3）此类危机易得到同情、支持和帮助。

（五）显在危机与潜在危机

根据危机的显露程度，危机可分为显在危机和潜在危机。显在危机是指已发生的危机或危机趋势非常明显。潜在危机指潜伏性危机，是指尚未表露的仍处于隐藏和潜伏状态的公关危机事件。

（六）直接危机和间接危机

按危机的形成过程，可分为直接危机和间接危机。直接危机是指由组织的公共关系行为本身的不当而导致的公关危机。间接危机是指由组织的其他经营管理活动不当或其他危机而导致的公关危机。

除以上分类方法外，依据危机的性质，还可将危机分为信誉危机、经营危机、信贷危机、环境危机等。识别不同的危机类型，了解不同危机类型的特征，有助于我们更好地处理危机。

四、公共关系危机的特点

了解危机的特点，既有助于我们认真做好危机的预防工作，又有助于我们尽早把握危机，尽量减少损失，减轻负面影响。危机具有以下特点。

（一）普遍性

危机的发生是不可避免的，只要有公共关系就会有公共关系危机。危机的发生带有普遍性。大到一个世界，中到一个国家，小到一个组织都可能遭遇到灾难和不幸事件。

任何一个社会组织在它的发展过程中都会遇到性质不同、表现形式各异的危机。1985年，美国莱克西肯传播公司对美国主要企业领导人的一项调查表明，89%的接受调查的领导人认为"企业发生危机如同死亡和税收一样，都是不可避免的"。纵观世界知名的企业如雀巢、可口可乐、三星集团、松下电器等，在发展过程中都遭遇过不同程度的危机。我国当前处于社会经济发展的高速期，一些社会组织急功近利，忽略了自身承担的社会责任，科学管理意识不到位，从而导致危机频繁发生。

（二）隐蔽性和突发性

公共关系危机具有隐蔽性。危机事件爆发前，一般都有一个由弱到强、由隐蔽到外显的逐步积累、发展的过程。这种潜伏性跟其他的公关事件相比，更不易被察觉，不易被引起重视。它不仅存在于逆境之中,在组织发展的顺境之中也会存在,更能麻痹人。

危机在发生之前往往不易觉察,危机事件一般在组织毫无准备的情况下突然发生,这就容易给组织带来混乱和惊慌,使人措手不及,如果对事件没有任何准备就可能造成更大的损失。

(三) 关注性

进入信息时代后,危机的信息传播比危机本身的发展要快得多。信息传播渠道的多样化、时效的高速化、范围的全球化,使组织危机情境迅速公开化,成为公众关注的中心,成为各种媒体热炒的素材。同时,作为危机的利益相关者,他们不仅仅关注危机本身的发展,而且更关注组织对危机的处理态度和所采取的行动。社会公众有关危机的信息来源是各种形式的媒体,而媒体对危机报道的内容和对危机报道的态度影响着公众对危机的看法和态度。有些组织在危机爆发后,由于不善于与媒体沟通,导致危机不断升级。

每一起危机事件的发生,造成的后果可能不尽相同,相关机构的态度可能有所差异,持续时间也有长有短。但有一点是共同的,即发生危机的组织必定会受到社会各界的关注。

(四) 破坏性

由于危机的突发性,不论什么性质和规模的危机,都会使组织在极短的时间内就面临着巨大的危害。而对于反应迟缓或判断与决策错误的组织,其灾难的后果更是严重。同时,舆论通常会站在弱势群体的角度对危机主体实施监督与控制,使组织的所有行为均在舆论和公众的监督之下,组织公共关系危机的指导思想、行为表现会成为公众评价组织公共关系危机的依据。所以,公共关系危机不仅造成组织财产、人员生命的损失,对组织的形象也会带来巨大的破坏。另外,危机事件不仅危害到组织,还会危害到相关公众,使其受到不同程度的伤害。

(五) 双重性

危机具有双重性,体现在它不仅具有很强的破坏性,同时能给组织带来机遇和转折。当危机发生后,组织常常成为社会舆论关注的"热点"和"焦点",一个负面消息的传播,足以抵消上万次正面的报道和广告。但是,社会组织也应该重视危机给组织带来的机遇和转折点。危机不仅仅是对组织的一次重创,也暴露了社会组织的问题,让组织在改进经营管理上有的放矢,更好地兴利除弊;同时,危机使组织在短时间内成为社会关注的热点和焦点,如果组织处理危机的措施得当,能够很快取得社会公众的谅解,使组织因祸得福,借此机会迅速扭转形象,提高组织的知名度和美誉度。

(六) 连锁性

公共关系危机发生后,会影响组织的各种关系和各项工作。这时组织自身的核心性工作就是解决危机事件,组织所有的工作均围绕着这项工作而展开。组织的利益相关者关注着事态的发展,他们或者参与到解决危机事件的工作之中,或者审视着组织解决危机事件的工作进展状况。组织的各种社会关系,更多的是给组织施加压力,防止自己的利益受损,更有对组织的品牌不信任者背离组织而去。组织危机和品牌危机的连锁性更多地会表现为负面效应的增多,以及正面效应的减少;怀疑者比例上升,而信任者比例下降;指责者增多,而同情与认同者减少,这样就形成了"倒墙效应"或"多米诺骨牌"效应。

第二节 公共关系危机的处理

组织突发重大事故时,组织便处于危机状态。面对强大的公众压力和危机四起的社会氛围,在处理公共关系危机的过程中,往往需要调动整个组织的力量及综合运用各种传播媒介,使之成为一种复杂的、特殊的公共关系专案行动。组织如何动用最大力量挽回损失,如何综合运用各种手段和传播媒介有效地进行危机处理,这需要在一定的原则指导下有计划、有步骤、有策略地开展配套工作。

一、危机的处理程序

公共关系危机往往是在意想不到的情况下,在极短的时间内发生,而且会在社会上产生极大的影响。因此,在危机事件发生后,公共关系人员应迅速会同有关职能部门,及时调查分析,迅速了解事件全貌,判明危机事件的性质与来源,认真听取公众意见,选用恰当的方式、方法,及时控制、缩小公共关系危机范围,尽量减轻其对社会公众和本组织的危害。在开展事故调查的同时,应立即组织救援工作,尽力控制事故的发展。首先,对导致公共关系危机的事件本身,应迅速弄清原因,采取有效措施,控制事态进一步发展和蔓延;其次,迅速利用传播媒介等有效手段及时公布组织所采取的处理事故的一切措施,以控制影响的扩大,把突发事件对社会和组织的严重损害控制在最低限度。

社会组织面临的社会环境和公众不同,因而可能遭遇的公共关系危机也会千差万别。同时,各类危机事件在规模、性质、表现形式、涉及的公众等方面是不同的,这些不同的公共关系危机事件,在处理程序上却是有规律可循的。公共关系危机处理的基本程序如下。

(一) 成立机构,领导挂帅

迅速成立处理公关危机事件的专门机构,是有效有序处理公关危机事件的组织保证。该机构的人员组成包括组织主要负责人、公关部门负责人和经过培训的危机处理人员及指定的新闻发言人和值班人员,组成有权威性、有效率的工作班子,制定处理公共关系危机的基本方针和基本对策。

在掌握事件全貌的基础上,判明情况,制定对策,通告全体人员,以统一口径,协同行动,制定出处理的基本方针和对策,以统一思想,指导具体工作。

(二) 调查情况,收集信息

当社会组织出现危机事件后,应及时组织人员,运用有效的调查手段,深入公众,尽力找到目击者和当事人，迅速开展事故调查工作，尽快查明基本情况，了解危机事件的各个方面，收集危机事件综合信息，形成基本的调查报告，为处理危机、制定相应政策及应急措施提供基本依据。

危机公共关系调查不同于一般公共关系活动的调查，在方法上强调灵活性和快速性。因此，主要运用公众座谈会、观察法、访谈法等。调查内容包括下列几方面。

▶ 1. 调查、收集危机事件的信息

事件的信息包括发生的时间、地点、原因、人员伤亡情况、财物方面的损失情况、事态的发展情况、控制措施，以及公众在事件中的反应情况等。根据危机事件提供的线索，了解危机事件出现的组织背景情况、公众背景情况，找出社会组织、公众与危机事件的关键点，准确分析事件的原因。

▶ 2. 查明事件牵涉的公众对象

事件牵涉的公众对象包括直接、间接受害的公众对象，与事件本身有直接、间接责任和利害关系的组织或个人，与事件处理有关的机构，以及新闻舆论界人士等。要特别注意与事件的见证人保持联系，并谨慎处理好与新闻界的关系。

▶ 3. 查明事件的后果和影响

事件的后果和影响包括人员的伤亡及严重程度，设施的损失状况及其受破坏的程度和范围，以及这些后果已经和将会造成的社会影响等。

危机事件的专案人员在全面收集危机事件各方面信息的基础上，应认真分析，形成危机事件调查报告，提交给组织的有关部门。

(三) 控制局面，降低损失

危机事件发生后，要尽快控制局面，防止事态进一步扩散和恶化，并尽量降低、减轻损失。损失既包括有形损失，又包括无形损失。应该说，失去市场、丢掉发展机会是最大的损失。

(四) 分析情况，制定对策

当了解、掌握危机事件的第一手资料后，社会组织应在高层人员的直接参与下，仔细分析研究客观情况，制定出相应的对策与措施。其中，尤为重要的是要考虑如何抓住危机所带来的机遇，恢复声誉，重塑形象。

(五) 发布新闻，准确及时

在了解危机事件的事实，并制定出初步对策的情况下，应尽快召开新闻发布会。首先要确定新闻发言人，由新闻发言人代表组织向公众和社会各界发布真实、准确的信息，公开表明组织的态度和处理原则，公布本组织正在采取的措施和正在做的种种努力。应毫无保留地公开事故的真相，公布的数据要认真核实，力求准确无误，对涉及机密的情况应妥善解释，求得新闻媒介理解和同情。同时，恳请新闻媒介密切配合，防止有害、有误的信息扩散。重要事项以书面形式提供，内容应简明扼要，避免使用技术性太强和晦涩难懂的术语，以免报道失实。

(六) 组织力量，恰当处置

根据危机处理的方针、对策和有关安排，应迅速、扎实、全面地开展工作。组织领导人应亲临现场，亲自组织协调。认真了解受害者的情况，冷静地听取受害者的意见，了解人员伤亡情况和财产损失情况，确认有关损失赔偿的要求，及时弥补公众的损失。要勇于承担责任，并诚恳地道歉，给受害者以安慰和同情，并尽可能提供其所需的服务，尽最大努力做好善后处理工作。以诚恳的态度和处理方法获取公众的谅解与宽容。

(七) 检查总结，汲取教训

事态发展得到有效控制后，应针对危机事件的原因、发展情况和处理结果做全面调查评估，详细报告处理的全过程，并采取有效的改进措施。同时，利用新闻媒介消除公共关系危机造成的影响，向公众公开致歉，及时向新闻界提供公众希望了解的信息，并通过调查总结，将经验教训整理成书面材料，借以教育内部公众，进而修订危机管理计划，加强对公关危机的管理。

二、处理公共关系危机的基本方针和原则

(一) 处理危机事件的基本方针

危机事件一般都出乎人们意料，而且舆论影响较大，时间比较紧急，处理起来比较棘手。处理危机的基本方针是：判明情况、快速反应；协商处理、维护权益。

▶ 1. 判明情况、快速反应

危机事件的发生，都会使公众产生各种想法甚至误解，这时，公共关系人员要沉着冷静，判明情况，稳住阵脚，及时处理，控制影响，避免事态进一步扩大。因此，在危机事件处理过程中，速度就意味着效果，时间本身就是处理危机的措施。公共关系人员要及时发现危机，迅速进行调查，以确认危机事件的性质，控制危机事态发展。依靠快速的反应能力，及时消除危机。

▶ 2. 协商处理、维护权益

有些危机事件由于时间较长，或危机事件性质比较严重，如涉及人身安全问题等。在危机处理过程中，应充分尊重和了解各方的意见，避免主观片面，达到共同协商处理的目的。同时，公共关系危机的发生，通常不是损害公众的利益，就是组织的利益被损害，不论发生哪种情况，都必须维护公众或组织的利益。一般地，危机发生以后，公众中间会自发出现"代表"，他们的言行对其他公众具有较大的影响力，能够左右公众舆论。这时，公共关系人员应该与这些"代表"保持密切联系，广泛征求他们的意见，充分与他们协商，争取他们的配合，借助他们的力量来说服公众。这样，能更快地全面了解公众真实的要求和态度，使公众消除疑虑。

(二) 处理公共关系危机的原则

公共关系危机一旦发生，公共关系部门必须及时妥善加以处理，努力赢得受害公众和社会的谅解与信任，尽快恢复组织的声誉，重塑组织的形象。公共关系危机处理的原则如下。

▶ 1. 及时性原则

处理危机的目的是尽最大努力控制事态的恶化与蔓延，把因危机事件造成的损失减少

到最低限度。因此，危机一旦发生，不管面对的是何种性质、何种类型、何种原因的危机，组织的危机处理小组成员应该在第一时间投入到紧张的处理工作中去，以积极的态度赢得时间。"赢得时间，就等于赢得了形象"，这是要求处理公共关系危机要及时。这里的及时，包括两层含义：一是危机处理要快速及时，要尽最大的努力控制事态的恶化和蔓延，把因危机事件造成的损失挽回或减低到最小限度，在最短的时间内恢复或重塑组织的良好形象和声誉；二是把真相尽早告诉公众，并持之以恒地做好传播工作。

▶ 2. 全面性原则

公共关系危机事件往往涉及或影响社会组织内部和外部的诸多方面。在处理具体的公关危机时，应遵循全面考虑的原则。既要考虑内部公众，又要考虑外部公众，既要注意对公众现在的影响，又要注意对公众未来的和潜在的影响。

▶ 3. 真实而准确性原则

公关危机事件发生后，尤其是在事件发生的初期，因受各种因素的影响，传播的消息很容易失真。为防止公众的猜测、误解和谣传，危机管理机构应选择合适的人选作为发言人。为了尽快与公众沟通，应主动与新闻媒介联系，说明事实真相。公关危机处理除了要及时传递有关信息外，还要保证传递的信息十分准确，特别要注意不能隐瞒或省略某些关键细节，要实事求是地公布真相。坚持真实而准确性原则，能促进双方的沟通与理解，消除疑虑与不安。只有准确地传播才能获取公众的信任，争取公众的谅解与配合，尽快恢复社会声誉。

▶ 4. 灵活性原则

在处理公关危机时，首先识别不同类型和特征的公关危机，并随着客观环境的变化而有针对性地提出相对有效的措施和方法。由于危机事件不断发生变化，可能原定的处理措施考虑不周。因此，为使组织的形象和声誉不再继续受到损害，处理危机时应视具体情况灵活运作。

▶ 5. 负责性原则

社会组织对事故后果应持负责的态度，要勇于承担责任，对财产损失应合理赔偿，对伤亡人员应为其本人或家属给予合理的补偿。

▶ 6. 公众利益第一原则

组织在发生危机时，公关人员应站在公众立场上真诚地承担责任，听取意见，知错改错。最大限度地平衡组织与公众的利益，在组织利益与社会利益、公众利益发生冲突时，应以公众利益为先，优先考虑公众利益和社会利益。

▶ 7. 维护声誉原则

公关危机处理中要始终维护组织的声誉，这是危机管理的出发点和归宿。公关危机处理人员要尽力减少公关危机事件给组织带来的损失，特别是要争取公众的谅解和信任。例如，组织对自己有缺陷的产品实行召回的制度，就是在维护组织的声誉，也是对公众负责的体现。

▶ 8. 人道主义原则

人道主义原则是公关危机处理的一条非常重要的原则。在公关危机处理过程中会涉生命、财产重大损失的问题，此时无论如何，要把抢救、保护人的生命和健康放在第一位，救人胜于救物，这是体现人道主义的最好诠释。

综上所述，公关危机处理的总原则是真实、全面传播；减少、减轻损失；挽回、维护组织声誉。

三、处理公共关系危机的具体对策

公共关系危机的处理，尤其要强调艺术性。公共关系人员要善于判明情况，根据不同情况选择不同的工作方式。导致危机事件发生的原因不同，危机事件的类型不同，公共关系工作的目标和措施也不尽相同，从而应采取不同的对策。

（一）利用法律武器再塑社会组织的形象

我国的法制制度在不断健全，行政法、商标法、广告法、反不正当竞争法等法律相继出台，这些都是我们依法保护组织形象的保障。只要我们掌握了事实，借助法律渠道，理应能够澄清是非真假，恢复社会组织的真实形象。

（二）借助大众传媒，开展新闻宣传活动

在我国，大众传媒是人民利益的保护者，也是打击假冒伪劣产品的重要阵地，由于它具有公正性、客观性、权威性等特征，因此在打击假冒伪劣产品、维护形象方面能发挥很大作用。如果是媒体本身发表了不符合实际的报道时，也可以向媒体提出更正要求，指明事实，并提供全部与事实有关的资料，派出有关领导或发言人接受采访，表明立场，要求公平处理。

（三）策划、开展建设型公共关系活动

发挥组织公共关系部门的职能作用，充分调动社会组织、员工和公众的力量，策划、实施塑造组织形象的建设型公共关系，以重塑和维护组织形象。

（四）与各类公众保持联系，使公众了解事实真相

运用和发挥组织原有的沟通渠道，进一步加强与政府部门、社区、协作单位、消费者等公众联络，采取适当的传播对策，通报情况，回答咨询，解释问题，促进公众了解事实真相。

总之，由于危机事件出现的情形、背景、原因及面临的环境和公众不同，我们要具体问题具体分析，选择适当的工作策略、方式、方法，才能取得良好的效果，消除危机事件带来的影响。

四、危机的善后

组织不仅要利用公关活动来处理危机，而且危机过去以后也需要运用公共关系来处理危机所带来的长期影响。危机期间组织的态度会引起公众的广泛注意，有时可以成为公众攻击的依据。组织在处理危机时如果不考虑后果，不愿承担责任，不愿对那些受害者表示关心，那它就很难得到公众的同情和支持。

危机的善后包括恢复公众对组织的信心和重新恢复组织的信誉，它可以修复危机给组

织带来的破坏，利用危机创造的机会宣传组织的形象。国外有些大的公司都已设立了首席风险官，专门处理组织的公关危机。在对全球工业500强的董事长和总经理的调查中发现，这些公司被危机困扰的时间平均为8周半，危机后遗症的涉及时间平均为8周。而没有设立应变计划的公司，要比有此计划的公司被危机困扰的时间和危机后遗症涉及的时间长2.5倍。因此，有人说，看一个组织的实力只需要知道它如何面临危机就行了。

当社会组织对公关危机的处理告一段落后，即组织传播工作、安抚工作、沟通工作、寻找原因等工作结束后，社会舆论对组织的关注归于平静后，组织应该进入重建组织良好形象的营运阶段，也就是善后危机管理阶段。

（一）树立重建良好公关形象的强烈意识

当社会组织发生公共关系危机后，社会公众一般会对组织产生信任危机。而现代社会组织的发展和市场占有，都有赖于组织的良好形象。良好的形象是组织的无形资产，因此，危机发生后社会组织不应该只关注物质财产的损失，而且应该加强公关形象的重新塑造。组织要精心策划一系列的公关工作挽回产品形象、服务形象、重树组织的良好形象。

（二）确立重建良好公关形象的明确目标

组织要对所发生的公共关系危机做分析研究，找出造成的影响和后果，并据此制定重建良好公共关系形象的目标。如由于产品出现质量问题引发的危机，就针对产品质量从生产到出厂的整个流程严格管理，明确重新树立产品形象的目标；如果由于服务不完善出现危机，就拟定改善服务形象目标，提升组织的服务形象。总之，重新树立公关形象的目标是与危机产生的原因相符合的，目标要具有针对性。

（三）采取重建良好公关形象的有效措施

▶ 1. 继续关注受害人及其家属

危机过后，社会组织要继续对受害者及其家属进行安慰、关心及持续的物质补偿。要让对方感觉到突发事件是无法避免的和残酷的，但是社会组织却能给予充分的关心和体谅，这样可以让受害者消除因突发事件而受到伤害所产生的不满、怨恨、偏见甚至敌意。受害者由于感动可能会成为社会组织的宣传员，对社会组织是一种支持和帮助。

▶ 2. 开展有针对性的公共关系活动

针对形象受损的内容和程度，开展相应的弥补形象的公共关系活动。例如，可以设立社会组织公开日，组织相关社会公众到组织内部参观，告诉公众组织新的工作进展和经营状况，通过眼见为实的验证，消除公众的疑虑；如积极参与社会公益活动，重新赢得公众的好感；或者利用危机带来的转折期，重新开发设计新产品，借助危机扬名；同时可根据受损情况和社会组织新的发展战略重新刊登广告。总之，应开展有针对性的公共关系活动，目的在于将重振雄风的决心和期待援助的愿望确实无误地传达给有关公众，使公众不断地听到社会组织战胜危机、向前发展的好消息。

▶ 3. 开展重建市场的工作

在互联网时代，危机事件发生的同时或仅仅几个小时内就能传遍全球，如三鹿集团的三聚氰胺事件、甲型 H1N1 流感。现代社会中的一件小小危机事件，就可能毁灭有几十年根基的强大社会组织尤其是企业。因为危机事件会破坏市场组织、销售渠道等，所以重建和恢复市场的工作就显得非常重要。例如，甲型 H1N1 流感流行初期，因为此流感被称为猪流感，从而造成了我国猪肉市场的危机，猪肉价格和销量都受到了影响。通过更正新型流感的名称，逐步恢复了公众的消费信心，使猪肉市场的销量有所回升。

▶ 4. 充分协调社会组织与公众的关系

在社会组织外部适当开展一些公益或社区活动，支持地方经济和社区建设，强化社会组织在公众心目中的社会责任，树立新的良好形象。还要借助互联网扩大宣传范围，利用互联网的高科技手段以丰富的表现手法把"公共关系到群体"推向"公共关系到个人"，充分协调社会组织与公众的关系。

▶ 5. 总结教训，树立危机管理意识

总结公共关系危机的教训，在社会组织内部继续强化、教育员工，树立"预防就是一切"的危机管理意识，把危机管理纳入社会组织正常的管理之中。

第三节 公共关系危机管理

在现代社会发展中，各类突发性事件、灾难性事件经常给社会组织带来各种问题和矛盾，直接影响和损害了组织的形象。为增强社会组织防御和抗击各种形象风险的能力，缓解组织的"形象危机"，加强危机管理是组织树立和维护形象的有效措施。因此，危机管理越来越受到人们的关注，它正成为一种专门的公共关系实务，并在组织中发挥着越来越重要的作用。

几乎所有的组织都可能遇到危机，危机对个人和组织的损害都很大，但对危机有应变计划的公司，遭受的损失要相对少些。这说明了对危机进行预防的必要性。零点公司调查公布的《京沪两地企业危机管理现状研究报告》显示，如果将正面临 1~2 种危机的企业界定为一般危机状态企业，将正面临 3~4 种危机的企业界定为中度危机状态企业，将正面临 5 种以上危机的企业界定为高度危机状态企业，那么目前有超过半数的被访企业处于中高度危机状态之中（其中 40.4% 处于中度危机状态，14.4% 处于高度危机状态），仅有 45.2% 的企业处于一般危机状态。

目前中国的一些社会组织似乎进入了"全面危机"时代。从社会公益性组织面临的不信任，如饱受诟病的医疗卫生机构的大处方、回扣药，到医疗机构乱收费导致的形象危机；从营利性组织的产品危机，如三鹿奶粉的三聚氰胺事件，到假冒伪劣产品横行；从各类组织虚假宣传危机事件如号称有一百年历史的"欧典"地板虚假宣传危机，到产品形象代言人危机如郭德纲代言非法的藏秘排油，笑林虚假代言玖玖理疗裤等名人效应危机。中国当前社会组织出现的各类危机俯拾皆是，不仅对社会公众造成财产损失、人身伤害，而且使公众对组织产生信任危机，严重影响和损害组织形象。当危机出现后，如果社会组织处理不当，会雪上加霜，造成更坏的影响。因此，危机的预防和处理系统是否健全成为考察社会组织经营管理能力的重要方面。

事物的发生发展总有一个从量变到质变的过程，公共关系危机也不例外。只有对公共关系危机的各种苗头、各种潜在因素有所了解和掌握，才能对它的发展有所预见，也才能加强防范，及时疏导，把危机消灭在萌芽状态。预防危机是解决危机最好的方法，危机管理已成为公共关系学领域重要的公关理论与实务。公共关系危机管理包括预防性危机管理、处理性危机管理和善后危机管理三部分内容。

公共关系对危机管理的作用既可以体现在预防期，也可以体现在整个危机的处理过程，直至最后的善后管理。因此，有人将公关称为"消防队"可能就是指它在危机管理中的特殊地位。组织危机事件的出现，具有较大的随机性和不可控性，但就总体而言，多数是事出有因。因此，公关职能部门和公关人员必须树立科学的"危机观"，高度重视组织形象的危机管理，不论是决策失误，还是飞来横祸，都能做到预防和克服，并且能变"危机"为"良机"，重树组织形象，促进组织的发展。

一、公共关系危机管理的概念

在国外，危机管理亦称问题管理（issues management），著名的公共关系专家海恩·思沃斯博士将其定义为："一种行动型的管理职能，它谋求确认那些可能动用并协调组织的一切资源，从战略上来影响那些问题的发展。问题管理的根本目的应该是促成有利于该组织的公关决策。"

危机管理（crisis management）是针对组织自身情况和外部环境，分析预测可能发生的危机，然后制定出针对性措施。一旦发生危机，就能有条不紊地将危机化解，重新恢复信誉和市场的一整套机制。

二、预防性危机管理

1985年，美国莱克斯肯传播公司总裁斯蒂芬·芬克对美国企业总裁的一份调查表明，虽然89%的公司总裁认为危机就像死亡和税收一样不可避免，却只有50%的公司总裁表示他们已有危机管理的计划。国外危机管理专家也曾经对《幸福》杂志排名前500名的大公司的董事长和总经理就企业危机展开调查，其调查统计结果表明：80%的被调查者同意，现代企业面临的危机就像死亡一样不可避免。在寄回问卷的公司中，74%的被调查者认为曾接受过严重危机的挑战，几乎百分之百的被调查者同意，他们公司容易发生的危机无外乎以下几种原因：生产性意外、环境问题、劳资争议及罢工、产品质量、股东信心丧失、具有敌意的兼并或股票市场上大股东的购买、谣言或向大众泄露组织的秘密、政府方面的限制、恐怖破坏活动、组织内人员的贪污腐化。危机的特点是突发性和破坏性，因此，对危机的预防就成了一项非常有意义且能显现公关管理价值的工作。

危机管理的关键是危机预防。在现代复杂多变的环境中，学会预防危机，避免危机的发生，能使组织的声誉不受或少受影响。

社会组织危机的预防管理，是指社会组织对其危机的隐患及其发展趋势进行监测、诊断与预控的一系列危机管理活动。其目的在于防止和消除组织形象危机的隐患，确保组织形象不受损害。其手段和方法主要是在组织中建立预警、预报与预控的免疫机制。

(一) 强化公共关系危机意识

古语说"居安思危""未雨绸缪""防患于未然"，就是指危机感、危机意识。作为组织的决策者不仅要有敏锐的危机感，还要在顺境中感知危机，做好应对策略。组织高层领导对危机的重视、关心和支持程度，都是公关部门做好危机预防的重要保证。组织的最高领导层对公共关系理解和重视，他们就会给予公关部门人员、经费、权力等方面的关心和支持，就会提醒公关人员注意消除可能给本组织带来危机的各种隐患。对组织内部人员进行危机感教育，使危机意识成为整个组织的共同意识，这样就会做到人人有危机感，人人主动预防危机的后果。

社会组织可以通过案例分析和模拟演习的方式强化公共关系危机意识。

▶ 1. 案例分析

社会组织可以将以往本组织发生过的危机或者同行业其他组织发生过的危机编制成册，组织内部员工学习，分析危机发生的原因、危机产生的危害、危机处理的措施得当与否，探讨预防危机的方法策略，以此强化组织上下的危机意识。

▶ 2. 模拟演练

2008年汶川大地震时，与汶川紧邻的安县桑枣中学没有一间房屋倒塌，全校2 200多名师生安然无恙。这是由于该校校长叶志平平常具有极强的危机意识，不但加固教学楼，每学期还进行一次紧急疏散演习。当地震发生时，全校2 200多名学生，上百名老师，从不同的教学楼和不同的教室中，按照平常的演习顺序全部冲到操场，以班级为组织站好，用时1分36秒。叶志平校长居安思危，心系学生生命安全，始终坚持疏散演习，在地震发生时终于使自己的师生免于灾难。

(二) 建立公共关系危机的预警机制

为了有条不紊地应对危机，社会组织在进行危机管理时要建立公共关系危机的预警机制。公关危机预警机制是指在公共关系危机发生之前预先发出警报，从而防范和阻止危机发生的工作机制。它通过对信息的收集监测分析及运用，起到警示社会组织加强防范工作，同时对危机预防和处理起到主动性和针对性的作用。

▶ 1. 建立情报信息网络

为了预防危机的发生，防患于未然，组织应设立自己的情报信息网络，时时监测环境，对有关公众、竞争对手、政府的信息、经济文化环境、流行信息，以及自然环境中有可能影响组织生存发展的信息进行收集、监测分析，并做出科学的预测，分析危机出现的可能性，以及出现后会对组织产生多大的副作用。

除了常规的基础信息，社会组织还要重点收集危机信息，包括本组织曾经发生的危机，国内外同行业其他组织发生的危机，同时对危机发生的条件、原因、造成的危害进行分析。并结合当前组织的内外环境进行分析,确定危机发生的前兆,进行监测,从而做到防患于未然,确保危机发生的第一时间就能做出反应。

▶ 2. 制订危机管理计划

危机管理计划是特定企业或社会组织,为了预防危机的发生或在危机发生时,尽可能减少损失而制订的较为全面具体的关于危机事件预防、处理和控制的书面计划。

制订危机管理计划是科学处理危机的基础。有了计划,危机处理工作就有了明确的目标和具体的步骤,可以协调大家的行动,增强工作的主动性,减少盲目性,使危机管理工作有条不紊地进行。同时,计划本身又是对工作进度和质量的考核标准,对大家有较强的约束和督促作用。制订危机管理计划对危机工作既有指导作用,又有推动作用。一方面,制订计划能使人们在遇到危机时集中精力解决问题,并为必要的行动提供思路框架;另一方面,在危机管理中,通过制度的建立能够约束组织员工的行为,以保证组织危机管理方针、政策、措施的有效实施。

(1) 制订应急计划应回答下列问题:

① 潜在的危机有哪几类?

② 危机一旦突发,将会影响的公众有哪些?他们会受怎样的影响?

③ 以什么方式、何种程序与有关公众进行沟通?沟通的渠道畅通吗?

④ 危机发生后各环节的合适人选是谁?他们都该做些什么呢?

⑤ 各环节人选知道怎么做吗?

(2) 针对上述问题,制订应急计划的主要内容:

① 对组织潜在的危机形态进行分类,并制定各类危机预防的方针政策。

② 为其中一类危机制定预防的具体战略和战术。

③ 确定与危机相关公众的范围及沟通方法。

④ 建立有效的传播沟通网络,并明确具体联系对象。

⑤ 确认危机处理过程中各环节的具体人选,明确分工与各自职责。

⑥ 明确各类危机处理的"总指挥"人选。

▶ 3. 建立公共关系危机管理小组

公共关系危机管理小组是管理公关危机的机构保障。危机事件涉及组织内外的各个方面,处理好危机,需要有关部门和公众的全面合作和支持。公共关系危机管理小组的建立,一方面能够集各专业的长处和技巧,恰当地处理问题,协调和解决各部门之间的关系;另一方面可使预防措施得到贯彻执行。

危机管理小组的人员应包括组织领导、人事经理、工程管理人员、保安人员、公关经理、后勤部门领导等。如果组织有分支机构,每个分支机构、子公司、分厂都应向委员会派一名代表,以便发生问题时能迅速在各地协调行动。特别是当分支机构也生产同样的产品,采用同样的质量标准、同样的购销渠道,具有同一组织形象时更有必要。

公共关系危机管理小组的主要工作内容:全面、清晰地对危机发展趋势做出准确预测;确定有关处理策略和步骤;安排调配组织现有的人、财、物,明确责任,落实任务;

启动信息沟通网络，与传媒及目标公众保持顺畅联络；对危机处理过程中各项工作做指导和咨询。

▶ 4. 搞好内部培训

处理危机是公关工作中的一项重要内容，但由于危机并非经常发生，所以大多数工作人员，对处理危机都缺乏经验。可组织短训班专门对公关人员进行培训，内容包括：模拟危机，让受训学员做出迅速的反应，以锻炼他们面对危机，处理问题的能力；向他们提供各种处理危机的案例，让他们从各类事变中吸取经验和教训，帮助他们在心理上做好处理各种危机的准备。危机的发生是很难预测的，因而，危机管理应常备不懈，各种方案、计划、培训都不能一劳永逸，应常备常新。

三、危机管理

危机处理是一种特殊的管理行为，在预防为先的指导下，要妥善、有效地处理公共关系危机，以改善和维护组织形象。

（一）采取紧急措施

既然危机已经发生，就要直接面对危机，并应考虑最坏的可能，及时和有条不紊地采取行动，以期把损失降到最低。如果措施不得力，甚至难以应付危机，就会给社会公众留下不负责任、缺乏敏感，只考虑自身利益的负面形象。因此，社会组织一旦发生危机事件，其管理活动的顺序：第一，首先建立临时专门机构，指导开展危机公共关系专题活动；第二，迅速查清原因，采取果断措施，脱离危机区；第三，控制危机蔓延趋势，确保组织形象不进一步受到损害。

（二）积极处理危机

▶ 1. 提出危机调查报告

社会组织发生危机后，应及时组织职能部门与其公关人员深入现场调查情况，搜集信息和背景资料，在分析研究的基础上形成危机事件的调查报告，供领导层处理危机决策时参考。

▶ 2. 采取相应对策

根据危机调查的专题报告，进行全面分析和深入研究，确立应急的对策，制订消除危机影响的管理方案和计划。这些应急对策应包括以下几个方面。

（1）组织内部的对策，主要包括：设置危机处理的专门机构；制订危机处理的方案与计划；公布危机事实真相；挽回影响，追究责任；做好组织内部的善后处理工作。危机发生时，要以最快的速度设立"战时"办公室或危机控制中心，调配训练有素的专业人员，以便实施危机控制和管理计划。同时，还要确保从各部门抽调人员参加"战时"办公室工作时不至于影响组织的日常工作。

（2）对受损公众的对策，主要包括了解受损公众情况，承担责任，提供善后服务。组织首先要关心和安慰受害者及其家属，诚恳地对待受害者及其家属。如果可能，组织要做出超过有关方面所期望的努力。

(3) 对新闻界公众的对策，主要包括提供统一准确的信息，接受采访，表明与新闻界公众的合作态度。危机期间与公众的有效传播沟通十分重要。一个组织时常会因为在危机期间所采用的成功传播手段而受到人们的称赞，同时，有效的传播沟通工作还可以在控制危机方面发挥积极作用。组织要善于利用媒介与公众进行传播沟通以控制危机。

(4) 对上级主管部门的对策，主要包括及时汇报，主动联系，报告处理结果及反馈危机对象的评价和看法，提供书面检查和吸取教训等。

(5) 对合作单位的对策，主要包括通报情况和处理经过，提出相应的对策措施，防止危机扩大和蔓延，书面表示歉意或当面解释道歉。

(三) 重建组织形象

▶ 1. 确立重建形象的目标

在重建组织形象过程中，确立新的形象目标是不可少的重要环节。首先，要对危机的受损公众或其家属给予安慰，并以实际行动重新获得他们的支持和信赖；其次，通过新闻媒介的宣传，使中立公众从不偏不倚转化为真诚的合作者；最后，形成新的目标公众，获得事业上新的关心者和支持者。

▶ 2. 采取重建形象的有效措施

组织内部要畅通信息渠道，增强形象决策的透明度和公开性，动员内部公众参与形象管理，并进一步完善管理制度和措施，有效地规范组织行为。

组织外部要重点弥补形象危机带来的损失，广泛与外部公众全面沟通，以过硬的产品和优质服务提高组织的知名度和美誉度。

▶ 3. 善于利用和控制重建形象的传播效果

在重建组织形象的过程中，通过传播管理，广泛宣传组织采取的有效措施，特别是组织参与的一系列对社会负责的公益活动，以增加社会和公众对组织的信任度和支持率。

(四) 评估总结，改进工作

组织在处理完危机事件后，应对处理过程的实际效果进行评估，并撰写危机处理的总结报告，为以后处理类似的公关危机提供参照系数，也为切实改进工作，从根本上杜绝危机事件的发生，重新塑造组织形象提供依据。

(五) 公共关系危机处理的原则

关键点公关公司董事长游昌乔先生通过十年积累，提出危机公关5S原则，既填补了我国危机管理理论研究的空白，同时成功帮助众多组织从容应对危机，化危为机。

5S原则具体包括承担责任原则(shouldering the matter)、真诚沟通原则(sincerity)、速度第一原则(speed)、系统运行原则(system)、权威证实原则(standard)五项原则。

▶ 1. 承担责任原则

公共关系危机发生后，会面临着利益受损和情感伤害问题。危机事件相关公众最关心以下两方面的问题。

(1) 利益问题。无论谁是谁非，社会组织应该承担责任。即使受害者在事故发生中有一定责任，社会组织也不应首先追究其责任，否则会各执己见，加深矛盾，引起公众的反感,不利于问题的解决。

(2)感情问题,公众很关注社会组织是否在意自己的感受,因此,社会组织应该站在受害者的立场上向其表示同情和安慰,并通过新闻媒介向公众致歉,解决深层次的心理、情感关系问题,进而赢得公众的理解和信任。

实际上,公众和媒体往往在心目中已经有了一杆秤,对社会组织有了心理上的预期,即社会组织应该怎样处理公众才会感到满意。因此,社会组织绝对不能选择对抗,态度至关重要。

▶ 2. 真诚沟通原则

发生公共关系危机时,社会组织要及时向相关公众传递信息,通报危机的进展和处理情况,说明事实真相,促使双方互相理解,消除疑虑与不安。

真诚沟通是处理危机的基本原则之一。这里的真诚指"三诚",即诚意、诚恳、诚实。如果做到了这"三诚",则一切问题都可迎刃而解。

(1)诚意。在事件发生后的第一时间,组织的高层应向公众说明情况,并致以歉意,从而体现社会组织勇于承担责任、对消费者负责的社会组织文化,赢得消费者的同情和理解。

(2)诚恳。一切以消费者的利益为重,不回避问题和错误,及时与媒体和公众沟通,向消费者说明危机处理的进展情况,重新赢得消费者的信任和尊重。

(3)诚实。诚实是危机处理最关键也是最有效的解决办法。公众会原谅一个人的错误,但不会原谅一个人说谎。

▶ 3. 速度第一原则

俗话说:"好事不出门,坏事传千里。"在危机出现的最初12~24小时内,消息会像病毒一样,以裂变方式高速传播。而这时候,可靠的消息往往不多,充斥着谣言和猜测。组织的一举一动将是外界评判组织如何处理这次危机的主要根据。媒体、公众及政府都密切注视组织发出的第一份声明,对于组织在处理危机方面的做法和立场,舆论赞成与否往往都会立刻见于传媒报道。

因此,组织必须当机立断,快速反应,果决行动,与媒体和公众进行沟通,从而迅速控制事态,否则会扩大突发危机的范围,甚至可能失去对全局的控制。危机发生后,能否首先控制住事态,使其不扩大、不升级、不蔓延,是处理危机的关键。

▶ 4. 系统运行原则

危机的系统运作主要是做好以下几点。

(1)以冷对热、以静制动。危机会使人处于焦躁或恐惧之中,所以组织高层应以"冷"对"热"、以"静"制"动",镇定自若,以减轻组织员工的心理压力。

(2)统一观点,稳住阵脚。在组织内部迅速统一观点,对危机有清醒认识,从而稳住阵脚,万众一心,同仇敌忾。

(3)组建班子,专项负责。一般情况下,危机公关小组的组成由组织的公关部成员和组织涉及危机的高层领导直接组成。这样,一方面是高效率的保证;另一方面是对外口径一致的保证,使公众感知组织处理危机的诚意。

（4）果断决策,迅速实施。由于危机瞬息万变,在危机决策时效性要求和信息匮乏的条件下,任何模糊的决策都会产生严重的后果。所以必须最大限度地使用资源,迅速做出决策,系统部署,付诸实施。

（5）合纵连横,借助外力。当危机来临,应和政府部门、行业协会、同行业组织及新闻媒体充分配合,联手对付危机,众人拾柴火焰高,借此增强公信力、影响力。

（6）循序渐进,标本兼治。要真正彻底地消除危机,需要在控制事态后,及时准确地找到危机的症结,对症下药,谋求治"本"。如果仅仅停留在治标阶段,就会前功尽弃,甚至引发新的危机。

▶ 5. 权威证实原则

危机发生后,社会组织要请重量级的第三者到前台说话,使公众解除对自己的警戒心理,重获他们的信任。邀请的第三方权威包括相关专家、相关权威部门和相关公众等。

（二）公共关系危机处理的步骤

社会组织所处的环境和面对的公众不同,所发生的公共关系危机的性质、类型、规模、程度等各不相同,但是组织在进行公共关系危机的处理时可以大体遵循以下基本步骤。

▶ 1. 深入现场,了解事实

公共关系危机发生后,社会组织应当立即组织人员深入现场,了解危机发生的基本情况,包括危机发生的时间、地点,危机涉及的公众,危机的性质、直接原因,危机造成的人员伤亡数字、财产损失情况等相关信息。

▶ 2. 分析情况,确立对策

当收集了第一手资料后,社会组织的高层领导应该会同危机处理小组一起对上述资料进行分析研究,确定危机的严重程度、危机发生的原因,明确危机处理的对策。

▶ 3. 安抚公众,缓和局面

社会组织应当在第一时间安抚公众,尤其是有人员伤亡事故的危机,当事组织务必要引起足够的重视,充分认识受难者家属在危机事件中的微妙地位。一旦事故发生,应迅速采取积极有效手段救助伤亡人员,防止事故扩大,并考虑如何设法补偿受难者家属的损失,缓和局面,挽回组织的声誉。

▶ 4. 联络媒介,主导舆论

著名危机管理专家诺曼·R.奥古斯丁曾说:"我自己对危机的最基本经验,可以用六个字概括:'说真话,立刻说'。"因此,组织要及时做好舆论报道工作,将事实真相告诉给公众,消除谣言造成的危害,确保危机的处理有一个公正、有利的舆论环境,减轻组织自身的压力。在这里,尽量邀请技术权威机构介入对危机事件真相的调查与论证,可提高信息的可信度,对于减少谣传、寻求传媒与公众的理解尤有好处。

▶ 5. 多方沟通,加速化解

危机发生后,要积极和社会组织各方公众进行沟通联系,争取政府、媒介、社区公众及其他公众的理解、同情和支持,力争尽快化解危机。

▶ 6. 有效行动,转危为机

根据危机处理对策,应该迅速地开展公共关系活动。组织领导应亲临现场,组织协调,认真了解受害者情况,确认损失,并做出表态,勇于承担责任,尽最大努力做好善后工作。同时,抓住危机这一特殊时刻,恢复声誉,组织新的公共关系活动,重塑形象,把危险转化为机遇。

(三)公共关系危机处理中的公关策略

危机发生后将会触及各类公众的利益,对此应分别处理。

▶ 1. 内部公众

(1)应将事故情况及组织对策告诉全体员工,使员工同心协力共渡难关。

(2)如果本组织内部有人员伤亡,应立即通知家属,并提供条件满足家属探视、吊唁的要求,组织周到的医疗和抚恤工作,由专人负责;如果是设备损失应及时清理。

(3)应随时将危机处理过程的相关信息通报内部公众,统一口径、统一思想、统一行动,共同抵制危机。同时,将事故原因、损失情况进行通报,以便吸取教训。

▶ 2. 事故受害者

(1)若发生伤亡事故,要及时组织实施抢救,并安排专人处理伤亡事故,与受害者接触。

(2)真诚地对受害者表示歉意,冷静地倾听受害者的意见和他们提出的赔偿要求。这时即使他们的意见并不完全合理,也不要马上与之辩论;即使受害者本身要对事故负有一定责任,也不应马上予以追究或推出门了事,或立刻诉诸法律。

(3)应该同他们坦诚、冷静地交换意见,就补偿方法与标准进行商谈,并尽快实施。同时,谈话中应避免给人造成推卸责任、为本组织辩护的形象。

在处理事故的过程中还要注意,没有特殊情况,不要随便更换负责处理事故的人员和探望受害者的人员,以便保持处理意见的一致性和操作的连续性。

▶ 3. 新闻传播媒介

(1)社会组织要积极主动地与新闻媒介沟通。公开、坦诚的态度和积极主动的配合是处理媒体关系的关键。向新闻媒介公布危机事件的真相,表明态度,并通报将要采取的措施。对于通报时间、措辞、采用什么形式,有关信息怎样有计划地披露等,应该在组织内部事先达成共识,统一口径。

(2)成立专门的记者招待机构,由专人负责发布消息,集中处理与事件有关的新闻采访,向记者提供权威的资料。其他人员和组织不得向记者透漏信息,可以礼貌地将记者招待机构的联系方式告诉记者。

(3)在危机处理过程中,要主动及时地向新闻媒介通报最新消息。在事情未明了之前,出言要谨慎,同时,要采取合作的态度,不能隐瞒、搪塞、对抗,也不能简单地用"无可奉告"对待,要真诚地说明理由,争取记者的理解和支持。

▶ 4. 上级领导部门

危机发生后,应及时向组织的直属上级领导汇报情况,不能文过饰非,不允许歪曲真相、混淆视听。

在处理过程中，应定期将事态的发展、处理、控制的情况，以及善后的情况，陆续向上级报告。事故处理结束后，应将详细的情况、解决的方法及今后预防的措施、组织应承担的责任形成综合报告，送交上级部门。

▶ 5. 组织所在社区

对待社区，如果是火灾、毒物泄漏等给当地居民确实带来了损失的，组织公关部门应向当地居民道歉，根据事故的性质也可以挨门挨户道歉。必要时可以在全国性或地方性报纸上刊出致歉广告，这种致歉广告应该面向有关公众，告知他们急需了解的情况，明确表示出组织敢于承担责任、知错必改的态度。

思考题

1. 什么是公共关系危机？
2. 公共关系危机有哪些特点？
3. 公共关系危机发生的原因有哪些？
4. 公共关系危机处理的5S原则是什么？
5. 公共关系危机的类型有哪几种？
6. 公共关系危机的发生会对组织发展造成怎样的危害？

第九章 公共关系专题活动

> **学习目标**
> 1. 掌握公共关系专题活动的形式、公共关系专题活动的作用。
> 2. 熟悉各项公共关系专题活动的方法和目的。

第一节 公共关系专题活动概述

一、公共关系专题活动的定义

公共关系专题活动又称为公共关系特殊事件,是指组织为了某个明确目的,围绕某一特定主题而有计划进行的各种特殊的公共关系活动。同其他任何传播、沟通方式或活动一样,公共关系专题活动也属于公共关系的手段。所不同的是,公共关系专题活动是借助特定主题而开展的与公众共同交往的特殊活动,因而其效果显著,且具有明显的共时性。公共关系专题活动是组织与广大公众进行沟通、塑造自身良好形象的有效途径。组织之所以要不断开展公共关系专题活动,就是为了不断增进同公众之间的面对面共同交往和紧密联系,从而使双方的关系朝有利于双方的方向发展。

公共关系专题活动包括任何具有明确主题、经过周密策划而实施的公共关系活动。因此,公共关系专题活动应具备几个基本特征。

(一)有一个明确的主题

公共关系专题活动是专门为实现某一具体目的而举行的,具有明确的主题,活动的策划与程序的安排都要围绕这一主题进行。只有主题鲜明,才容易引起舆论和公众的关注,引发他们的浓厚兴趣，从而使组织形象在公众的心目中留下深刻印象。明确的主题能让公众更好地知晓组织行为的目的及其意义，加深公众对组织的了解和信任。

（二）经过精心策划

公共关系专题活动是一个多环节、运作复杂的公共关系活动项目，它要求有规范、完整的程序，讲究组织严密、安排得当。只有精心策划才有利于活动井井有条地运作和开展、及时进行监控，有效地协调各环节间的工作和保证活动的质量。

（三）与某一种类型的公众进行重点沟通

一般而言，组织举办专题活动所邀请或参与的对象比较广泛，具有不同的层次。但是为了实现某一具体的目的，组织要与某一种类型的公众进行重点沟通。

（四）针对性强

公共关系专题活动是针对某一个明确的问题而开展的，具有极强的针对性。

二、公共关系专题活动的主要形式

公共关系专题活动的形式多种多样，大致可做以下划分。

(1) 会议类活动项目，如新闻发布会、研讨会、洽谈会、交流会、鉴定会等。

(2) 庆典类活动项目，如国庆典礼、开学典礼、开幕典礼、颁奖典礼、周年庆典等。

(3) 展示类活动项目，如展览会、展销会等。

(4) 交际类活动项目，如宴请活动、联欢会、文艺演出、电影招待会等。

(5) 竞技类活动项目，如各种以组织名称命名的体育比赛、演讲比赛、征文比赛等。

(6) 综合类活动项目，集以上各种活动为一体的系列活动。

三、公共关系专题活动的作用

公共关系专题活动对于改善组织的公共关系状态有着极为重要的意义。它往往能够使组织集中地、有重点地树立和完善自身的形象，扩大自己的社会影响，使组织形象出现质的飞跃，也是塑造组织形象的有力驱动器。

公共关系专题活动施加影响的对象并非是组织的所有公众，而是以其中某一部分公众为重点。在这种情况下，尤其是当组织与公众的关系出现或可能发生不协调时，公共关系专题活动将会起到很好的协调和沟通作用，以便与这部分急需协调的公众保持良好的关系。但是，如果公共关系专题活动的形式选择得当，策划新颖，技巧纯熟，所举办的公共关系专题活动也可能对组织的所有公众，甚至非公众产生影响，在社会上产生很大的"轰动效应"。因此，公共关系专题活动既有利于同某一部分公众进行沟通，又有利于组织在社会中的整体竞争，它是一种目的明确、对象确定、影响深远的公共关系过程。

由于公共关系专题活动具有特殊作用，因此，组织有经常举办专题活动的特殊需求。公关人员在举办专题活动时必须掌握一个基本原则：只可成功！成功的专题活动有巨大的正面效应；同样，不成功的专题活动也会产生巨大的负面效应。

创新是公共关系专题活动的基本要素。缺乏新意，公共关系专题活动就失去了任何意义。创造性地利用各种具体的专题形式为组织目标服务,可以构成公共关系专题活动最有价值的部分。成功的公共关系专题活动之所以会产生轰动效应,其原因就在于它的创新性给公众留下了令人难忘的印象。因此,能否成功地举办各种形式的公共关系专题活动,不仅仅是对公关人员综合能力的考验,而且也是对他们创造力的综合测试。

第二节　赞助活动

赞助活动是指组织通过无偿地提供资金或物质对各种社会公益事业做出贡献,以提高社会声誉,树立良好社会形象的公关专题活动。公关赞助是举办专题活动最常见、最重要的形式之一,因为它既可以为社会公益事业的顺利进行提供保障,同时又可以为组织的不断发展创造和谐的社会环境。因此,许多营利性组织纷纷以自己收益的一部分回馈社会公益事业,以树立组织勇于承担社会责任和义务的形象。

一、赞助活动的作用

赞助活动对树立与提升组织的形象具有特别重要的作用。组织开展公益活动的作用可以归结为两方面:一是显示爱心,为本组织树立起关心社会公益事业、具有高度社会责任感的良好形象;二是赞助活动是比商业广告更具说服力的宣传机会,有利于提高组织的知名度和美誉度。因此,开展公益活动得到了有经济实力组织的普遍重视。

(一)提高社会声誉

组织开展赞助活动,体现了组织助人为乐的高贵品质和关心公益事业、勇于承担社会责任、为社会无私奉献的精神风貌,能够给公众留下可以信任的美好印象,从而赢得公众的赞美和良好的声誉。2009年3月8日,陕西华商报社主办的"绿动三秦——保护母亲河万人植树活动"在西安市浐灞生态园顺利进行。西安三秦医院不仅将活动所需经费提前支付给活动主办单位,还积极协助制作了上万份活动纪念门票发给所有参与此次活动的参与者。另外,还专门制作了1 000件环保T恤赠送给植树者。同时,医院还主动为所有参与植树的热心市民准备了环保袋、围裙等环保纪念品。西安三秦医院全程赞助此次华商报社主办植树节活动,极大地提升该院的社会声誉。

(二)承担组织的社会责任

关心和支持社会公益事业,为社会发展做出一定的贡献,这也是组织承担社会责任与义务的表现。

(三)证明组织的经济实力

组织开展公益活动,虽然有时会花费不菲,但通过新闻媒介的宣传,扩大了组织影响,获得了组织在公众心中有实力的印象。

(四)增加经济效益

组织开展赞助活动,提高了组织的知名度和影响力,加深了与公众之间的感情,融洽了社会关系，会给公众留下深刻的印象。公众会从对组织的良好印象，联想到组织产品或服务的良好形象，有利于组织经济效益的增加。

二、赞助活动的主要对象

赞助活动的对象非常广泛，这里介绍几种常见的类型。

（一）体育活动

对体育事业的赞助不仅可以提高人民体质，而且可以最大限度地提高组织的知名度。体育活动观众多，往往也是新闻媒体报道的对象，对公众的吸引力比较大。因此，赞助体育活动，往往是社会组织公益活动的重要选择，常见的有赞助某一项体育运动、赞助某一次体育比赛和赞助体育设施的购置等多种方式。

（二）文化活动

组织赞助社会文化事业，不仅可以培养公众的情操，提高民族文化素养，而且可以大大提高组织美誉度，提高组织社会效益。这类赞助方式有：一是对文化活动的赞助，如对大型联欢晚会、文艺演出、电视节目的制作和电影的拍摄等赞助；二是对文化事业的赞助，如对科学与艺术研究、图书的出版和文化艺术团体等赞助。

（三）教育事业

赞助教育事业是百年大计，它体现了组织对社会的责任。社会组织赞助教育事业，不仅有利于教育事业的发展，而且有利于融洽社会组织与教育单位的关系，有利于组织的人才招聘与培训，有利于树立社会组织关心社会教育的良好形象。常见的赞助方式有：一是赞助学校的基本设施建设；二是赞助学校专项经费，如专项科研基金和设立奖学金等；三是赞助教学用品，如设备、器材和图书资料等。

（四）社会福利和慈善事业

赞助社会福利和慈善事业指组织通过出资参加社区市政建设，为各种需要社会照顾的人提供物质帮助和开展义务服务活动等措施。赞助福利和慈善事业，是组织谋求与政府和社区两大公众的最佳关系的手段。常见的赞助社会福利和慈善事业形式有赞助养老院、福利院、康复中心、公园、少年宫；在一些地区或单位遭受灾难时提供资助；出资修建社区马路、天桥及赞助残废人事业等。例如，2009年5月17日，山东泰安颐博康复医院在我国第19个全国助残日来临之际，结合本年助残日主题"关爱残疾孩子发展特殊教育"，赞助了泰安市残联的脑瘫儿童家长教育与脑瘫儿童免费治疗活动。

三、赞助活动的策划开展

组织要使开展的赞助活动取得成功，必须认真地搞好策划工作，具体步骤如下。

（一）拟定赞助战略

确定组织的公众关系现状、目标、政策和经济能力，决定年度赞助活动赞助金额，制定切实可行的赞助方案。

（二）传播赞助信息

公共关系人员应该把组织的赞助目标、对象、方式等信息通过适当的传播渠道和传播方式,传递给可能向本组织提出赞助要求的单位。

(三)确定赞助对象

▶ 1. 分析赞助对象

调查研究,充分了解赞助对象业务内容、社会信誉、公众关系、面临问题等,以便有选择地进行赞助。

▶ 2. 明确赞助项目

明确赞助项目包括调查分析项目提出的背景,对公众的影响力,项目所需花费的财力、人力与物力情况,以及操作实施过程中可能出现的困难和问题等。

▶ 3. 分析成本效益

对赞助活动的成本(组织付出的全部财力、人力、物力)与综合效益(赞助活动可能获得的经济效益与社会效益)进行分析比较。

▶ 4. 确定赞助对象

在以上分析评价的基础上,按照有利于组织综合效益提高的原则,充分考虑多方面利益,协调平衡,确定赞助对象,防止盲目赞助或因个人主观感情色彩而影响赞助。

(四)沟通赞助对象

对于组织确定的赞助对象,要及时通知对方,做好实施准备;对不能满足或者不能全部满足赞助要求的对象,应该坦诚相告,诚恳解释原因,争取互相理解。

(五)实施赞助计划

组织应派出专门的公共关系人员或组织专门的工作班子,负责赞助活动的具体实施。在实施中,要注意:分工负责落实,对赞助活动中的各个项目,应分派具体人负责落实,各负其责;运用公关技巧,力求最佳效果;扩大组织影响,在赞助活动中应尽量利用多种传播方式、途径,以扩大影响。

(六)认真进行效果评估

组织的赞助活动应立足于其长远发展。赞助活动完成后,应进行效果评估,总结经验,吸取教训。效果评估的主要内容包括:评估公众的评价与反响;评估赞助计划完成情况;赞助活动声像资料的制作;赞助活动的总结;新闻报道等传播资料的存档。

四、赞助活动的注意事项

组织赞助各种有益的社会事业,目的在于推动社会公益活动发展的同时提升本组织知名度与美誉度。实际上,现代社会开展赞助的主体是企业,因此,以企业赞助活动为例来介绍赞助活动应注意以下事项。

(一)切忌盲目

企业的赞助活动要以自身及其所面对的社会环境为出发点,结合企业实际能力,制定出切实可行的公共关系政策、方针和策略,切忌盲目。

(二)资金及时到位

企业应将公共关系政策公之于众,应保持与被赞助者和需要赞助的活动组织者之间的联系，将款项及时拨付到位。如果，企业忽视自己的实力或其他原因导致的资金不能及时到位都会带来很大的负面影响。

（三）灵活控制款项

为了能够在适当的时机赞助适当的对象，企业的公共关系部应随时把握社会赞助的供求状况，做到灵活控制赞助款项。

（四）注重公众认同

企业要对赞助活动进行科学筹划与管理，保证企业的善举得到公众的高度认同，由此，创造出良好的社会效益，推动企业发展。

第三节　庆典活动

庆典活动是组织利用重要节日和重要事件举行的庆祝或典礼活动。庆典活动是组织借助喜庆和热烈的气氛，对外扩大影响，对内增强凝聚力的重要手段。它可以是一种专题活动，也可以是大型公关活动的一个环节。公共关系管理者应充分利用开业、周年大庆等庆典活动，让人们自然地接受组织知名度与特定信息的传播，实现现代公共关系为扩大知名度、提高美誉度服务的目标。

一、庆典活动的类型

庆典活动举办的形式多种多样，但总体上都具有喜庆的氛围、高昂的情绪、隆重的场面，以及较高的规范性、严格的礼仪要求等特点。庆典活动在形式上，一般有开幕庆典、闭幕庆典、周年庆典、特别庆典和节庆活动五种。

（一）开幕庆典

开幕庆典即开幕式，就是指第一次与公众见面的、展现组织新风貌的各种庆典活动。它包括各种博览会、运动会、文化节日的开幕典礼；企业的开业典礼；重要工程首次运行或运营的庆祝活动，如通邮、通车等典礼活动；学校的开学典礼、部队的迎新典礼等。

（二）闭幕庆典

闭幕庆典是组织重要活动的闭幕式或者活动结束时的庆祝仪式，包括各种博览会、运动会和企业文化节日的闭幕典礼、重要工程的落成典礼、学生的毕业典礼。闭幕典礼是各种活动的尾声，与开幕庆典相比，重要程度和隆重程度比较弱，更多的是强调活动有始有终、圆满结束。

（三）周年庆典

周年庆典是指组织在发展过程中的各种内容的周年纪念活动，包括工厂的厂庆、宾馆的馆庆、学校的校庆、某项技术发明或产品问世等周年庆祝活动。组织周年庆典活动对振奋员工精神、扩大宣传效应、协调公共关系、塑造企业形象有重要意义。2012年7月18日晚，由北京同仁堂集团和北京卫视共同主办、北京卫视全程录制的"百草飘香"传统医药与人类健康暨北京同仁堂集团成立20周年主题晚会在世纪剧院举行。晚会集中回顾了北京同仁堂集团20年来探索与实践取得辉煌成果，并为做长、做强、做大同仁堂送上诚挚的祝福。晚会现场，出席晚会的领导合力转动船舵，共同为同仁堂六大二级集团"揭牌"，开启同仁堂新航程，标志着同仁堂发展迈入新时代。通过此次庆典活动，对内，同仁堂员工振奋了精神、增强了使命感和荣誉感；对外，短时间内吸引了很多公众的关注，进一步提升了企业形象。

（四）特别庆典

特别庆典是指组织为了提高知名度和声誉，利用某些具有特殊纪念意义的事件或者为了某种特定目的而策划的庆典活动。组织可以根据自己的具体情况推出新的内容，尤其结合环境抓住具有重大意义的事件精心策划。2009年5月19日上午9时，为庆祝山东省首例甲型H1N1患者在济南市传染病医院治愈出院，济南市传染病医院组织了较为隆重的庆贺仪式，齐鲁电视台现场直播了全过程。这样的活动，在特殊的时期有助于稳定人们的恐慌心理，向人们宣传正确对待甲型H1N1，同时通过这样的特殊庆典活动，济南市传染病医院也声名远播。

（五）节庆活动

节庆活动是指组织在社会公众重要节日时举行或参与的共庆活动，这里的重要节日可以是传统的节日，如春节、国庆节；也可以是改革开放后源自西方的节日，如圣诞节、情人节等。节庆活动可以分为两种：一种是为社会公众举办的节庆活动，提供免费或优惠服务；另一种是组织参与该节庆活动，塑造一个积极参与社会活动的形象。

二、庆典活动的开展

虽然庆典活动形式并不复杂，所需要的时间也不长，但庆典活动是一项系统工程。因此，要把庆典活动搞好，必须有充分的准备，根据天时、地利、人和等条件而展开。

（一）落实举办时间

在实践中，特殊的可供纪念的事件庆典可基于企业需要进行选择。但是举办时间的选择，一定要结合组织特点，如军队的立功、授勋仪式通常可以选择在"八一"建军节；经营妇女儿童用品的商场，开业典礼时间可以选择在"三八"妇女节、"六一"儿童节；模范教师的表彰可以选择在教师节；医院的庆典活动宜选择在周年或获得重大荣誉等时机。

（二）设定形式与规模

庆典活动的形式和规模要依据组织的性质、特点、经济实力和公共关系目标等因素确定。一般而言，与公众日常生活密切相关的服务性企业的庆典活动，最好选择能使社区公众最大范围地知晓该组织的庆典形式。如果业务性质是具有广泛影响的社会组织，策划最好采取具有轰动效应的庆典活动形式。规模的大小，可以根据组织的经济实力、场所的条件和实际需要来决定。

（三）选定举办地点

组织应根据环境和庆典定位，结合庆典活动的形式、规模、出席人数和一些附加活动等因素选择庆典活动的场所。

（四）确定邀请嘉宾

组织首先应根据庆典规格和目的确定邀请嘉宾对象。嘉宾对象可以是地方政府官员、上级组织的领导、社区知名人士、协作单位的负责人、兄弟单位的代表及各类传媒机构的新闻记者。同时，要考虑邀请嘉宾的方式，地方政府官员、上级组织的领导和社区知名人士一般应该上门邀请，其他邀请对象可以通过电话和发请柬等方式邀请。

（五）设立组织机构

为了保证庆典活动有序、高效地进行，组织应设立庆典活动的领导组，领导组可以下设宣传组、秘书组、会务组等小组，各小组再进一步确定参加人员。

（六）实施分工负责

庆典组织机构设立后，应着眼于运行角度，对人员进行分工。

▶ 1. 领导组

领导组的任务包括对整个庆典活动进行整体构思、策划、领导、协调、检查各部门和各环节的工作落实情况。

▶ 2. 宣传组

宣传组负责活动的对内和对外宣传。宣传组要设计制作组织标识、宣传品、招贴画、广告词、主题词、条幅等，营造良好的氛围，落实摄影摄像、摄像印制、美工制作、广告设计、乐队调音、国歌光盘、烘托喜庆气氛的唱片、录音带、新闻报道资料准备与记者联络等。

▶ 3. 秘书组

秘书组的任务包括撰写、打印各种文稿，包括邀请信、演讲、致辞、报告和讲话稿；材料准备、装袋、分发；嘉宾邀请、迎宾礼仪、主持司仪等。

▶ 4. 后勤组

后勤组的任务较繁杂，主要包括嘉宾接待，包括食、住、行、参观、游览、考察、娱乐的安排；布置会场，应以隆重、热烈、大方、得体为原则来布置会场；物品的准备，如剪彩用的彩带、剪刀、纪念品表彰用的奖品、奖金、荣誉证书、赠送客人的纪念品、供公众提意见、建议用的留言台（簿）等；清洁、勤杂、电工等后勤工作。

（七）细化庆典程序

为了保证庆典不出纰漏，组织庆典活动安排程序应当事先印制好，宾客人手一份，以便了解掌握活动安排。正式庆典活动程序一般是：主持人宣布活动开始，奏国歌；介绍重要来宾，或者宣布来宾名单；宣读重要单位的贺信、贺电及贺信、贺电单位名单；致辞，组织领导人或重要来宾分别致辞；剪彩（或者揭牌、揭幕）；颁奖（颁奖仪式）；宣布庆典活动结束，安排其他活动，如参观、座谈会、观看表演和宴请招待等。

（八）评估活动效果

组织的庆典活动应讲求整体性和连续性，应与其他公共关系活动协调一致。为保持组织形象的一体化，保证今后开展活动的连续性，应对每一次庆典活动进行总结。

庆典活动效果评估的主要内容包括：收集传播媒体及公众舆论的有关反应；制作庆典活动的声像资料；写好庆典活动的总结报告；做好新闻报道剪报资料的存档工作。

第四节 新闻发布会

随着信息传递方式的日益快捷、多样化及舆论力量的加强,新闻发布会日益成为组织与外界沟通的形式。

一、新闻发布会的含义与特点

(一)新闻发布会的含义

新闻发布会也称记者招待会,是由组织举办邀请记者参加,发布有关重要信息并接受记者采访的一种特殊会议。一般是组织针对某些事关组织战略、形象等重要的信息,开展的与新闻界正式的沟通形式。组织指定专职发言人直接向与会记者发布信息,并且回答与会记者的有关提问,目的是通过与会的记者把本组织的有关信息传递给公众。

(二)新闻发布会的特点

新闻发布会是一种准备充分、形式正规、气氛隆重,并且规格较高、传播信息快、吸引报道和易于引起社会关注的会议沟通形式。

▶ 1. 信息传播效率高

新闻发布会形式的消息发布,其形式正规、隆重、规格高,更容易引起社会的重视与关注,传播得更及时、更快。

▶ 2. 沟通有深度

新闻发布会实现了组织与记者的当面沟通,双方就一些问题可以进行深度、广泛、高效的沟通。

▶ 3. 成本较高

由于新闻发布会占用记者较多时间,必要时还要组织参观、实地采访等活动,一般会安排酒会、招待会、进餐会及赠送礼品等,因此,经费支出较大。

二、新闻发布会的作用

新闻发布会能够实现组织与新闻媒介的沟通,并通过这种沟通实现组织和广大公众的沟通。组织举行新闻发布会具有一举多得的作用,主要表现在以下三个方面。

(一)有利于组织和新闻媒介的双向沟通

新闻发布会是一种双向的沟通形式。具体而言,一方面,组织发布有关信息,回答记者的提问;另一方面,记者直接听取和收集组织信息,对自己感兴趣和公众普遍关心的问题向组织发言人进行提问,有利于组织与新闻记者建立良好的人际关系,实现组织和记者的双向沟通。

(二)有利于组织信息的快速传播

新闻发布会的举办,由于组织主动邀请多方记者参加,为记者迅速掌握组织的情况提供了充足的信息,有利于组织信息的及时、广泛、准确、持久和有效的传播,有利于树立组织的良好形象,提高社会组织的知名度和美誉度。

(三)有利于组织和公众的沟通

在组织发生危机事件时,组织可以通过举行新闻发布会向公众传播事件的原因、组织处理的态度,说明或澄清有关问题,取得公众的支持和谅解。通过信息及时的传递,引导舆论朝向对组织有利的方向传播。

2008年9月16日下午,泰安市中心医院召开"食用'三鹿奶粉'患儿救治情况新闻发布会",该院就对患儿具体救治措施、家长需要注意的症状、救治政策等向媒体记者做了详细介绍。光明日报泰安记者站、齐鲁晚报、城市信报、泰安日报等8家媒体的记者参加了该新闻发布会。针对各媒体记者的提问,该院分管副院长及儿科专家指出只要早发现、早治疗,采取科学的内科保守治疗,结石患儿就会得到治愈,广大市民不要过于恐慌。通过该新闻发布会,该院向公众传递了技术精湛、关注患儿健康、承担社会责任的形象。

三、新闻发布会的组织安排

新闻发布会的组织,必须做好以下几个方面的工作。

(一)发布会前的准备工作

▶ 1. 前期论证

前期论证主要是对新闻发布会的主题和针对性进行研究。首先,新闻发布会要有明确的主题,要发布哪些方面的信息一定要明确;其次,要求新闻发布会要有比较强的针对性;最后,对所要发布信息的新闻价值进行研究。如果发布的消息没有新闻价值,就无法起到宣传的作用。因此,要关注新闻发布会是否及时和内容是否有新意,要关注新闻发布会的内容是否有新闻价值,要关注发布的信息能否引起公众的兴趣。

▶ 2. 确定邀请的记者

根据新闻发布会中要发布信息的内容、涉及的范围和事件发生的地点等因素,来确定应邀参加者的范围。需要明确的内容包括:确定邀请哪些新闻媒介的记者,如哪些报纸、杂志、广播、电视等方面的记者;确定邀请哪些地区新闻媒介的记者,如是本地还是外地、省内还是省外、国内还是国外等。

▶ 3. 资料准备

新闻发布会发言人的发言内容、发言提纲和报道提纲需要事先认真周密的准备。首先,发言内容和发言提纲应该根据会议主题,由组织熟悉情况的人成立专门的小组负责起草,其内容要求全面、准确、简明扼要,主题突出;其次,有关宣传辅助材料的准备,包括口头的、书面的、实物、图片、模型,也包括将在会议进行中播放的音像资料等,要求成立小组或指定专人负责认真仔细地起草、讨论、修改、定稿、打印和分发。

▶ 4. 选择时间

新闻发布会时间的选择最好结合组织的特殊时刻。首先,要考虑组织信息发布本身的最佳时机,如放在重要活动庆典、重要会议召开、重要人士来访、重大成绩取得和突发事件发生之时；其次，还要考虑邀请对象是记者的特点，应尽量避开节假日和有重大社会活动的日子，以免记者不能参加会议，影响新闻发布会效果；最后，应避开某些民风民俗忌讳的日子，如不要选择在4月1日，这是欧美地区的"愚人节"，也不要选择在13日举行，这是西方一些国家普遍忌讳的日子。当然，一些特殊目的新闻发布会具有紧迫性，应越快越好，例如危机处理性质的新闻发布会。

▶ 5. 选择地点

在地点选择上，主要考虑便于记者交通、采访等。第一，考虑交通是否便利；第二，考虑会议厅的大小是否能够容纳得下所有记者与嘉宾；第三，考虑会场设施是否齐全，如记者联络发布信息用的通信设施是否便利畅通，能否提供录音、摄像、书写等配套设施，能否提供播放电影、电视、录像、录音、幻灯等设备条件；第四，场内的桌椅设置是否方便记者们提问和记录。

▶ 6. 选定主持人和发言人

主持人和发言人的选择一定要慎重。由于记者的职业要求和习惯，他们常常提出一些尖锐深刻甚至很棘手的问题，这对主持人和发言人是很大的挑战。主持人不仅仅是会议召开时形式上的主持人，而且应当是本次公共关系活动中所有环节的总指挥，要求主持人思维敏捷，反应机敏，口齿伶俐，有较高的文化修养和专业水平。会议的主持人一般可由公关机构的负责人来担任。发言人是代表组织出面的，新闻发布会成败与发言人的素质密切相关，因此，会议的发言人一般应由组织的高层领导来担任。因为高层领导清楚组织的整体情况，掌握组织的方针、政策和计划，回答问题具有权威性。必要时，对主持人和发言人进行适当的培训与辅导。若组织确定的主持人和发言人缺少这方面的经验，可以在会前进行必要的多方面训练和准备。

▶ 7. 记者参观计划

在新闻发布会的前后，可以配合会议主题组织记者进行参观活动，给记者创造实地采访、拍摄、录像等机会，增加记者对会议主题的感性认识。首先要确定参观的地点、参观的路线、参观的内容；其次要确定参观的陪同人员和被参观地方的接待人员，介绍有关情况。

▶ 8. 宴会的安排

为了使新闻发布会收到最大的实效，根据组织费用预算情况，可以安排宴会或者工作餐招待与会的记者和其他来宾。宴会也是一种相互沟通的机会，可以利用这种场合融洽与新闻界的关系，及时收集反馈信息，进一步联络感情。

▶ 9. 经费预算

由于新闻发布会的成本较高，事先一定要进行预算。费用项目一般有场租费、音响器材租用费、会场布置费、电话通信费、交通费、印刷费、文具用品费、茶点、餐费和礼品等。整个会议经费应当在会议前做出预算，报请组织相关领导批准。

▶ 10. 布置会场

新闻发布会的会场布置要整洁、高雅、美观、安全和实用。对主持人、发言人、嘉宾、记者、特邀人士等各种区域与席位都应布置安排合理，书写并按席位顺序摆放席位卡，准备好的文件材料袋和文书用具应放于每个席位上，并适量放置简单饮料。检查进出通道与上下台的路线是否安全畅通，准备好会议所需要的其他设备，如音响和话筒等，检查好用电是否安全等。

▶ 11. 邀请记者

根据邀请的范围，将请柬较早地送到被邀请的记者手中。临近召开日期，还应用电话联系落实到会记者情况。另外，对交通不便的被邀记者应提供交通服务。

(二) 会中的组织工作

▶ 1. 会前接待

组织应该明确并安排迎宾人员，提前恭候在门厅或会场门外，待来宾到达时亲自迎接、问候，并将来宾引领至签到处，恭请来宾签到，签到后，服务人员引导来宾至休息室或直接到会场，安置席位奉茶水或饮料等。

▶ 2. 会议程序

新闻发布会开始后，首先是主持人讲话、宣布会议开始，然后按以下程序进行。

(1) 介绍和欢迎与会人员，向来宾介绍出席会议的领导、重要嘉宾、各新闻机构及其记者，向到会者表示欢迎。

(2) 介绍本次新闻发布会的主题、目的和背景。

(3) 介绍发言人情况，如姓名、职业和职位等，然后各发言人依次发言。组织的发言人的发言要紧扣主题，实事求是，不夸夸其谈。一般安排一位主要发言人发言，若安排多人发言时，应排好顺序，发言内容上不要重复。会议发言人和主持人应相互配合。

在进行过程中，应始终围绕着会议主题进行。这就需要会议的发言人和主持人配合一致，相互呼应。

▶ 3. 欢送记者

新闻发布会结束后，现场有关人员要引导、保证记者有序地离开会场。若还有下一步活动，要根据原来的计划提前通知下一步安排的具体行程。

(三) 总结评估

新闻发布会作为一项公关活动的完整过程，结束之后，要及时检验会议是否达到了预期的效果，认真地做好总结评估。

▶ 1. 收集和分析信息

(1) 收集与会记者及其他与会公众对记者招待会组织工作的反应。检查招待会在接待、安排、提供方便等方面的工作是否有欠妥之处，以利改进今后工作。

(2) 搜集分析与会记者在各种媒体上的相关报道，进行归类分析，检查与预定目标的差距。对检查出的问题，应分析原因，设法弥补损失。

(3) 对照会议签到簿，看与会记者是否都发了稿件，并对稿件的内容及倾向做出分析，以此作为以后举行记者招待会时选定与会者的参考依据。

▶ 2. 总结归档工作

总结经验，书面形式归类资料留存。闭会后应对会议的组织进行总结，分析得失、总结经验、吸取教训，写好评估报告，并将总结材料归档备查。

第五节 组织开放日

一、组织开放日的作用

组织开放日，是为了让公众更好地了解组织，获得公众对其各项活动的支持，有计划地邀请组织的员工家属、社会公众、新闻工作者及其他对组织感兴趣的人到组织进行现场参观。借此向公众进行宣传，也是塑造组织形象的方法之一。例如，泰山医学院附属医院定期举办开放日活动，让社会公众参观了解医院，医院与公众进行面对面的交流与沟通，从而与公众建立了良好的互动关系。

（一）通过组织开放日给公众留下良好印象

组织为了让公众更好地了解自己，通常由公共关系部门负责组织一些对外开放参观活动。在这一活动中，组织的员工家属、新闻工作者、社区公众，以及其他对组织感兴趣的人都可以到组织内参观。举办这种活动的目的是利用这个机会向公众进行宣传，表明本组织的存在是有利于社会的，以扩大组织的知名度和美誉度。

（二）解除隔阂，消除误会，促进了解，建立合作

当组织在生产经营过程中，遇到公众误解导致形象危机而需要澄清事实、重振声威时，邀请公众来组织目睹其生产经营状况及其所采取的改进措施，能收到良好的效果。例如，1986年4月，正当中国政府开始在广东大亚湾建造我国第一座核电站时，苏联切尔诺贝利核电站突然爆炸，造成核污染与核恐惧，在世界范围内造成不良影响。我国香港地区的各界人士纷纷慷慨陈词，反对在与香港毗邻的大亚湾建立核电站，一时间，满城风雨，舆论哗然。后来，新华社香港分社组织民选代表参观大亚湾核电站的建设情况，并现场向他们介绍了各种安全防范措施和核能知识，参观团回港不几天，社会上许多反对建造核电站的意见就渐渐销声匿迹了。许多著名分析家认为，其原因是中国政府采取了聪明的一招，一些外国著名公共关系专家称这次参观是改变公众看法的"回天之术"。

二、组织开放日的开展

组织开放日活动是一件繁杂的工作，因此，应认真做好以下工作。

（一）确立主题

任何一次对外开放参观活动都应确定一个明确的主题，即想通道这次活动给参观者留下怎样的印象，取得什么效果，达到什么目的。比如上面所说的中国政府邀请香港地区的代表参观大亚湾，有了这样的目的，还必须围绕它确立一个主题，这个主题就是大亚湾核电站无害，不仅对香港地区的人民是安全的，而且将会为他们提供充足的电力，这就是组织参观活动应确立的主题。

（二）确定开放日期

注意参观日期不要和重要的节日或社会组织的重要活动发生冲突。因为在重要节日，

公众一般都有自己的安排,在社会组织举办重要活动期间,参观者一方面看不到日常工作的场面;另一方面也会给接待工作造成极大的麻烦。

(三) 成立专门机构,配备专门人员

该机构中至少应有1名决策层的人来总协调,由相关部门的负责人和具体的工作人员参加。

(四) 宣传准备工作

应充分重视宣传工作,事先通知新闻部门,利用新闻媒介来扩大影响。同时,也应对组织内部的全体员工做好宣传工作,使每个人明白对外开放参观工作的意义与目的,人人自觉地参与这项活动。

(五) 确定对外开放参观的内容

对外开放参观的内容一般包括情况介绍、现场观摩和实物展览三种。情况介绍一般是事先准备好深入浅出、图文并茂、印刷精良的宣传小册子,发给参观的公众;也可在现场观摩时,以口头讲解的形式,边走边结合具体场景进行介绍。现场观摩就是让公众参观工作现场,以厂房布置、厂区环境、工作流程或员工的实际工作来说明社会组织的内在面貌。实物展览是以资料、模型、样品的陈列等形式,对公众做补充说明。

(六) 选择开放路线

选择开放路线的主要要求是:既可以引起参观者的兴趣并保证他们的安全,又对组织正常工作的持续干扰最小。开放路线应有明确的路标,且事先需采取安全措施;安全人员应在必要的地方设置警告信号和障碍,以防止意外发生。

(七) 做好解说和接待工作

导游或解说人员要事先进行挑选、培训,使他们熟练掌握参观过程中每一个参观点的解说内容。开放点的员工应佩戴印有个人名字的标牌,并要礼貌、耐心、认真地回答来宾提出的各种问题;热情周到地做好参观者的接待工作,安排合适的休息场所,提供必要的服务,如茶水、饮料和电话等。

(八) 做好欢送工作,收集参观者意见

开放结束后,要做好欢送工作,并认真听取他们对组织的看法和建议,注意收集参观者的意见,整理分析后提交有关部门。对组织予以采纳的意见,还应把实施情况反馈给提议者。参观结束时,赠送有象征意义的纪念品,可以增加公众好感,加深公众印象,又可以通过参观者扩大组织的影响。纪念品可以是纪念章、纪念小册子或本组织的小产品。

第六节 展 览 会

一、展览会的作用

展览会作为公共关系活动的一种形式越来越受到人们重视,它是通过实物并辅之以文

字和图表或示范性的表演等来展现组织成果的一种宣传方式。因其常常包括销售活动，故又叫展销会。展览会最大的优点就是能够通过实物的显示和示范表演来宣传组织的形象和商品。俗话说，眼见为实，展览会上陈列出来的商品、实物、图表，具有很强的说服力，要比单纯的文字和口头宣传更有效。组织自办的展览会大多以推销产品为主要目的之一，所以展览会又是一种推销方式。作为一门公关技术，展览会旨在向社会各界展示本组织的风貌，许多公共关系部门经常通过举办展览来加强组织与公众的联系与沟通。具体地说，展览会的作用有以下几点。

（一）把握与公众进行双向沟通的机会

由于参展人和展品都在现场，并且一般有专人回答参观者的问题，就他们感兴趣的内容进行讨论，这样，参展单位在让公众了解自己的同时也了解公众，根据反馈信息进一步搞好工作。

（二）利用多种传播媒介的优点，强化传播效果

展览会通常同时运用多种传播媒介，如讲解、文字资料、图片、图像等，综合各种传播媒介特点，生动、形象、直观，其沟通效果通常令人满意，能在公众心目中留下深刻印象。

（三）采用娱乐性的优势，增进公众对组织的了解

通过放映电影、录像、幻灯、安装电动模型等方式，进行现场示范、文艺表演，使展览会显得生机勃勃。

（四）制造新闻的机遇

展览会往往成为新闻媒介的追踪对象，参展单位可以利用这个机会，扩大自身影响，并借机与新闻界、记者进行广泛接触，搞好与记者、新闻界的关系。

二、展览会的类型

从不同的角度划分，展览会可以分为不同的类型。

（一）按内容划分，可分为综合性展览和专题性展览

综合性展览通常是由专门性的组织机构或单位负责筹办，不同组织应邀参加的一种全方位的展示活动。综合展示的规模一般很大，参展项目繁多，参展内容全面，综合概括性强。例如，世界著名的"日本筑波国际博览会"、我国举办的"改革开放成果展览会"等，都是在世界范围内全面展示一个国家、地区优秀成果的展览活动。

专题性展览通常是由组织或行业性组织围绕某一特定专题而举办的展示活动。与综合性展览相比，它内容较为单一、规模较小，但更要求主题鲜明、内容集中而有深度。例如，我国举办的"中国酒文化博览会"，就是专门以酒为核心，通过酒来展示企业文化和中国传统的酒文化。

（二）按展览规模划分，可分为大型的综合展览会和中、小型展览会

大型的综合展览会可以大到"世界博览会"，一般指的是国际性和全国性的展览。通常由专门的单位主办，参展的也是多个或多国的组织。通常要规定一些条件，希望参展的组织通过报名参加。主办这种展览一般需要较高的举办技术。中型展览会通常是部门性的或

地区性的，规模较小，有时一个组织也可单独举办。小型展览会往往指的是流动性展览或橱窗展览。我国的不少企业中都专门开设一个样品陈列室，也属于小型展览会。这种展览的技巧性要求较高，要求"小而精"，应更具有吸引力。

（三）按展览期限划分，可分为长期性展览、周期性展览和一次性展览

长期设置的展览有比较固定和稳定的内容，包括样品陈列、文物展览等。周期性展览是定期举行的，如广州春、秋季交易会。一次性展览则是配合某一主题活动临时设计组织的专题性展览。

（四）按展览性质划分，可分为展览会和展销会

展览会是指展览的目的是宣传，不是销售，也就是说，参观者只能观看展品，不能购买展品。展销会则是我国销售花色品种较多、选择性较强的工业品的一种零售方式。具体的做法是把展销的商品分类设立专柜，标明生产单位，对比陈列，边展边销，让消费者在评比中选购，在选购中评比。

三、展览会的组织

举办展览会需要注意许多问题，并可在举办过程中使用一些策略和公关技巧。对于公关工作人员来讲，可以将展览会的全过程分为三个阶段。

（一）准备阶段

▶ 1. 制订展览会的主题和计划

每次展览都应有明确的目的和主题，以此决定展览的内容、形式、对象、传播方法等，并形成详尽的计划书。

▶ 2. 确定参展者及参展项目，决定展览类型

这是展览会组织工作的重要环节。可采用邀请函、上门洽谈、做广告、发新闻等形式组织参观者及参展项目；编发有关展览会的资料，让参展者了解展览会的宗旨、内容、规模、时间、地点；进行费用、参观对象、人数及展览效果的分析预测等。对于重要的展览，组织者还有必要事先审查参展项目。

▶ 3. 明确参观者的类型

在展览会的策划阶段，就应该对参观者的性质、层次、范围、数量、需求特点进行分析预测，以决定展览的地点、规模、传播形式、接待规格、收费标准等。

▶ 4. 确定展览会的地点和场地

展览地点要交通方便，辅助服务设施完整，安全保卫系统有效，展览场地和环境特点与展览主题和内容吻合。还应考虑天气情况和展览会时间的长短等。

▶ 5. 培训工作人员

展览会工作人员的素质和能力直接影响着展览效果。必须对展览会工作人员（讲解员、接待员、服务员等）进行与展览有关的专业知识培训，进行传播沟通能力和礼仪礼貌等方面的公关培训。

▶ 6. 成立专门的新闻和接待机构

新闻机构的工作内容如下。

(1)在展览会日期、地点确定后,应举办记者招待会发布消息。

(2)邀请新闻界人士参加开幕式,尽可能多地在报刊、广播、电视上报道开幕式的消息和实况。因为这能够在展览开始之前产生重要的宣传作用,可以吸引更多的参观者。

(3)安排好新闻发布室,并准备新闻报道所需要的各种辅助宣传材料。

接待机构的工作内容是:接待有关参展者、参观者的来访、咨询、投诉,并处理票务事宜。

▶ 7.准备展览会的辅助设备和相关服务项目

准备文书业务、邮电通信设备、交通运输、停车场、餐饮场所、业务洽谈室、电话电报或电传服务等。

▶ 8.准备各种宣传材料

辅助设备和服务项目幻灯片、录像片;编制小册子、目录表、指南图、海报、宣传单、卡片;准备横幅、彩旗、气球、广告牌等宣传材料。

▶ 9.设计制作展览徽记

事先设计并制作相关的纪念品、入场券、工作人员的胸卡等。

▶ 10.设计布展

根据展览主题构思展览整体结构,拟订展览大纲,画出展览平面图和设计要点,撰写布展脚本(包括文案、设计图、解说词),统筹美术、摄影、装修进行展厅布置,对文字图片进行制作和编辑,实物展品进场后进行必要的整修,并加强安全保卫工作。

▶ 11.策划与组织开幕仪式

许多大型展览会需要安排专门的开幕剪彩仪式。需事先确定剪彩嘉宾,安排好开幕式的欢庆活动、新闻采访等。

▶ 12.制定展览会的经费预算

展览会的经费包括场地租金、设计装修费用、水电费、宣传广告费、运输费、保险费、有关设备费用、交际费、劳务费等,应仔细核算,防止超支和浪费。

(二)展览会期间

(1)在举办展览会期间,常会有突发事件出现,如展览突然接待了某位重要人物。公关工作人员应注意把握机会,及时加以报道,可以产生最佳效果。

(2)监测并公布参观人数,特别是大型展览会,人数达到整数位如10万或100万时,应特别报道,并举行庆祝性的活动或发纪念性的奖品。

(3)一些大型展览会应每日出版简报,由公关工作人员编辑、印制并发送给有关部门与参观者。

(4)举办展览会期间,对外新闻机构可再举行一次特别记者招待会,或者组织新闻预告会。此外,新闻发布室应自始至终开放,及时将与参观有关的信息送至新闻发布室,向新闻媒体随时提供信息,随时与他们保持联系。

(三)结束

展览会结束后,公关工作人员应当注意以下几点。

（1）收集新闻媒介对展览的有关报道，以及对闭幕式的报道，总结经验教训。

（2）收集、编印对展览会各种报道、各种评价的总结报告，并存档保留，作为下次举办展览会的参考依据。

另外，展览会作为一种大型活动，涉及各有关方面的关系，如政府主管部门、公安和交通部门等，对这些关系要注意及时沟通、协调。

思考题

1. 什么是公共关系专题活动？
2. 公共关系专题活动的主要形式有哪几种？
3. 公共关系专题活动的基本特征是什么？
4. 组织开展公共关系专题活动的目的是什么？
5. 如何举办新闻发布会？

第十章 公共关系礼仪

> **学习目标**
> 1. 掌握礼仪的概念、现代社交礼仪的原则。
> 2. 熟悉公共关系的各种礼仪、大学校园礼仪。
> 3. 了解应聘礼仪。

礼仪是一个国家、一个民族文化的重要组成部分,也是一个国家、一个民族文明程度、文化特色的重要标志之一。中华民族在世界上素有"礼仪之邦"之称。注重礼仪,以礼待人是我国人民的传统美德。

现代社交礼仪泛指人们在社会交往活动过程中形成的、应共同遵守的行为规范和准则。具体表现为礼节、礼貌、仪式、仪表等。

在当今文明社会里,公共关系人员要在交往活动中顺利地开展工作,树立良好的形象,需要讲究社交礼仪。公共关系人员是组织公共关系的实践者,他们行为的美与丑、有无修养,直接反映一个组织的整体形象。公共关系人员必须懂得相应的礼仪规范,用相应的礼仪规范来要求自己。公共关系礼仪既是公共关系人员所必要的修养,也是公共关系人员最基本的公共关系手段。

总之,社交礼仪是现代人们用以沟通思想、联络感情、促进了解的一种行为规范,是现代交际不可缺少的润滑剂。

第一节 现代社交礼仪概述

一、现代社交礼仪的概念

现代社交礼仪的内涵极为丰富,不仅包括礼貌、礼节、仪表,有时还表现为一定的仪式。

礼貌，是指人们在相互交往过程中，对对方表示敬重和友善的行为方式，它是一种使自己和别人都感到愉悦的行为举止和内在修养。礼貌是文明行为的起码要求，是礼仪的基础。

礼节，是指待人接物的行为规矩，是礼貌的具体表现方式。礼节是社会文明（行为文明）的重要组成部分。在阶级社会中，对不同阶级和阶层规定了与其地位相应的礼节，即所谓"进退有度，尊卑有别"，带有明显的社会等级性质。现代的礼节则是在平等互尊基础上的行为规矩。它虽然不同于法律，但它是人与人之间不成文的"法"，是人们在社会交往中必须遵循的表示礼仪的一种惯用形式，包括待人接物、应对进退的方式，招呼和致意的形式，社交场合的仪表、举止、风度等。

仪表，是指人的外表，包括容貌、举止、表情、谈吐、服饰和个人卫生等方面的要求，是礼仪的重要组成部分。

仪式，是礼的秩序形式，泛指在一定场合举行的具有专门程序和规范化的活动。《说文解字》说："仪，度也。"本意指法度、准则、典范，后引申为礼节、仪式。

二、现代社交礼仪的原则

虽然中外社交礼仪和习俗名目繁多，但在应用社交礼仪时，有一些普遍性、规律性的礼仪原则是必须了解的，掌握了这些原则，有利于我们更好地学习和应用社交礼仪。

（一）尊敬他人原则

尊敬他人是礼仪的情感基础。孟子曰："仁者爱人，有礼者敬人，爱人者人恒爱之，敬人者人恒敬之。"英国作家高尔斯华绥说："尊敬别人，就是尊敬自己。"在人际交往中遵循着情感等价交换的原则，即"你想要别人怎么待你，首先看你怎样待别人"，只有尊敬别人，才能换得别人的尊敬。敬人本身包括自尊和敬人两个方面：自尊就是在各种场合自尊、自爱，维护自己的人格。正如金正昆先生在《服务礼仪教程》一书中所言：敬人就是不仅要尊重交往对象的人格、爱好和习俗，而且要真心诚意地接受对方、重视对方并恰到好处地赞美对方，这就是敬人"三A"理论，即接受(accept)、重视(attach importance)、赞美(appreciate)。

（二）自我约束原则

社交礼仪是人际交往中具有约束力的行为规范，遵守社交礼仪就不能缺少自我克制。自我约束就是严格按照一定的道德标准和社交礼节，规范自己的言行举止。"非礼勿视，非礼勿听，非礼勿言，非礼勿动"（《论语·颜渊》），一句话要"立于礼"。当今社会，人与人的关系极为密切，往往在一举手、一投足间若失了分寸，就会引起别人的不快乐、不舒服。因此，在社交活动中，要坚持"宁可让人待己不公，也不可自己非礼待人"的原则（美国作家爱默生语）。

（三）诚实守信原则

人际交往中的品德因素，最重要的莫过于诚实守信。礼仪讲究"诚于中，形于外"，心中有"礼"，然后言行才有"礼"。以诚待人是人际交往得以延续和深化的保证，也是社交礼仪的基本准则。诚实与守信两者有着密切的联系，在社交活动中，表里如一，真诚待人，才能赢得别人的理解与信任。失去信用，人就失去朋友，失去他人的信任、关照与支持。

（四）平等友善原则

平等而友善待人，是中华民族的传统美德之一。一个人友善待人，人必友善待他，这样才能形成合力，成就事业。当代社会是人际交往频繁的社会，随着经济全球化，随着服务行业的大发展，每个人都面临着更多的与人交往的机会，因此，需要我们以平等、友好、善良的态度处理各种各样的人际关系。

（五）宽容豁达原则

宽容是一种博大的胸怀，是人类的美德。金无足赤，人无完人，在人际交往中，人与人的思想感情可以沟通，但人与人之间由于经历、文化、修养等因素而产生的差异不可能消除，这就需要求同存异，相互容纳。所谓宽容，就是对交往对象的人生观、价值观及个性差异等给予充分的理解和尊重。古人有言："海纳百川，有容乃大"，"处事让一步为高，待人宽一分是福"。这些格言告诉我们，在与他人交往时，要有宽广豁达的胸怀，对非原则性问题不斤斤计较，严于律己，宽以待人。总之，宽容豁达有助于扩大交往空间，也有助于消除人际间的紧张和矛盾。

（六）入乡随俗原则

礼源于俗，礼与俗有密不可分的关系。入乡随俗也是社会交往的一个原则。由于地域、民族、文化背景的不同，在人际交往中，礼仪习俗有很大差异，这就要求施礼者要入乡随俗，与绝大多数人的礼俗保持一致，掌握这一原则，有助于人际关系的融洽和人际交往的扩大。

（七）谦恭有度的原则

古人云："君子之交淡如水，小人之交甘若醴"。在人际交往中，沟通和理解是建立良好人际关系的重要条件。但如果不善于把握沟通时的感情尺度，即人际交往缺乏适度的距离感，结果会适得其反。在接待服务时，既要热情友好，谦虚谨慎，尊重客人，殷勤接待；又要自尊自爱，端庄稳重，不卑不亢，以体现平等公正。要把握交往的分寸，注意感情适度，谈吐适度，举止适度。

（八）严守礼规原则

社交礼仪是人们在社会交往中的行为规范和准则。在人际交往中，由于要迎来送往，互相问候、致意、慰问，甚至要进行较大规模的各种仪式。因此，人们在交往应酬活动中，要有礼仪、礼节、礼貌意识，按规定的礼节、仪式行事。否则，就是失礼、违礼甚至是无礼，会给自己的声誉、人际关系和事业带来非常不良的后果。所谓严守礼规，一是守法循礼；二是守约重诺。对于礼仪规范，社会上每个成员都应自觉遵循。

总之，一个人只要遵守公民基本道德规范，掌握并应用社交礼仪的上述原则，在人际交往活动中就会成为待人诚恳、彬彬有礼的人，即使忽略了某些细节，别人也会谅解。

三、现代社交礼仪的基本要求

社交礼仪是组织的公共关系工作人员在开展公共关系活动时应该遵从的尊敬他人、讲究礼节的程序。在复杂的竞争环境和社会关系网络中，组织的公共关系人员必须讲究礼仪，运用人际交往的各种技巧、方法，灵活、巧妙地处理组织与各类公众之间的关系。这样，才能广结善缘、沟通信息、增进了解、促进发展，为组织创造一个宽松的社会关系环境，使组织赢得更多公众的爱戴。公共关系的社交礼仪是被公共关系人员掌握并融于各项公共关系业务活动之中的具体规程，掌握这些"规矩"和"程序"固然重要，但更为重要的是应把握社交礼仪的基本要求。具体来说，现代社交礼仪的基本要求有以下几条。

（一）充满爱心

礼仪的本质就是表达人们之间相互尊重的意愿，唯有真诚和爱心才能赢得更多公众的信赖，才不至于使礼仪变成虚伪的过场和形式。

（二）相互谅解

互相谅解，和睦相处，这是礼节的真谛。也就是说，在社交场合，不使他人难堪，比提防自己不出错更为重要。这就需要有包容他人、体谅他人的博大胸怀。

（三）品德高尚

很多礼节是大家应该自觉遵守的，是一种共同的生活准则，它可以反映出一个人的修养和道德水准。公共关系人员在代表组织与外界交往、协调和处理各种公共关系事务时，必须以道德的水准来衡量自己的言行举止。

（四）吸取经验

公共关系工作需要和各种类型的公众打交道，这些公众可能来自不同的国家、地区、民族，有着不同的性格、职业、爱好、知识水平等。因此，为了更好地开展公共关系工作，公共关系人员必须广泛学习和了解各种各样的礼仪习俗，不断吸取有用的经验。

（五）灵活运用

对礼仪规则的运用，要适应现实生活，适应组织的需要。具体问题具体分析，灵活运用，巧妙安排，定会给组织的公共关系活动增光添彩。

四、现代社交礼仪的作用

2000年12月12日，香港《公正报》在《社会有礼祥和》一文中说："富者有礼高雅，贫者有礼免辱，父子有礼慈孝，兄弟有礼和睦，夫妻有礼情长，朋友有礼意笃，社会有礼祥和。"这是对礼仪作用的精彩诠释。那么，现代社交礼仪有哪些作用呢？

（一）塑造良好形象

"形象"一词的本意，是指能引起人的思想或感情活动的具体形状或姿态。在社交活动中，则是指参与交往的主客双方在对方心目中的总的评价和基本印象。在社交活动中，人们常常根据对方的外貌、举止、表情、谈吐、服饰等表面特征，给对方做出初步的评价和形成某种印象，即第一印象。这种人际认知的第一印象虽然具有表面性和片面性，但一旦形成以后，往往会使人产生某种心理定式，这对人际交往的成败与否和人际关系是否融洽起着重要作用。

塑造形象是现代社交礼仪的第一职能，包括塑造个人形象和组织形象两方面。人际关系其实也是一种社会关系，它有两方面内容：一是人人均生活在一定的国家，归属于一定的民族和阶级，因而人人都处于一种宏观关系中；二是人人都有自己的亲朋好友、同事、上下级等人际联系，因而人人均处于一种微观关系中。在社会生活中每个人均以自己特定的身份和角色去与人相处，有时人们以个人身份去待人接物，此时表现的纯粹是个人形象；而有时人们又以个人形象代表组织去与人相处，此时表现的就是组织形象。甚至有时一个人的言谈举止则被外界视为一个民族、一个国家的形象。欧洲旅游总会制定的旅游者应遵循的九条基本准则中第一条就这样写道："你不要忘记，你在自己的国度里不过是成千上万同胞中一名普通公民，而在国外你就是'西班牙人'或'法国人'。你的言谈举止决定着他国人士对你的国家的评价。"为了我们的个人形象、组织形象和国家的形象更美好，我们每个人都应学习、应用现代社交礼仪。

▶ 1. 塑造个人形象

在人际交往中，如何塑造和维护良好的个人形象呢？歌德说："一个人的礼貌，就是一面照出他肖像的镜子。"(《格言和感想集》)现代社交礼仪，就是研究塑造和维护人们社交形象的学问。学习、应用社交礼仪，使自己仪表堂堂，风度翩翩，表现不俗，自然会塑造出良好的个人形象。在人们社会生活的大部分时间里，人们总是以个体形象角色出现在生活中，人类大部分时间是代表着自身的存在意义，比如在大学校园中，在朋友之间，人们总是以自身最好的形象去展现。但有时人们在相处时，也会出现诸多障碍，如某某不拘小节，某某不知礼知情，某某行为粗暴、态度恶劣等。那么，我们怎样才能使自己的生存更有意义，做一个受欢迎、有魅力的人呢？标准和条件均是多样化的，有人喜欢潇洒的风度，有人喜欢高雅的气质，有人喜欢直率的个性，有人喜欢有板有眼等。但是不管怎么说，社交礼仪总能帮助你塑造出良好的个人形象。何况当今社会，在人们普遍重视气质的前提下，人们也普遍地重视人的形象方面的诸多标准。既然这些标准就是社交礼仪的规范，那么什么样的个人形象才是受欢迎的呢？一般而言，一个具有高尚情趣，优雅气质，潇洒风度的人总是备受欢迎的。

高尚的情趣，指一个人的性情和志趣高远不低俗。要培养自己高尚的情趣，就得知情知礼，不懂礼者难成高尚的人，正所谓彬彬有礼然后君子也。一个人唯有懂得尊重他人，才能在生活中与人为善，处处为他人着想。在行动上，才能产生助认为乐，不计报酬的行为。如果一个人时时想着自己，心中没有他人，生活中势必斤斤计较，寸利必争，甚至还会损人利己，乃至飞扬跋扈，这种人，自然就是一个心胸狭隘、品质低劣的人。

一个富有高尚情趣的人，必然是一个心胸开阔、心底无私的美君子，这种人既懂得外在的礼仪方面涵养，更注重内在品质的锤炼。

潇洒的风度指一个人受人欢迎的内在的素质修养和外部行为的总称。这种风度具体表现在人的形态、言谈、举止、装束打扮等方面，这是在生活中逐步凝练而成的，并不是一蹴而就的。个人形象是否优美，很大程度上是通过个人的风度体现出来的。比如一个人的言谈举止如果得体优雅，风趣幽默，那么大家会认为这个人很美，很有修养。如果一个人在装束打扮上非常邋遢，不整洁，那么即便言语优美，同样也是不美的。可见，个人形象之美是多方面的，不仅需要有丰富的内涵，也需要有外在的表现。现代社交礼仪不仅可以丰富一个人的内涵，同时还可以教会一个人许多外在的礼仪规范，使其成为一个真正受欢迎的人。

2. 塑造组织形象

我们总是说，人是社会的人，而不是单纯的生物人，这是因为大部分的人总隶属于某一个组织，即人是组织化的个人。在工作中，我们总是代表着自己为之工作和学习的组织的利益，因此，工作中每个人的形象也就代表着组织的形象。

从组织角度出发，无论是组织的领导者还是普通员工，都应有强烈的形象意识。经济社会，形象就是对外交往的窗口，良好的组织形象可以给组织带来无穷的效益。从礼仪角度而言，任何组织内的个人均应重视社交礼仪的学习，自觉掌握现代社交礼仪的常识，以便塑造良好的组织形象。

（二）有效信息沟通

交往就是信息沟通的过程。在现代社会，虽然大众传播媒介的普及和发达，使各种信息的传播频率空前迅速，日益广泛。但尽管如此，人际交往中的信息沟通仍具有大众媒体所不能替代的作用，而且人际交往中沟通的信息往往更生动、给人的印象更深刻、更富有启发性。市场经济是开放的经济，这就要求人们以多角度的方式进行交往，应从信息交流、能力互补、事业合作等多种交往动机出发，结识不同个性、特长、职业甚至不同价值观的各方朋友，这就叫作广交友，多受益。社交礼仪是一种行之有效的沟通技巧，要想从人际交往中获得有益信息，就得熟悉社交礼仪，用社交礼仪的相关行为规范指导自己的社交活动，更好地向交往对象表达自己尊重、友善之意，以增进彼此之间的了解与信任。

（三）协调人际关系

社交礼仪是人际关系的润滑剂和调节器。由于社交礼仪的基本原则是敬人律己，真诚友善，因此能增进人们相互间的感情，协调各种人际关系，营造一个和谐友善的社会氛围，同时也有助于建立和发展人与人之间相互尊重和友好合作的新型关系。即使在人与人之间发生了某种不快、误会和碰撞时，也可以通过一句礼貌用语，一个礼节形式，会化干戈为玉帛，重新获得彼此的理解和尊重。即便是初次相遇的陌生人，只要礼节周全，也会成为一见如故的好朋友。相反，即使是亲朋故旧，如忽视来往礼仪，也会变得疏远。正如唐人罗隐曾说："敬一人，则千万人悦；慢一人，则千万人怨。"可见，社交礼仪在协调人际关系方面有着重要作用。

（四）促进社会文明

礼仪是人类社会脱离野蛮阶段，进入有序的文明社会的标志。在当今，礼仪更成为一个民族、一个国家文明程度的重要标志。社交礼仪是社会文明的重要组成部分，又是促进社会文明和提升个人素质的最好形式。古往今来的中外有识之士无不重视礼仪教育，并且把它作为"修身、齐家、治国、平天下之本"（朱熹语）。中国自古有"亲师友、习礼仪"的优良传统。在当代中国，礼仪教育更成为社会主义精神文明建设的重要内容和推动精神文明建设的主要形式。中共中央印发的《公民道德建设实施纲要》更把礼仪教育提到前所未有的高度，要求各地各部门"结合各自的工作职能，运用多种形式和手段，大力宣传基本道德知识、道德规范和必要礼仪，使之家喻户晓，人人皆知"。目前，在全国开展的八荣八耻教育也是教育人们如何懂文明、讲礼貌。很显然，礼仪教育受到这样的重视，就是因为礼仪有助于促进社会文明。

五、现代社交礼仪的特征

与其他学科相比，礼仪具有一些自身独具的特征，主要表现在规范性、限定性、可操作性、传承性、变动性五个方面。

（一）规范性

礼仪，指的就是人们在交际场合待人接物时必须遵守的行为规范。这种规范性，不仅约束着人们在一切交际场合的言谈话语、行为举止，使之合乎礼仪，而且也是人们在一切交际场合必须采用的一种"通用语言"，是衡量他人、判断自己是否自律、敬人的一种尺度。

（二）限定性

礼仪，顾名思义，主要适用于交际场合，适用于普通情况之下一般的人际交往与应酬。在这个特定范围之内，礼仪肯定行之有效。离开了这个特定的范围，礼仪则未必适用，这就是礼仪的限定性特点。

（三）可操作性

切实有效，实用可行，规则简明，易学易会，便于操作，是礼仪的一大特征。它不是纸上谈兵、空洞无物、不着边际、故弄玄虚、夸夸其谈，而是既有总体上的礼仪原则、礼仪规范，又在具体的细节上以一系列的方式、方法，仔细周详地对礼仪原则、礼仪规范加以贯彻，把它们落到实处，使之"言之有物"，"行之有礼"，不尚空谈。

（四）传承性

任何国家的礼仪都具有自己鲜明的民族特色，任何国家的当代礼仪都是在本国古代礼仪的基础上继承、发展起来的。离开了对本国、本民族既往礼仪成果的传承、扬弃，就不可能形成当代礼仪。这就是礼仪传承性的特定含义。

（五）变动性

从本质上讲，礼仪可以说是一种社会历史发展的产物，并具有鲜明的时代特点。随着社会的发展、历史的进步，由此而引起的众多社交活动的新特点、新问题的出现，又要求礼仪有所变化，以适应新形势下新的要求。

第二节 公共关系交往中的礼仪

一、公共关系交往礼仪的作用

（一）人际关系的润滑剂

公共生活中，礼仪是人际交往的"通行证"和"润滑剂"，礼仪的基本效用就是实现人际关系的媒介，体现社会交往的一种审美，更是社会公德的要求。公共生活中，往往是因为一些细节没有处理到位，会尝到失败的苦果。例如，喧哗、随地吐痰、不遵守交通规则，乱穿马路等，这些虽然是小事，却能影响社会生活的正常秩序及个人的素质形象。礼仪周全，能够为组织与公众之间架起友谊的桥梁，有利于协调关系，消除某些误解，便于深入交谈和沟通。

（二）礼仪在公众交往中的协调作用

礼仪是个体与群体的协调器。每个人都是社会舞台上的演员，既要演好自己的戏，又要善于与其他角色协调配合。人们在交往过程中，需要以礼仪这种交际手段来不断调节，按一定的规范协调人际关系，这样才能使你、我、他融合在一起，形成一个社交整体，从而在各自的位置上推动社会前进。交际礼仪能使陌生人相识并相知，能使相识相知的人更进一步地加深情谊。

二、公共关系交往中的沟通手段

（一）巧用名片

在现在社会中，使用名片已成为社交中必不可少的行为方式。初次相见大都会以名片相赠，名片作为一种自我的"介绍信"和社交的"联谊卡"，在人际交往中可用以证明身份，广结良缘，联络老朋友，结交新朋友。在社交中，名片的使用要做到合乎规范，要做到注意场合，慎重选用，不失礼仪，这样才能充分发挥出名片的作用。

▶ 1. 名片的递送与交换

在以下几种情况下，需要将自己的名片递交他人，或与对方交换名片：希望认识对方；表示自己重视对方；被介绍给对方；对方提议交换名片；对方向自己索要名片；初次登门拜访对方；通知对方自己的变更情况；打算获得对方的名片。

▶ 2. 交换名片的正确礼仪

（1）交往初见面的人时，一定要保持恭敬严谨的态度。

（2）名片的正确拿法是将名片放于手掌上，以大拇指轻轻按住，但不需太用力。切记不要以手指捏着名片，那是非常失礼的。

（3）职位低的人应先给出名片，这是基本的礼貌，不过假如对方已经先递出名片，就赶快先收下。如果是和对方一起交换名片时，则先递出自己的名片，然后再用双手收下对方的名片。

（4）递出名片时应起身，并面对对方，且以对方能够阅读的方向递交出去，以右手持名片但不要压住名字，以左手辅助轻轻地奉上。两手一起奉上，则更显得对对方的尊重。

（5）如果以单手轻率地递出，极可能引起对方的不悦。要一边念出自己工作单位的名称与自己的名字，一边递出，如果有难念的字，应该主动告诉对方正确的念法，对方会觉得有亲切感。

（6）交换名片时的高度不能低于腰部以下。

（7）如果对方已先准备好名片，而自己因动作缓慢让对方久等，这是相当不礼貌的。当确定对方已准备就绪，应尽快将自己的名片递出。

(8) 接受名片时，应拿着名片的边角，以认真的态度看名片上的资料，而不是收到之后就置之不理，塞进袋中。

（二）给人好感的电话沟通

随着我国经济的快速发展，市场经济的信息量猛增，人们的生活节奏加快，电话已经进入千家万户。充分利用电话这个现代化的通信设备，对提高人们的生活质量有极大的好处，所以应该人人学会熟练地使用电话，这就需要了解打电话的礼仪和规范。

▶ 1. 拨打电话礼仪

使用电话时，如果主动把电话打给别人，则称作拨打电话，此时应该注意的礼仪如下。

（1）把握通话时间。第一要选好通话时机，除非有要事相告，一般不宜在他人休息或用餐的时间内给对方打电话；第二要注意通话时间长度。每一次拨打电话基本的要求是以短为佳，在通话期间，最忌讳没话找话，浪费时间。

（2）准备通话内容。一是要事先准备。拨打电话前，尤其是拨打重要电话前，拨打电话者应当尽量提前做好准备，若有可能，最好是事先列出一份通话提纲。二是要直言主题。拨打电话一定要做到务实不务虚，长话短说，开宗明义，直入正题，适可而止。

（3）注重通话行为。在通话过程中，一要注意语言文明。在语言上注意文明礼貌，不得滥用"脏"字。二要有良好的态度。需要总机接转电话时，勿忘首先向总机的话务员问好。三要举止文明。在拨打电话时，标准的做法是：用自然语言，声音适当，大约使口部与话筒之间保持3cm左右的距离，终止通话时，应以双手将话筒慢慢地轻轻放下。

▶ 2. 接听电话礼仪

接听电话者在本人受话时和代接电话时，在礼仪规范上的要求各有不同。

（1）本人受话礼仪。本人受话，是指由接听电话者本人亲自接听别人打给自己的电话。

一是接听及时。电话铃响三声之前，应立刻停止自己所做的事情，尽快赶去接听。二是应对谦和。在拿起话筒之后，接听电话者首先应当向拨打电话者问好，并且随之自报家门。三是主次分明。在接听电话的过程中，一般不要再做其他事情，专心接听。

（2）代接电话礼仪。在替别人代接、代转电话时，一是要热情帮助对方，及时代找代传，不要对其予以回绝。二是要尊重隐私。替人代接、代转电话时，一定要守口如瓶，而切勿辜负对方的信任，随意进行扩散。三是要记录准确。如果拨打电话者要找的人不在，在代接电话时，可在向对方说明之后，询问一下是否需要自己代为转达。四是要传达及时。如果拨打电话者要找的人就在附近，应当立即去找，而不宜拖延。如果答应拨打电话者为其向别人传话，则应尽快予以落实。

▶ 3. 手机交往礼仪

当前，以手机为典型代表的移动通信工具已经得到普及。在使用手机时须掌握一些基本的礼仪规范。

（1）正确使用。正确使用是指手机使用者一定要讲究社会公德，切记不可使自己的所作所为妨碍到其他人士。在公共场所应自觉地关闭自己的手机或者使之处于振动、静音状态。切不可在公共场所大声喧哗，有碍于人。

(2) 保证畅通。首先，将手机号码相告于人时应力求准确，否则，既有可能误事，又有蓄意骗人之嫌；其次，手机号码变动之后应主动通报于人；再次，手机号码暂不使用时应加以说明；最后，如果未及时接到他人打来的电话，一般均应当即与对方进行联络。

(3) 重视私密。通信自由在我国受到法律的保护。在通信自由之中，私密性，即通信属于公民的个人私事和个人秘密，是其重要内容之一。不要轻易向他人索要手机号码，也不要随意向他人借用对方的手机。

第三节 公共关系语言中的礼仪

一、口头语言中的公共关系礼仪

(一) 称呼

称呼指的是人们在日常交往应酬之中，所采用的彼此之间的称谓语。在人际交往中，选择正确、适当的称呼，反映自身的教养及对对方尊敬的程度，甚至还体现双方关系发展所达到的程度和社会风尚。因此，称呼不能随便乱用。

▶ 1. 称呼的类别

选择称呼要合乎常规，要照顾被称呼者的个人习惯，入乡随俗。在工作岗位上，人们彼此之间的称呼是有其特殊性的，要庄重、正式、规范。

(1) 职务性称呼。以交往对象的职务相称，以示身份有别、敬意有加，这是一种最常见的称呼。职务性称呼分为三种情况：称职务、在职务前加上姓氏和在职务前加上姓名（适用于极其正式的场合）。

(2) 职称性称呼。对于具有职称者，尤其是具有高级、中级职称者，可以在工作中直接以其职称相称。称呼职称时可以只称呼职称或在职称前加上姓氏，也可以在职称前加上姓名（适用于十分正式的场合）。

(3) 行业性称呼。在工作中，有时可按行业进行称呼。对于从事某些特定行业的人，可直接称呼对方的职业，如老师、医生、会计、律师等，也可以在职业前加上姓氏、姓名。

(4) 性别性称呼。对于从事商界、医疗服务性行业的人，一般约定俗成地按性别的不同分别称呼小姐、女士或先生，小姐是称未婚女性，女士是称已婚女性。

(5) 姓名性称呼。在工作岗位上称呼姓名，一般限于同事、熟人之间。只呼其姓，要在姓前加上"老、大、小"等前缀；只称其名，不呼其姓，通常限于同性之间，尤其是上司称呼下级、长辈称呼晚辈，在亲友、同学、邻里之间，也可使用这种称呼。

▶ 2. 称呼的禁忌

我们在使用称呼时，一定要避免下面几种失敬的做法。

(1) 错误的称呼。常见的错误称呼无非就是误读或是误会。

误读也就是念错姓名。为了避免这种情况的发生，对于不认识的字，事先要有所准备；如果是临时遇到，就要谦虚请教。

误会，主要是对被称呼的年纪、辈分、婚否，以及与其他人的关系做出了错误判断。例如，将未婚妇女称为"夫人"，就属于误会。

(2) 不通行的称呼。有些称呼具有一定的地域性，比如山东人喜欢称呼"伙计"，但南方人听来"伙计"肯定是"打工仔"。中国人经常把配偶称为"爱人"，在外国人的意识里，"爱人"是"第三者"的意思。

(二) 介绍

介绍就是向外人说明情况。初次认识，总少不了介绍，介绍自己、介绍别人。得体的介绍往往会给对方留下良好的第一印象，因此，人们又把介绍称为交际之桥。

▶ 1. 介绍的类别

(1) 介绍他人。当面介绍时，首先把年轻者、男子、未婚的女子、资历较浅的一方介绍给年长者、女子、已婚女子，以及资历较深者，之后，再向另一方介绍。介绍别人相识后，不能马上走开，特别是被介绍者是陌生的男女或不善交际者，要引导双方交谈。

(2) 自我介绍。在交际场合，如果你想结识某人，一个简便而又有效的方法是自我介绍。一般情状下，面带微笑，先说一声"您好！"，以提醒对方注意，然后报出自己的姓名和身份，并简单表明结识对方的愿望或缘由，不能自吹自擂，态度要谦虚，语言要得体。

可以使用名片进行自我介绍，名片上应该印有姓名、职务、工作单位、通信地址和电话号码等个人信息。

(3) 他人介绍。在交际场合想结识某人，还可以通过他人介绍。当别人为你做介绍时，要主动以礼貌的语言向对方问候或微笑点头致意。待介绍完毕后，通常应先握一握手并说声"您好！"，"幸会！"，"久仰！"，还可以重复一下对方的姓名。

(4) 随意介绍。如果是非正式场合，对年龄相仿的年轻人，可随便做介绍，不必考虑介绍次序。

▶ 2. 介绍时的注意事项

(1) 介绍的时机，包括具体时间、具体地点、具体场合，比如在电影院里就不适合介绍。

(2) 介绍顺序，一般先将主人介绍给客人；把身份低、年纪轻的介绍给身份高、年纪大的；把男士介绍给女士。

(3) 介绍的表达方式，即介绍的时候需要说什么，需要如何说。介绍时的语言应简洁概括、清晰得体。

(三) 交谈

交谈，是表达思想及情感的重要工具，是人际交往的主要手段。交谈是人们日常交往的基本方式之一。

▶ 1. 交谈的作用

(1) 交谈是一门艺术。交谈的艺术性体现在：尽管人人都会，然而效果却大不一样。

与人进行一次成功的谈话，不仅能获得知识和信息，而且感情上也会有很多收获。

（2）交谈是建立良好人际关系的重要途径。交谈是连接人与人之间思想感情的桥梁，是增进友谊、加强团结的一种动力。一个人善于交谈就能广交朋友，给人带来友爱，为社会增添和谐，就能享受社会特有的友情与温暖。

（3）交谈不仅是人们交流思想的重要手段，而且是学习知识、增长才干的重要途径。广泛地交谈可以交流信息、深化思想，增强认识能力和处理问题、解决问题的能力。因此，掌握交谈的礼仪要求、提高交谈的语言艺术，对于提高工作水平和工作效率，也具有极其重要的作用。

▶ 2. 交谈的原则

（1）真诚坦率。真诚是做人的美德，也是交谈的原则。交谈双方态度认真、诚恳，才能有融洽的交谈环境，才能奠定交谈成功的基础。

（2）互相尊重。交谈是双方思想、感情的交流，是一种双向活动。要取得满意的交谈效果，就必须顾及对方的心理需求。交谈双方无论地位高低，年纪大小，或长辈晚辈，在人格上都是平等的。所以，谈话时，要把对方作为平等的交流对象，在心理上、用词上、语调上各方面体现出对对方的尊重。

▶ 3. 交谈的技巧

（1）言之有物。交谈的双方都想通过交谈，获得知识、拓宽视野、增长见识、提高水平，因此，交谈要有观点、有内容、有内涵、有思想，而空洞无物、废话连篇的交谈是不会受人欢迎的。

（2）言之有序。言之有序，就是根据讲话的主题和中心设计讲话的次序，安排讲话的层次，即交谈要有逻辑性、科学性。所以，交谈时，先讲什么，后讲什么，思路要清晰，内容有条理，布局要合理。

（3）言之有礼。交谈时要讲究礼节礼貌。知礼会为交谈创造一个和谐、愉快的环境。讲话者，态度要谦逊，语气要友好，内容要适宜，语言要文明；听话者，要认真倾听，不要做其他事情。这样就会形成一个信任、亲切、友善的交谈气氛，为交谈获得成功奠定基础。

二、书面语言中的公共关系礼仪

（一）公共关系柬帖

▶ 1. 定义

柬帖，是对用简短的言辞书写成的信札、书柬、柬帖、名帖等的一种统称。

公共关系柬帖就是社会组织与公众交往中，为了达到某种公共关系目的，用来告知特定公众的书面语体。其主要作用是密切和协调主客体之间的友谊关系，促进双方的理解与合作，帮助本组织扩大声誉和进一步发展。

▶ 2. 特点

（1）文字简单，但十分庄重。柬帖只有在遇到重大事情或庄重的场合才会使用，而且要求设计美观、悦目，用纸要符合柬帖的内容。如结婚柬帖要用红纸，再加花边；而讣告则用白（黄）纸加黑边。书写时力求规范、工整、清洁，特别要注意反复核对时间、地点和人名。

（2）措辞文雅，表意周全。柬帖要热情友好，讲究礼貌，典雅大方。柬帖的内容应表达完整、准确，如"敬备茶点"，不能写成"有茶点招待"；"赴宴"不能写成"来吃饭"；"恭请光临"不能写成"望准时到会"等。邀请者和被邀请者的称呼要根据身份而写，应写全称，以单位出面邀请的，也必须用单位全称。

（3）发送时间得当。要掌握好发送时间，太早容易遗失，太迟则贻误时间，要根据轻重缓急程度指定专人负责处理。

▶ 3. 分类

按照不同的分类方法，柬帖可以分为不同类别。

（1）按柬帖形式划分，可分为以下几类。

① 卡片式。一张硬纸片，正面印有卡片的名称（如贺年片、生日卡、圣诞卡等）及美术装潢，背面为空白，供书写使用。这种形式已显得比较原始，比较简单。卡片式柬帖比较简朴，可用于一般的交际关系。

② 折叠式。折叠式是将纸片折起来，分为内外两部分，外面印上柬帖的名称及美术装饰，成为封面，里面是空白，留作书写柬帖笺文，更为讲究的则是内里另附写作用纸，以丝带同封面系在一起。折叠式显得更为郑重，加上封面的装潢制作考究，更宜于创造文化礼仪气氛。

折叠式柬帖中，又有左开式、右开式、下开式等。

③ 竖式与横式。中国传统的柬帖形式多为竖式，随着中西文化的融合，拼音文字与中文混写现象增多，人们横向阅读书写习惯逐步养成，柬帖的书写也出现了横式。人们又称竖式柬帖为中式柬帖，称横式柬帖为西式柬帖。

（2）按柬帖内容划分，大体可分为四类。

① 喜庆帖。生活中有许多喜庆活动要使用柬帖，如婚嫁、寿庆、弥月（满月）、开张、揭幕、庆典等庆祝活动中都离不了柬帖的写作。喜庆帖有两类内容，一是主人发请帖邀集诸亲友，如各种请帖；二是不能到场参加庆贺者用柬帖形式书面祝贺，如寄送贺年片、生日卡、祝寿帖等。

② 丧葬帖。丧葬帖（俗称"报丧帖"），也即讣闻的一种形式，它同讣告（即丧葬启事）的区别是：讣告是刊登或张贴，以公开告白亲友，多用于较广泛而又不十分确定的告白对象；丧葬帖一般用于比较重要而且姓名、地址确定的告白对象。丧葬帖的制作以素雅为根本特征，通常为白纸黑字，即使做美术装饰，也必须采用同丧祭礼仪协调的图案和颜色。

③ 日常应酬柬帖。在人们的交际活动中，除婚嫁、生辰、寿诞、节庆礼仪活动外，日常还有许多活动使用柬帖，如社团聚会、送别饯行、接风洗尘、贺友升迁等活动中的邀请，也常用柬帖形式。

④ 礼帖与谢帖。在某些礼仪性交往中，有时还伴随着赠送礼物、礼金的活动，送礼

者多用比较讲究的纸片郑重开列礼物名目、数量，并书以适当的礼仪文辞（如"贺仪""花仪""祝敬""谨具……奉申贺敬"之类）随礼物送往受礼者，这便是礼帖，如贺寿礼帖。接受礼品者收礼后，要出具相应的柬帖，说明礼物（或礼金）如数收下还是退还，并表示谢意，这样的柬帖便是谢帖。

▶ 4. 写作要求

（1）写作格式。柬帖的最大特点就是言简意赅却要表达出较浓的感情色彩和诚意，一般由以下几部分组成。

① 标题。用较大的字体书写"柬帖"二字，可写在第一行正中，也可放在首页的正中当作封面。

② 正文。顶格上写明邀请的机构全称或个人的姓名，如果邀请的是个人的话，那么除了要写上他的姓名外，还要写上其头衔或职务；第二行空两格写正文，写明事由，时间和地点；并换行顶格写上"敬请参加""恭请届时光临"等词。

③ 落款。正文下面靠右写明发帖的单位全称或个人的姓名、头衔，换行写发帖的年、月、日。一般为表示诚意和恭敬，落款的个人姓名由本人书写。结尾，如"致以""敬礼""致崇高的敬意"等。

（2）写作要求。

① 写作时要确认时间、地点、人名准确无误。

② 措辞要注意"达""雅"，即要写得明白通顺、恳切得体，又要庄重文雅。

③ 柬帖制作应力求美观大方，一般用红纸或鲜艳的彩色纸传递出热情亲切的气氛，使用恰如其分的装饰以表示对被邀请者的尊敬。书写要注意工整流畅，以便让受邀者愉快应邀。

（3）语言要求。

① 简洁明了。柬帖的文字要简洁明了，三言两语说明问题，切忌重复啰唆，如果需要被邀请人在活动中讲话，也可在柬帖中写清讲话的内容，时间要求。

② 礼貌典雅。从某种意义上讲，柬帖和信函具有同样的作用，只是柬帖的形式要求语言更凝练，更具感情色彩。因此，柬帖的语言要热情，真诚有礼，尤其需要写得庄重典雅，给人一种神圣感。

（4）柬帖示例。

例如，庆祝柬帖，企业在获得各种奖励和荣誉时，为了扩大其在公众中的影响，举办庆祝宴会或酒会，可向有关人员发出柬帖，邀请光临指导。

```
                    恭  请
_____同志（先生、小姐）
    在您及各方面的关怀和支持下，本厂生产的××西服在今年获得全国十大名
牌之一，谨定于××××年×月×日×时，在××饭店举行宴会，敬请光临指导！
                                          ××服装厂厂长（签字）
                                          ××××年×月×日
```

另如，开业、迁移束帖如下。

恭　　请

_____同志（先生、小姐）

　　本饭店筹备就绪，定于×年×月×日×时，正式开张营业，敬请光临并为之剪彩，本市同人感到不胜荣幸。

××饭店总经理（签字）

××××年×月×日

三、体态语言中的公共关系礼仪

（一）握手

握手是在社交场合中，相互见面和离别时以及在相互介绍时表示热情、礼貌、致意的常见礼节。

▶ 1. 握手的方式

握手时，一是手心向下，地位显赫的人习惯使用，有高人一等的感觉，应避免使用；二是手心向上，谦虚的人习惯使用，如伸出双手相握，更加显得毕恭毕敬；三是手心向左，平等相握。

▶ 2. 握手的顺序

握手时，应由主人、年长者、身份职位高者和女子先伸手；客人、年轻者、身份职位低者和男子见面时先问候，待对方伸手后再伸手相握。主人要主动、热情、适时地握手以增加亲切感。军人戴军帽与对方握手，应先行举手礼，然后再握手。

▶ 3. 握手的姿态

握手时，应伸出右手，手心与身体处于垂直状态，身体微微向前倾斜，双目注视对方，面带笑容，切不可漫不经心或东张西望。

▶ 4. 握手的力度

握手时，不可有气无力。但是若是久别重逢的朋友相遇，握手力度可大一些。男子与女子握手时，只需要微微握一下女子的手指部分即可，也不可过分用力。

▶ 5. 握手的时间

一般情况下，握手的时间不宜太长，5秒左右即可，也不可匆匆一握，敷衍了事。

▶ 6. 握手的禁忌

握手时，一忌戴着手套与别人握手。二忌脏手相握。如果客人来了，主动向你伸手，而恰巧你在干活把手弄脏了，你可一面点头致意，一面摊开双手说明情况，表示歉意。三忌交错握手。四忌争抢握手。

（二）体姿

▶ 1. 定义

体姿，就是人的身体姿态，又称仪态，包括人的站姿、走姿、坐姿、手势和面部表情等。体姿礼仪就是人们在各种社会的各种具体交往中，为了表示互相尊重，在身体姿态方面约定俗成的共同认可的规范。用优美的体姿表达礼仪，比用语言更能让受礼者感到真实、美好和生动。

▶ 2. 体姿礼仪的要求

在社交场合，举手投足要显示出应有的礼貌。人的各种体姿仪态，如站姿、坐姿、走姿和手势，在社交礼仪中占有较重要的地位。

（1）站姿。优美、典雅的站姿是发展人的不同质感美、动态美的起点和基础，能衬托一个人美好的气质和风度。

标准站姿的动作要领：身体舒展直立，重心线穿过脊柱，落在两腿中间，足弓稍偏前处，并尽量上提；精神饱满，面带微笑，双目平视，目光柔和有神，自然亲切；脖子伸直，头向上顶，下颚略回收；挺胸收腹，略为收臀；双肩后张下沉，两臂于裤缝两侧自然下垂，手指自然弯曲，或双手轻松自然地在体前交叉相握；两腿肌肉收紧直立，膝部放松。

女性站立时，脚跟相靠，脚尖分开约45°，呈V形；男性站立时，双脚可略为分开，但不能超过肩宽；站累时，脚可向后撤半步，身体重心移至后脚，但上体必须保持正直。

（2）坐姿。坐姿是一种可以维持较长时间的工作劳动姿势，也是一种主要的休息姿势，更是人们在社交、娱乐中的主要身体姿势。良好的坐姿不仅有利于健康，而且能塑造沉着、稳重、文雅、端庄的个人形象。

① 标准坐姿要领：精神饱满，表情自然，目光平视前方或注视交谈对象。身体端正舒展，重心垂直向下或稍向前倾，腰背挺直，臀部占椅面的2/3。双膝并拢或微微分开，双脚并齐。两手可自然放于腿上或椅子的扶手上。

除基本坐姿以外，由于双腿位置的改变，也可形成多种优美的坐姿，如双腿平行斜放，两脚前后相掖，或两脚呈小八字形等，都能给人舒适优雅的感觉。无论哪种坐姿，都必须保证腰背挺直，女性还要特别注意使双膝并拢。

② 入座、离座要领：从椅子后面入座。如果椅子左右两侧都空着，应从左侧走到椅前。不论从哪个方向入座，都应在离椅前半步远的位置立定，右脚轻向后撤半步，用小腿靠椅，以确定位置。

女性着裙装入座时，应用双手将裙装后片向前拢一下，以显得娴雅端庄。坐下时，身体重心徐徐垂直落下，臀部接触椅面要轻，避免发出声响。

（3）走姿。行走是人的基本动作之一，最能体现出一个人的精神面貌。行走姿态的好坏可反映人的内心境界和文化素养的高下，能够展现出一个人的风度、风采和韵味。

标准走姿要领：走姿是站姿的延续动作，行走时，必须保持站姿中除手和脚以外的各种要领；走路使用腰力，身体重心宜稍向前倾；跨步均匀，步幅约一只脚到一只半脚；迈步时，两腿间距离要小。女性穿裙子或旗袍时要走成一条直线，使裙子或旗袍的下摆与脚的动作协调，呈现优美的韵律感；穿裤装时，宜走成两条平行的直线；出脚和落脚时，脚尖脚跟应与前进方向近乎一条直线，避免"内八字"或"外八字"；两手前后自然协调摆动，手臂与身体的夹角一般在10°～15°，由大臂带动小臂摆动，肘关节只可微曲；上下楼梯，应保持上体正直，脚步轻盈平稳，尽量少用眼睛看楼梯，最好不要手扶栏杆。

（三）手势语

▶ 1. 定义及表达体系

手的动作构成了手势语，俗称哑语、手势，是以手的动作和面部表情表达思想，进行交际的手段。使用时，多半有上肢和身体的动作，在表达体系上分为两类。

（1）不完全遵循有声语言的语言规律，表达过程无严密的顺序。

（2）完全遵循有声语言的语法规律，表达过程与口语、书面语一致。因手的表现力有限，故表达概念不如有声语言准确，且难以表示抽象概念。

▶ 2. 作用

手势语是人体语言最重要的组成部分，是最重要的无声语言，是微妙复杂的人际关系的表露，有时也是人物心灵独白和性格特征的体现。它过去是、现在是、将来仍然是人们交往中不可或缺的工具。

▶ 3. 分类

手势语大致分为四种：表达讲话者情感形象化、具体化的手势为情感手势；表示抽象意念的手势为象征手势；模拟物状，给听众一种形象感觉的手势为形象手势；指示具体形象的手势为指示手势。

▶ 4. 内涵

手势语有多种复杂内涵，一般来说，手向上、向前、向内，往往表示希望、成功、肯定等积极意义的内容；手向下、向后、向外，往往表示批判、蔑视、否定等消极意义的内容。例如，空中劈掌表示坚决果断，双手摊开表示无可奈何，右手握拳自上向下劈表示愤怒与决心等。

第四节 国际公共关系礼仪的基本规范

一、国际公共关系的含义和特征

（一）国际公共关系的含义

国际公共关系是指一个组织针对本国以外公众所进行的公关活动或对国外有着显著影响的公关活动。在企业中，国际公共关系是指企业为增进公众的信任和支持，利用传播的手段及各种形式的国际交往，树立企业的良好形象，协调企业与社会、企业与消费者，以及企业与其他同行关系的活动。公共关系的对象是公众，其目的是增进企业与公众之间的相互了解与信任，创造企业良好的社会形象。

（二）国际公共关系的特征

国际公共关系的特征主要表现在以下几个方面。

(1) 国际公共关系越来越引起人们的高度重视。
(2) 危机公关与问题管理已推向社会。
(3) 金融公共关系的发展日益成为公共关系的重要内容。
(4) 国际公共关系趋向战略化。

发展国际公共关系有利于对外开放的服务，同时，可以运用跨文化传播手段，促进组织形象的国际化。

二、国际公共关系的外事礼宾礼仪

（一）外事礼宾礼仪的含义

所谓外事礼宾礼仪，就是指在对外交往中所涉及的礼仪活动和各种礼节、仪式的规范化做法。外事礼仪具有较高的政治性，礼宾工作要为我国的对外政策和国家利益服务。外事礼仪具有固定性与变通性，国际交往中的许多礼宾活动都有固定的仪式、礼节和国际惯例，同时各国又都有各自的风俗习惯、礼仪礼节，如遇到特殊情况，可做相应的变通和灵活的处理。

（二）外事礼宾礼仪的原则

▶ 1. 国家之间一律平等的原则

我国的外交政策强调国家不分大小、强弱、穷富等，相互之间是一律平等的交往关系。因而，任何单位、任何部门、任何个人在外事交往活动中必须贯彻平等原则，要热情友好、落落大方，彼此尊重，不卑不亢。

▶ 2. 尊重国格、尊重人格的原则

在涉外交往中，既要维护本国的利益、尊严，又要尊重他国的利益和尊严。而且，在与外宾交往中，既要坦诚、谦恭、热情、周到，又不能低声下气、卑躬屈膝、失去自我，要自尊自爱。

▶ 3. 遵守外事纪律的原则

在外事接待工作中，要坚持维护国家主权和民族尊严，自觉遵守外事纪律，不得失密泄密。参加外事活动，还要严格按规章制度办事。

▶ 4. 注重礼仪与礼节要求的原则

我国对外政策也要求交际礼仪与之相适应，做到礼仪周到而不烦琐，热情接待而不铺张，活动内容丰富而不累赘。接待外宾的人员应仪容整洁，仪表大方，表情亲切、自然，熟悉各国和各民族的风俗习惯，陪同外宾时要注意自己的身份和所站的位置，言行举止要符合礼仪要求，坐立姿势应端庄，对外宾的穿着不评头品足，使来宾有"宾至如归"之感。

（三）外事礼宾礼仪的类型

▶ 1. 迎送

在外宾抵达时，由适当的人员前往机场、车站迎接，表示欢迎，并妥帖安排各项礼仪程序和活动。这是外宾进入国门后的第一项正式活动，各国对此都十分重视。在外宾结束访问离开时，则要给予热情欢送，使访问得以圆满结束。在外宾进行访问期间，还可能到国内各个城市参观访问，都要有迎有送。所以，迎送不仅是一般的迎来送往，而是对外交往中一项重要的礼仪活动。

外国元首和政府首脑抵达首都时，被访国一般都要给予隆重正式的欢迎。如果贵客要先在边境城市停留，则还要视情况派适当人员前去会同当地官员迎接。

欢迎仪式由主方的国家元首或政府首脑主持。有许多国家是在外宾下飞机（火车）后，即在机场（或车站）举行仪式。也有的是在外宾抵达的当天或次日，在特定场所，如总统府、王宫、议会大厦、大会堂或国宾馆的广场举行仪式。欢迎仪式应悬挂两国国旗，铺红地毯。当来访元首或政府首脑到达时，主方的元首或政府首脑即与之握手，双方互致问候，来宾接受献花。

从机场到宾馆沿途，安排警车与摩托车队开道护送，一方面保证了贵宾车队的畅通无阻，又起到了礼仪作用。

我国目前做法，当外国元首或政府首脑来访抵达北京时，由政府陪同团团长（一般为部长或副部长）前往首都机场欢迎，并陪车送至钓鱼台国宾馆下榻。然后在当天或次日，在天安门广场人民大会堂东门举行正式隆重的欢迎仪式。如遇天气不好，则改在人民大会堂东门内中央大厅举行。当来访的国家元首或政府首脑结束访问、离开北京时，由国家主席或政府总理前往宾馆送行，与之话别。

▶ 2. 会见与会谈

在国际礼仪中，会见与会谈是一种十分重要的交往方式。因为，会见与会谈既具有礼仪性，又具有实质性，有着广泛的适用范围，可以在不同的层次和各个不同方面的人员中进行。

正式会谈中的会谈人员，亦应事先商定。在一般情况下，各方参加人员的名单、职务等，由各方自定后，只要通知对方并取得大体平衡，就不会产生什么问题。关于会见与会谈的时间与地点，也应由双方协商同意。通常说，只要对双方方便，并大体符合对等原则，并不难取得一致意见。

正式会议通常使用长方形或椭圆的桌子，双方相对而坐。主谈人坐在正中间，其两侧为各自的代表团成员。译员通常坐在主谈人的右侧，也有的国家坐在后边。如以会议室的正门为准，通常主方占背门一侧或左边一侧。客方面向正门或在右边一侧。

正式会谈时，在会场挂两国国旗或在会谈桌上放置双方小国旗。在每个人的位置上放置座位卡，并放一些纸、笔，以及水杯和矿泉水。如果会谈时间过长，可在休息时上咖啡、茶及小点心等。如会谈规模较大，可放置无线的扩音器。

主人一方应先到达会见、会谈场所，并迎候客人。如安排合影，则在双方见面后先合影，然后入座。会见、会谈结束后，主人送客到门口告别。

▶ 3. 向纪念碑或陵墓献花圈和植树

国家领导人到别国进行正式访问，日程上常常有向被访国已故领袖、民族英雄或无名战士的纪念碑或陵墓献花圈的活动。向纪念碑献花圈或谒陵，是对被访问国人民斗争历史的新生也是对该国历史上有影响的杰出人物的敬意。实际上，也是对被访问国人民的友好表示。因此，一般来说，只要被访国安排，都要前往。

有些国家还为来访外国领导人安排植树活动。例如，在印度向甘地墓献花后安排植树；在巴基斯坦，外国领导人访问首都拉瓦尔品第要在后山公园植树，并设植树人名牌，以资纪念；我国十周年国庆时，曾安排各国领导人在钓鱼台国宾馆植树。此项活动，不但是友谊的象征，而且对于倡导绿化、提高环保意识都有好处。

▶ 4. 签字仪式

国与国之间缔结条约、协定，要经过双方全权代表签字。国家领导人之间互访时，发表联合公报、联合声明，一般也要签字。两国政府的有关部门之间的经济、贸易、文化、科技、航运、侨务、体育等各项业务达成的协议、协定、议定书，也要经过签字。不同国家的企业、团体之间就合作项目达成的协议、合同、契约等也要签字才能有效。所有这些经过双方代表签字的文本(有时还要经过其他必要的批准手续)，对双方具有约束力，为国际法所承认，具有相应的法律效力。

凡重要的条约、协定、议定书，以及联合公报、联合声明和重大合作项目的协议书、合同等签字时，一般要举行签字仪式。属于一般性质的协议书、合同等，也可以由双方代表分别签字，然后交换文本；或者双方代表在一定场所会齐签字，而不举行仪式。

各国间的条约、协定、议定书，以及联合声明、公报等的签字代表，均须具有相应的身份。和平条约、互不侵犯条约、友好合作条约、友好同盟条约等，通常由政府首脑或外交部部长签字。

▶ 5. 看戏、听音乐、观看文娱晚会

各国的戏剧、音乐、舞蹈等艺术，鲜明地表现了不同民族的思维观念和生活方式，也反映了一个国家的文化发展水平。如有外宾来访，看戏、听音乐或观看其他形式的文娱晚会，便成为一项重要的日程安排。在国宾来访时，有时还要举行专场晚会。

剧院和音乐厅的规矩相当严格。必须按时到达，准时入场。如果迟到，看戏必须等待一幕演完、音乐会奏完一曲后，来者方可入场，有时甚至要等到中间休息后，才能入场就座。

为演员的精彩表演鼓掌也有讲究。看戏是每一幕完结时鼓掌；看芭蕾舞则可以在演出中间，当一段独舞或双人舞表演之后鼓掌；听音乐则只能在曲终了之后才能鼓掌，不可在中间稍有停顿时鼓掌。

第五节 大学生礼仪

一、大学生在校的基本礼仪

(一) 课堂礼仪

遵守课堂纪律是学生最基本的礼貌。

▶ 1. 上课

上课的铃声一响，学生应端坐在教室里，恭候老师上课，当教师宣布上课时，全班应迅速起立，向老师问好，待老师答礼后，方可坐下。学生应当准时到校上课，若因特殊情况，不得已在教师上课后进入教室，应先得到教师允许后，方可进入教室。

▶ 2. 听讲

在课堂上，要认真听老师讲解，注意力集中，独立思考，重要的内容应做好笔记。当老师提问时，应该先举手，待老师点到你的名字时才可站起来回答。发言时，身体要立正，态度要落落大方，声音要清晰响亮，并且应当使用普通话。

▶ 3. 下课

听到下课铃响时，若老师还未宣布下课，学生应当安心听讲，不要忙着收拾书本，或把桌子弄得乒乓作响，这是对老师的不尊重。下课时，全体同学仍需起立，与老师互道"再见"。待老师离开教室后，学生方可离开。

（二）校内人际交往礼仪

社会中的人总是处于一定的社会关系之中的，大学生同样离不开与人交往。和谐的人际关系既是大学生心理健康不可缺少的条件，也是大学生获得心理健康的重要途径。

▶ 1. 与教师交往礼仪

学生在校园内进出或上下楼梯与老师相遇时，应主动向老师行礼问好。学生进老师的办公室时，应先敲门，经老师允许后方可进入。在老师的工作、生活场所，不能随便翻动老师的物品。学生对老师的相貌和衣着不应指指点点，评头论足，要尊重老师的习惯和人格。

▶ 2. 同学间礼仪

同学之间的深厚友谊是生活中的一种团结友爱的力量。注意同学之间的礼仪礼貌，是获得良好同学关系的基本要求。同学间可彼此直呼其名，但不能用"喂""哎"等不礼貌用语称呼同学。在需要同学帮助时，须用"请""谢谢""麻烦你"等礼貌用语。借用学习和生活用品时，应先征得同意后再拿，用后应及时归还，并要致谢。对于同学遭遇的不幸、偶尔的失败、学习上暂时的落后等，不应嘲笑、冷笑、歧视，而应该给予热情的帮助。对同学的相貌、体态、衣着不能评头论足，也不能给同学起带侮辱性的绰号，绝对不能嘲笑同学的生理缺陷。在这些事关自尊的问题上一定要细心加尊重，同学忌讳的话题不要去谈，不要随便议论同学的不是。

▶ 3. 图书馆礼仪

图书馆、阅览室是同学们学习的公共场所，应特别讲究文明礼貌。

进入图书馆、阅览室要衣着整洁，不要穿拖鞋背心。进馆要按次序。就座时，移动椅子不要出声。不要为朋友占座。走路时要轻，以免影响他人。阅读时也不要读出声音，也不要和熟人交谈。不要在阅览室内休息、睡觉。

查阅图书目录卡的时候，不要把卡片翻乱撕坏，也不应在卡片上涂画。要爱护图书，轻拿，轻翻，轻放。不能因自己需要某些资料而损坏图书，私自剪裁图书是极不道德的行为。对开架书刊应逐册取阅，不要同时占有多份。阅后立即放回原处，以免影响他人阅读。借阅图书应按期归还。

▶ 4. 宿舍礼仪

（1）宿舍内要保持整洁。箱子、衣服、鞋帽、日用品等应放在指定位置，不往窗外或楼下倒水、扔东西、吐口水。

（2）按时起床、就寝。熄灯铃后不得谈话、打闹，不得进行体育或其他活动。

（3）讲究文明，不说脏话粗话，严禁吸烟喝酒。

（4）到他人宿舍应先敲门，得到允许后方可进入。非经教师同意，男、女生不准互串宿舍。

（5）文明用厕，爱护卫生设施，损坏设施应主动赔偿。

▶ 5. 餐厅礼仪

（1）不抢跑、抢饭。自觉排队、不插队，不大声喧哗，不敲击碗筷，不把饭菜撒在地上。

（2）要尊重食堂工作人员的劳动，爱惜粮食，注重节俭，不乱倒剩菜剩饭。吃不完的食物应倒入指定的容器中。

▶ 6. 通信礼仪

通信，一般是指人们利用一定的电讯设备来进行信息的交流与传递。通信礼仪，通常指的就是人们在使用各种通信工具时，所应当自觉遵守的礼仪规范，包括接打电话、使用手机、发送邮件等的礼仪。

（1）接打电话礼仪。接听电话前，我们要做一些准备工作，包括准备纸和笔用于记录。此外，不能一边吃东西或喝水一边接听电话。接听电话时还要身体坐直，一般要在铃响三声之内接听电话。

（2）使用手机的礼仪。在上课时应当将手机设置为静音或振动。当要与其他人联系时，应当首先拨打其座机，如果不通或者占线，再拨打其手机。通话时，要注意时间控制，通话尽量简洁，节省时间。

（3）电子邮件礼仪。电子邮件又叫作电子信函或者电子函件。它是利用电子计算机所组成的互联网络，向交往对象所发出的一种无纸化电子信件。使用电子邮件同外界进行联络，不仅安全保密、节省时间、防止丢失、清晰度极高，不受篇幅限制，而且还可以使通信费用大大地降低。

使用电子邮件，应遵守以下方面的礼仪规范。

① 撰写时的礼仪。向他人发出的电子邮件，一定要尊重收件人，邮件内容要认真构思，精心撰写。

② 慎用。在信息社会里，时间对于每一个人而言都无比珍贵。为了节约时间，不要滥发电子邮件。首先，若没有特殊原因，不要利用电子邮件来来往往地跟别人聊天；其次，不要在网上乱交网友。

③ 有礼。在收发电子邮件的过程中，要讲究礼仪。第一，发出电子信件时，轻易不

要匿名；第二，要有"网德"；第三，要及时回复；第四，要适时留言。

(三) 校园活动礼仪

▶ 1. 恋爱礼仪

(1) 以爱情为基础。男女双方的恋爱关系应建立在志同道合的基础上，爱情是双方相互发自内心的真挚情感，附加的因素越多，爱情在双方感情上的比重就越轻。

(2) 相互尊重各自选择的自由和权利。男女之间确定恋爱关系，必须是出自双方的共同意愿。

(3) 高尚的情趣和健康的交往。男女双方对学习、事业与生活理想的追求和进取，会给爱情不断注入新的活力，是感情不可缺少的精神力量。

(4) 尊重对方人格，信守责任。恋爱双方既要相互尊重彼此的独立人格，又要承担与恋爱、爱情相互联系的道德责任和义务。

▶ 2. 宴请礼仪

宴请是公共关系交往中常见的交际活动形式之一，恰到好处的宴请，会为双方的友谊增添许多色彩。赴宴要准时，赴宴前应修整仪容及装束，力求整洁大方。在宴请排位时，客人要听从主人的安排。入座后，主人招呼，即可开始进餐，取菜时不要盛得太多，如不够，可以再取。如果主人为你夹菜，要说"谢谢"。吃东西时要文雅，应闭嘴、细嚼、慢咽，不要发出声音或呕嘴。嘴内有食物时，切勿讲话。剔牙时，要用手或餐巾遮住口。当主人起身祝酒时，应暂停进餐，注意倾听。碰杯时，主人和主宾先碰。人多时可同时举杯示意，不一定碰杯。饮酒不要过量，可敬酒，但不要硬劝强灌。

▶ 3. 舞会礼仪

参加舞会时仪表、仪容要整洁大方，尽量不吃葱、蒜、醋等带有强烈刺激性气味的食品，不喝烈性酒，不大汗淋漓或疲惫不堪地进入舞场。患有感冒者不宜进入舞场。尚不会跳舞者最好不在舞场现学现跳，应当待学会后再进舞池。一般情况下，男士应主动有礼貌地邀请女士。

▶ 4. 晚会礼仪

晚会，是指在晚上所举行的以演出文娱节目为主要内容的聚会，是一种常见的文娱活动形式。

观看演出时，衣着的总体要求是干净、整洁，绝对不能穿背心、短裤、拖鞋，不能打赤膊或者赤脚。观看演出时，应准时或提前到场，演出一旦正式开始，便不宜再陆续入场。因此，如果迟到，最好在幕间入场；如果没有幕间，则入场时要放轻脚步，旁边的观众协助自己入座时，应该致谢。

在寻找座位时，只能按号就座，不要占较好的位置。如果别人占了自己的座位，可以礼貌地出示入场券进行说明或请工作人员调解，避免发生口角或冲突。

观看演出时，坐姿要端正，不要左右晃动。不允许把脚踩在他人椅面上或蹬在他人椅背上，以免弄脏前排观众的衣服。要保持演出场所的安静，在放映或演出过程中，不要高声解说或评论。演出过程中不宜进行交谈，如果要交谈，可在演出开始前、中场休息时或演出结束后进行。谈话内容和语言应文明，忌粗俗。

观看演出期间，要尊重演员的劳动。每一位演员表演结束，都要热烈鼓掌，但要把握好时机和分寸。

▶ 5. 赛会礼仪

观看各类比赛或赛会，应遵守比赛规则和赛场礼仪，应配合比赛进程，支持运动员赛出最好的水平。

（1）观赛着装。观看体育比赛的观众应当衣着整洁，举止文明。

（2）准时入场。观看体育比赛应当尽量提前或准时入场。提前到场找到座位等待运动员和裁判员，是对他们的一种尊重，也是体现自己素质的重要标志。

（3）排队入场。在观看体育比赛时要尽量提前或准时入场。如果比赛已经开始，应就近入座，比赛中不能随意走动，待中间休息时再寻找自己的座位。

（4）观赛时的礼仪。

① 升旗仪式。在升国旗、奏国歌时，如果奏响的是本国国歌，观众应当起立，面向国旗肃立致敬，可以跟着乐曲用正常音量唱国歌。如果升的是其他国家的国旗，奏的是其他国家的国歌，观众们也应当本着互相平等、互相尊重的原则，给予运动员应有的尊重和礼遇。

② 鼓掌喝彩的礼仪。观众观看体育比赛时，应热情地为双方运动员加油，即便己方运动员失利，也要给对方运动队、运动员以礼貌的致意，为对方的精彩表现喝彩。

③ 文明观赛。观众在体育场馆观看比赛时，应当遵守公共场所的礼仪，不抽烟，不吃带响声的食品，还要爱护公共设施，不蹬踏座椅，不乱涂写刻画。

（5）退场礼仪。比赛结束时，观众最好起立，向双方运动员鼓掌致意，这既是对运动员的尊重，也是对运动员场上表现的一种肯定。另外，如果自己有急事要离场，应选择比赛中间休息时离场，不要在比赛进行时起身就走。

二、大学生求职礼仪

（一）求职准备

求职准备如果处理得当，不仅能从心理上更加轻松、自信，而且会在面试前增加了成功的砝码。大学生可以从以下方面做好求职准备工作。

（1）大学生要做出一个正确的定位，选择一个适合自己的行业，而不是适合自己专业的行业。多和他人交流，听取他们的意见，最后结合自己的性格特征、兴趣取向等方面，做好职业定位。

（2）通过各渠道查找有关用人单位的信息，包括公司的主要产品、经营项目、管理方式，以及他们期望职工在这个特定的岗位上应该具有的素质。

（3）设计良好的个人形象。着装最好与用人单位尽量保持一致或相似，以给对方一种亲切感，让面试官觉得你是他们的一分子，你想成为他们的一员。

(二)求职通信礼仪

1. 电话礼仪

在求职过程中,看似普普通通的接打电话,实际上是在为通话者本人绘制一幅给人以深刻印象的电话形象。所谓电话形象,即人们在通电话的整个过程之中的语言、声调、内容、表情、态度、时间感等的集合。它能够真实地体现出个人的素质、待人接物的态度以及通话者的整体水平。在求职中,应注意以下电话礼仪。

(1)重要的第一声。当拨打电话给某单位,若一接通,就能给对方以亲切、优美的招呼声,心里一定会很愉快,使双方对话能顺利展开。

(2)保持喜悦的心情。接打电话时,我们要保持良好的心情,这样即使对方看不见你,但是从欢快的语调中也会被你感染,给对方留下极佳的印象。由于面部表情会影响声音的变化,所以即使在电话中,也要抱着"对方看着我"的心态去应对。

(3)清晰明朗的声音。接打电话时,即使看不见对方,也要当作对方就在眼前,尽可能注意自己的姿势。保持声音亲切悦耳,充满活力。

(4)迅速准确的接听。在听到电话铃声,应准确、迅速地拿起听筒,最好在三声之内接听。

(5)认真清楚的记录。对于打电话而言,接电话具有相同的重要性。电话记录既要简洁又要完备,掌握一定的记录技巧。

(6)挂电话前的礼貌。要结束电话交谈时,一般应当由打电话的一方提出,然后彼此客气地道别,说一声"再见",再挂电话,不可只管自己讲完就挂断电话。

2. 电子邮件礼仪

电子邮件,又称电子函件或电子信函,使用电子邮件时应注意以下几点。

(1)电子邮件应当认真撰写。向他人发送的电子邮件,一定要精心构思,认真撰写。在撰写电子邮件时,主题要明确,语言流畅,内容要简洁。

(2)电子邮件应当避免滥用。在信息社会中,任何人的时间都是无比珍贵的。若无必要,轻易不要乱发电子邮件。一般而言,收到他人的重要电子邮件后,需要即刻回复对方一下。

(3)电子邮件应当注意编码。编码的问题,是每一位电子邮件的使用者必须注意的。在使用中文向除了中国内地之外的其他国家和地区的华人发出电子邮件时,必须同时用英文注明自己所使用的中文编码系统,以保证对方可以收到自己的电子邮件。

(4)电子邮件应当慎选功能。对电子邮件修饰过多,难免会使其容量增大,收发时间增长,既浪费时间又给人以华而不实之感。

(三)求职面试礼仪

求职者面试时需注意以下礼仪规范。

1. 遵时守信

求职者一定要遵时守信,千万不要迟到或毁约。迟到和毁约都是不尊重主考官的一种表现,也是一种不礼貌的行为。

▶ 2. 放松心情

许多求职者一到面试点就会产生一种恐惧心理,害怕自己思维紊乱,词不达意,出现差错,以致痛失良机。

▶ 3. 以礼相待

求职者在等候面试时,不要旁若无人,随心所欲,对接待员熟视无睹,自己想干什么就干什么,给人留下不好的印象。在面试时,应自觉将手机关掉。

▶ 4. 入室敲门

求职者进入面试室前应先敲门,即使面试房间是虚掩的也应先敲门,千万别冒冒失失地推门就进,给人鲁莽、无礼的感觉。

▶ 5. 微笑示人

求职者在踏入面试室的时候应面露微笑,如果有多位考官,应面带微笑地环视一下,以眼神向所有人致意。

▶ 6. 莫先伸手

求职者进入面试室后,若要行握手之礼,应是主考官先伸手,然后求职者伸手相应,热情相握。若求职者拒绝或忽视了主考官的握手,则是失礼。若非主考官主动先伸手,求职者勿贸然伸手与主考官握手。

▶ 7. 请才入座

求职者不要自己坐下,要等主考官邀请就座时再入座。主考官邀请入座,求职者应该表示感谢,并坐在主考官指定的椅子上。

▶ 8. 递物大方

求职者求职时必须带上个人简历、证件、介绍信或推荐信,面试时一定要保证不用翻找就能迅速取出所有资料。如果送上这些资料,应双手奉上,应表现得大方和谦逊。

三、工作礼仪

(一)初到单位礼仪

(1)初到一家单位上班时,首先,必须了解单位内部的组织。除此之外,还要了解单位的经营方针和制度,以及单位的工作方法。

(2)尽快学习业务知识。必须有丰富的知识,才能完成上司交代的工作,这些知识与学校所学的有所不同,学校中所学的是书本上的知识,而工作所需要的是实践经验。

(3)在预定的时间内完成工作。一项工作从开始到完成,必定有预定的时间,必须在预定时间内将它完成,绝不可借故拖延。

(4)在工作时间内避免闲聊。工作中的闲聊,不但会影响个人的工作进度,同时也会影响其他同事的工作情绪,甚至妨碍工作场所的秩序,所以工作时绝对不要闲聊。

(二)与领导相处礼仪

与领导保持良好的关系,这是下属能顺利开展工作的重要条件,也是保持自己身心愉快、事业长进的重要因素。

▶ 1. 摆正上下级关系

下属要尊重领导，服从领导，维护领导的尊严。遇到领导要主动打招呼，遇到自己难以决断的事要向领导请示，以争取领导的支持。

▶ 2. 尊重领导不能越位

不在其位，不谋其政。领导者与被领导者分工不同，应各司其职，各负其责。不能相互替代，否则就会带来工作上的混乱。

▶ 3. 不可过于锋芒毕露

与领导交谈不可锋芒毕露，咄咄逼人。个人的聪明才智需要得到领导的赏识，但在领导面前故意显示自己，则不免有做作之嫌，会给人一种自大、恃才傲慢、盛气凌人的印象。

▶ 4. 尽可能与领导保持较好的公共关系

赞扬与欣赏领导的某个特点，意味着肯定这个特点。只要是优点是长处，对集体有利，就可以毫不顾忌地表现你的赞美之情。当领导受到称赞时，他的自尊心会得到满足并对称赞者产生好感，便于拉近彼此之间的距离。

(三) 与同事相处礼仪

到一个新单位，在新的工作环境中恐怕会有许多的不适应，其中特别明显的是人际关系的不适应。那么，怎样和同事更好地相处呢？

▶ 1. 多看多做少说

首先，初入新环境，人生地不熟，要多看少说。因为不了解情况，轻易评价，很容易因所言不符实际，导致矛盾或受人轻视。其次，要有自知之明，对现实不要期待太高。最后，要学会待人处世的艺术，尽快熟悉周围的同事，真诚待人、关心他人，尽量克服令人讨厌的性格和习惯。

总之，在一个新的环境里，要时时提醒自己，熟悉工作和环境，尽快融入新的环境。

▶ 2. 尊重同事之间的距离感

在单位与同事相处，要学会尊重同事。首先，是尊重他人的空间感。对正在办公的同事，无论他在看什么，或在写什么，只要他不主动和你聊，最好回避不问。忌刻意追问，刨根究底。其次，是不可轻易翻动同事的东西。最后，对同事的私事多采取不干预态度。每个人都有不愿为人所知的隐私。因此，对同事的个人（或家庭）私事，不宜打听和干预。

▶ 3. 保持"一视同仁"的公正感

同事由于个体不同，因而存在着性别、性格、年龄、阅历、能力、家庭、文化水平等各方面的差异，在交往中，要注意应一视同仁。

▶ 4. 同事间忌飞短流长

有些人很喜欢捕风捉影地传播他人的谣言，甚至将一件小事慢慢添油加醋使整个事件严重起来。或许这个谣言传到当事者耳中，会成为一个天大的笑话抑或一粒悲剧的种子。如果从他人口中听到闲言闲语时，绝不可以附和他，避免飞短流长。

> **思考题**
>
> 1. 什么是礼仪？礼仪包含哪些内容？
> 2. 现代社交礼仪的原则是什么？
> 3. 现代社交礼仪的基本要求是什么？
> 4. 现代社交礼仪的作用是什么？
> 5. 作为当代大学生为什么要遵守社交礼仪？

参 考 文 献

[1] [美]弗雷泽·P. 西泰尔. 公共关系实务[M]. 10版. 潘艳丽,陈静,译. 北京:清华大学出版社,2008.

[2] [英]安妮·格里高利. 公共关系实践[M]. 2版. 张婧,幸培瑜,译. 北京:北京大学出版社,2008.

[3] 杨金凤,王悦. 公共关系学[M]. 杭州:浙江大学出版社,2012.

[4] 李付庆. 公共关系学[M]. 南京:南京大学出版社,2008.

[5] 李泓欣,冀鸿,冯春华. 公共关系理论与实务[M]. 北京:北京大学出版社,中国农业大学出版社,2011.

[6] 费明胜. 公共关系学[M]. 广州:中山大学出版社,2009.

[7] 陈先红. 现代公共关系学[M]. 北京:高等教育出版社,2009.

[8] 刘用卿,段开军. 公共关系学[M]. 重庆:重庆大学出版社,2003.

[9] 王忠伟. 公共关系学[M]. 北京:化学工业出版社,2011.

[10] 丁军强. 公共关系原理与实务[M]. 北京:清华大学出版社,北京交通大学出版社,2008.

[11] 龚荒. 公共关系:原理·实务·案例[M]. 北京:清华大学出版社,北京交通大学出版社,2009.

[12] 郝树人. 公共关系学[M]. 大连:东北财经大学出版社,2006.

[13] 卡特利普,森特. 有效公共关系[M]. 汤宾,译. 北京:中国财经出版社,1998.

[14] 张克非. 公共关系学[M]. 北京:高等教育出版社,2007.

[15] 赵宇峰. 公共关系学[M]. 北京:高等教育出版社,2006.

[16] [英]哈里森. 公共关系学概论[M]. 2版. 北京:经济科学出版社,2004.

[17] 何修猛. 现代广告学[M]. 上海:复旦大学出版社,2002.

[18] 宋宁. 新闻传播学[M]. 北京:新华出版社,2001.

[19] 贺浪萍. 公共关系学学习指南与考试题解[M]. 南宁:广西师范大学出版社,2001.

[20] 王长征. 消费者行为学[M]. 武汉:武汉大学出版社,2003.

[21] 朱丽莎. 卫生公共关系学[M]. 武汉:武汉大学出版社,2009.

[22] 赵世鸿. 医院公共关系学[M]. 北京:科学出版社,2010.

[23] 严成根,王学武. 公共关系学[M]. 北京:清华大学出版社,2006.

[24] 郝树人. 公共关系学[M]. 大连:东北财经大学出版社,2006.

［25］王悦. 公共关系学［M］. 北京：人民卫生出版社，2013.
［26］［美］格伦·布鲁姆，阿伦·森特，斯科特·卡特里普. 有效的公共关系［M］. 8 版. 明安香，译. 北京：华夏出版社，2002.
［27］杨金凤，王悦. 公共关系学［M］. 杭州：浙江大学出版社，2012.
［28］陈军，李伟. 公共关系学［M］. 北京：中国国际广播音像出版社，2006.
［29］兰迎春，陈军. 公共关系学［M］. 济南：山东人民出版社，2010.
［30］周安华，苗晋平. 公共关系：理论、实务与技巧［M］. 2 版. 北京：中国人民大学出版社，2007.
［31］范方舟，岳学友，孙志洁. 实用公共关系［M］. 郑州：河南大学出版社，2007.
［32］吴勤堂. 公共关系学［M］. 武汉：武汉大学出版社，2004.

○ 公共基础课 ○

社会研究方法（第13版）

本书特色
研究方法大师巴比巨作，北大名师邱泽奇教授翻译，国外经典，畅销数十年，数百所院校采用，理论先进，语言风趣，课件完备。

教辅材料
教学大纲、课件、习题答案、试题库、模拟试卷

书号：9787302547778
作者：[美] 艾尔·巴比著，邱泽奇 译
定价：108.00元
出版日期：2020.4

企业研究方法（第7版）

本书特色
经久不衰的经典教材最新版，实用性强，教辅完备。

教辅材料
课件、习题答案、试题库

书号：9787302556824
作者：[美] 乌玛·塞克拉 罗杰·鲍吉
定价：56.00元
出版日期：2020.7

经济法概论（第二版）

本书特色
应用型高校和高职适用教材，案例丰富，结构合理，课件齐全。

教辅材料
教学大纲、课件、习题答案

书号：9787302537892
作者：陈昌 孙学辉 张眉 等
定价：56.00元
出版日期：2019.11

商务礼仪实务（第二版）

本书特色
定位高职，实用性强，案例丰富，课件齐全。

教辅材料
教学大纲、课件、习题答案、试题库、模拟试卷

书号：9787302549444
作者：康开洁 等
定价：42.00元
出版日期：2020.7

公共关系与现代礼仪（第5版）

本书特色
北京高等教育精品教材，课件完备，适用于应用型本科。

教辅材料
课件

书号：9787302549208
作者：赵英
定价：49.00元
出版日期：2020.3

商务谈判与礼仪

本书特色
新形态教材，课程思政教材，以学生需求为中心，以实用为导向，课前"剧透"视频案例，课后拓展题，二维码资源丰富（短视频、案例、即测即练题）。

教辅材料
教学大纲、课件

书号：9787302521679
作者：田辉
定价：59.00元
出版日期：2020.3

◦ 公共基础课 ◦

经济应用文写作（第2版）

本书特色
"互联网+"教材，党政公文、各类经济应用文文体写作，全面实用，便于教学和自学。

教辅材料
教学大纲、课件、其他素材

书号：9787302521679
作者：余效诚
定价：45.00 元
出版日期：2020.3

任课教师免费申请

应用文写作（第2版）

本书特色
经典改版，实用性强，选文新颖，配套课件。

教辅材料
课件

书号：9787302545576
作者：胡晓蕾
定价：49.00 元
出版日期：2019.12

任课教师免费申请

MBA 研究方法与论文写作

本书特色
"互联网+"、创新型教材，注重实践，理论与实践兼备。

教辅材料
课件

书号：9787302535485
作者：赖一飞 吴思
定价：45.00 元
出版日期：2019.9

任课教师免费申请

大学生职业发展与就业指导（第2版）

本书特色
内容丰富，实践性强，方便教学。

教辅材料
课件

书号：9787302514404
作者：桂舟
定价：38.00 元
出版日期：2018.11

任课教师免费申请

大学生职业生涯规划

本书特色
教辅资源丰富，实践性很强，便于教学。

教辅材料
教学大纲、课件

书号：9787302519980
作者：王莹 王玉君 丛婵娟
定价：45.00 元
出版日期：2019.2

任课教师免费申请

心理健康教育（第2版）

本书特色
实用性强，内容丰富，结构合理，便于教学。

教辅材料
课件

书号：9787302511946
作者：刘媚
定价：39.00 元
出版日期：2019.1

任课教师免费申请

○ 公共基础课 ○

大学生健康教育教程

本书特色
定位高职，实用性强，案例丰富，课件齐全。

教辅材料
教学大纲、课件、习题答案、试题库、模拟试卷

书号：9787302562115
作者：张培峰 等
定价：49.00元
出版日期：2020.9

任课教师免费申请

学术英语写作

本书特色
国家留学基金委指定教材，全国百余所院校开课，应用性强，全彩印刷，制作精美。

教辅材料
教学大纲、课件、习题答案、试题库、模拟试卷

书号：9787302554868
作者：陈雪 等
定价：69.00元
出版日期：2020.8

任课教师免费申请

财经应用文写作（第2版）

本书特色
畅销教材，应用性强，案例丰富，配套课件。

教辅材料
课件

书号：9787302521686
作者：付家柏
定价：55.00元
出版日期：2019.4

任课教师免费申请

大学生学习与职业生涯规划（第二版）

本书特色
"互联网+"教材，最新改版，案例新颖，教辅资源丰富。

教辅材料
教学大纲、课件、习题答案、试题库、模拟试卷、案例解析

书号：9787302561835
作者：雷育胜 张振刚
定价：45.00元
出版日期：2020.9

任课教师免费申请

中国文化经典读本

本书特色
内容丰富，结构合理，便于教学。

书号：9787302496878
作者：张国志 刘海霞
定价：45.00元
出版日期：2018.4

任课教师免费申请

大学生劳动教育概论

本书特色
"互联网+"李松林、王树荫、陈占安、韩振峰联袂推荐。

教辅材料
教学大纲、课件

获奖信息
中国交通教育研究会2020—2022年度交通教育科学研究课题
天津市高等职业技术教育研究会2020年度立项课题

书号：9787302572145
作者：李效东
定价：38.00元
出版日期：2021.3

任课教师免费申请

◦ 公共基础课 ◦

中国文化经典读本

本书特色
"互联网+"教材，颜晓峰、刘凤义、王东平重点推荐

教辅材料
教学大纲、课件

获奖信息
中国交通教育研究会 2020—2022 年度交通教育科学研究课题
天津市高等职业技术教育研究会 2020 年度立项课题

书号：9787302581284
作者：韩剑颖
定价：46.00 元
出版日期：2021.7

任课教师免费申请